Paperback

Über das Buch:

Theaterproben sind für gewöhnlich eine streng abgeschottete und intime Angelegenheit. Erst am Abend der Premiere sieht man das Ergebnis wochenlanger harter Arbeit, das im besten Fall die Zuschauer in seinen Bann zieht. Doch was passiert auf einer Probe? Was macht eigentlich ein Theaterregisseur? Wie arbeiten Regisseur und Schauspieler zusammen? Erstmals läßt der große Theaterregisseur Peter Zadek den Leser hier in seine Werkstatt schauen und gewährt damit einen ungewöhnlichen Blick hinter die Kulissen einer Kunst, die in den letzten Jahrzehnten maßgeblich von ihm beeinflußt wurde.

Das Buch basiert auf zwei Workshops, die Peter Zadek an der Ernst-Busch-Schule in Berlin gegeben hat. In Gesprächen mit Regie- und Schauspielschülern berichtet Zadek von seinen Erfahrungen als Regisseur, erzählt von dem Verhältnis zu seinen Schauspielern, diskutiert die Regieversuche seiner Schüler und gibt viele praktische Tips. So ist eine konzentrierte Einführung in die Kunst der Theaterregie entstanden, die die Arbeitsweise von Deutschlands bedeutendstem Theater-Regisseur offenlegt und ihn als engagierten Lehrer zeigt. Und nicht zuletzt ist das Buch eine Liebeserklärung an ein uraltes Medium, das unsere Welt immer wieder neu beleuchtet und erschafft.

Über den Autor:

Peter Zadek, geboren 1926 in Berlin, lebt heute bei Lucca in Italien. Studium in Oxford, seit 1946 Theaterarbeit in England, ab 1958 meist in Deutschland. Intendant in Bochum (1972 bis 1975) und Hamburg (1985 bis 1989), seitdem Arbeit als freier Regisseur u.a. in Wien, München und Berlin. Insbesondere seine Shakespeare-Inszenierungen haben Theatergeschichte geschrieben.

Weitere Titel bei K&W:

My way, Eine Autobiographie. 1926–1969, 1998. *Das wilde Ufer*, Ein Theaterbuch, KiWi 357, 1994.

Peter Zadek

Menschen Löwen Adler Rebhühner

Theaterregie

Kiepenheuer & Witsch

Originalausgabe
1. Auflage 2003

Umschlaggestaltung: Barbara Thoben, Köln
Umschlagfoto: © Wilfried Bauer
Satz: Kalle Giese, Overath
Druck und Bindearbeiten: Clausen & Bosse, Leck
ISBN 3-462-03248-8

Inhalt

Vorwort

Ein Regisseur war zuerst eine Art Verkehrspolizist. Er verhinderte, daß Schauspieler kollidierten. Edward Gordon Craig war der erste maßgebliche Regisseur, der für sich den Titel Künstler beanspruchte. Max Reinhardt war ein großer Nachfolger, und die deutschen Regisseure, wie auch die russischen, wurden im Lauf des 20. Jahrhunderts immer eigenständiger. Während die angelsächsischen Regisseure eine Art Gleichgewicht zwischen ihrer eigenen Kreativität, der des Autors und der des Schauspielers fanden, entwickelte sich das deutsche Theater zu einer von Regisseuren beherrschten Kunst. Zum Nachteil der deutschen Dramatiker, die zum großen Teil Zulieferer für den Regisseur wurden, ein bißchen wie im Film. Keine sehr gute Voraussetzung für einen begabten, ehrgeizigen Dramatiker. Man könnte das heutige Theater eine Art Regieautorentheater nennen, eine Art Fortsetzung des ehemaligen Autorenfilms mit anderen Mitteln. Wer sich heute subjektiv ausdrücken will, geht am besten zum Theater. Wer dem Kommerz (und seinem Bankkonto) dienen will, macht Fernsehfilme.

Hier und da gibt es noch Regisseure, die versuchen, ein Theaterstück zu verstehen und es verständlich und – soweit wie möglich – im Sinne des Autors auf die Bühne zu bringen. Jüngere Regisseure, die das wollen oder können, sind rar. Es bringt auch meistens nicht viel Ruhm – man wird nicht bemerkt, da die Kritik viel lieber das Auffällige als das Genuine beschreibt, positiv oder negativ. Der Reiz dieser Art von Regie-Exhibitionismus, der durch das Besserwisser-Theater der DDR noch verstärkt worden ist, ist für junge Regisseure fast unwiderstehlich. Verständlicherweise. Aber das

Publikum – auch das jüngere Publikum und sicherlich das intelligente Publikum – sehnt sich nach guten Stücken, nach Erzählungen und nicht nach TV-klipartigen Tricks oder öden, Beckett-artigen, bedeutungsschwangeren Slowmotion-Ritualen.

Als ich meine Workshops an der Ernst-Busch-Schule gab, die die Basis für dieses Buch darstellen, dachte ich, daß ich diesen Tendenzen entgegenwirken und dabei auch für mich herausfinden könnte, was die jungen Regisseure bewegt, warum sie zu solchen, für mich langweiligen Lösungen kommen. Ich habe nicht versucht, eine allgemeine Regiemethode zu finden oder zu erklären – nur meine, in der Hoffnung, daß sie eine Art Orientierungspunkt darstellen könnte, an den man denken kann, auch wenn man etwas ganz anderes macht, einen ganz anderen Weg geht. Ob mir das gelungen ist, weiß ich nicht. Vielleicht kann dieses Buch auch noch einmal meinen Weg beschreiben, nicht um Gottes willen, in dem Wunsch, nachgeahmt zu werden, sondern daß man einen Weg des Theatermachens verstehen lernt, der mir einfach und logisch erscheint. Vielleicht kann das auch für Nichtprofis, also für Leute, die einfach gern ins Theater gehen und für die wir eigentlich arbeiten, interessant sein. Sie fragen ja immer wieder, was denn ein Regisseur macht.

Ein paar der Fragen und Diskussionen des Ernst-Busch-Workshops sind im Buch festgehalten, natürlich nicht genug, um ein echtes Bild von der Konzentration und der Neugierde der Schauspiel- und Regiestudenten wiederzugeben. Dieses Buch soll aber auch kein Buch über den Workshop oder die Schule sein (das sollte man ein anderes Mal machen), sondern ein Diskurs über Regie. Die Klasse der angehenden Regisseure oder Regisseurinnen wurde in Gruppen aufgeteilt, und jede dieser Gruppen inszenierte mit den Schauspielstudenten

Szenen aus dem »Kaufmann von Venedig« und Wedekinds »Frühlings Erwachen«, die wir uns danach ansahen und gemeinsam besprachen. Um den Vorgang für den Leser verständlicher zu machen, habe ich die Szenen, um die es geht, im Anhang mit aufgenommen.

Meinen Dank an alle Studenten, Lehrer, insbesondere Rosee Riggs und den Chef, Klaus Völker, die dieses Buches erst ermöglichten. Und Dank an Elisabeth Plessen und Annette Klein, die mit eisernem Willen und großer Geduld meine Gedanken sortiert und, wie ich hoffe, lesbar gemacht haben.

Peter Zadek, 2002

Shakespeare

Ich habe mich jahrelang mit dem elisabethanischen Theater beschäftigt, und es hat vor allem mit Shakespeare zu tun, daß ich Regisseur geworden bin. Als ich in Oxford studierte, wurden viele seiner Stücke im Freien, in den Parks aufgeführt, und ich war immer dabei, fasziniert von seiner Phantasie, den großen Reisen, die er in seinen Stücken unternimmt. Wenn ich ihn inszeniere, benutze ich den Originaltext immer als Grundlage, habe auch meistens jemanden dabei, der gut Englisch spricht oder Engländer ist, und lese den Schauspielern den Text auf englisch vor. Nicht um ein Klugscheißer zu sein, sondern damit die Schauspieler den Rhythmus hören. Die Betonung im Deutschen und der Rhythmus der deutschen Sprache sind im Vergleich zur englischen ja ganz anders. Ein elisabethanisches Theaterstück zu übersetzen ist daher schwierig. Es besteht aus Versen, und die Verse sind gleichzeitig Prosa. Bei Shakespeare gibt es keinen Satz, den man nicht auch als Prosa sprechen könnte.

Wir haben »Hamlet«[1] im Programmheft so gedruckt, wie das Stück zu Shakespeares Zeit gedruckt wurde, das heißt wie ein Gedicht, in einem Stück, in dem die Akt- und Szenenangaben demjenigen des Originals, der Folio-Ausgabe, folgen und dadurch frei sind von allen Zusätzen späterer Herausgeber oder Übersetzer. Stanley Wells[2], ein englischer Philologe, begann vor fünfzehn Jahren, Shakespeare so zu veröffentlichen, und brachte damit eine für moderne Menschen viel lesbarere Edition heraus.

1 William Shakespeare, »Hamlet«. Deutsch von Elisabeth Plessen, Volkstheater, Wien 1999.
2 Stanley Wells, Gary Taylor, »William Shakespeare. The Complete Work«, Clarendon Press, Oxford 1986.

Warum ist es wichtig, die Shakespeare-Texte anders zu setzen? Ich finde, seine Texte sind ein großes Gedicht, das in Dialoge aufgeteilt ist. Shakespeare-Inszenierungen von anderen Regisseuren und Dramaturgen habe ich aber immer wie jedes x-beliebige Theaterstück gesehen: Dialoge und eine Zäsur, Dialoge und noch eine Zäsur. Daß es sich aber um eine Dichtung handelt, hat man nur in langen Passagen gespürt, wie z. B. bei Portias Rede über die Gnade im »Kaufmann von Venedig«.

Bei Shakespeare handelt es sich um *eine* große Dichtung, und ich wünsche mir, daß man sie wie ein Stück Musik laufen läßt, in der es zwar Zäsuren, Kurven und Pausen gibt, die aber *einen* großen Zusammenhang hat. Man hört eine Klarinette, dann die Geigen, es kommen Soli und auch Duos vor, aber es bleibt *eine* große Einheit. Macht es ein guter Dirigent, spürt man den Zusammenhang.

Daß Stanley Wells alle Stücke neu bearbeitete, philologisch untersuchte und unter anderem die ursprüngliche Art des Schriftbilds wiedereinführte, hatte eine große Wirkung auf die Theaterarbeit, vor allem auf das Denken der Regisseure und Schauspieler, weil sie den Text als *ein* Stück vorgelegt bekamen.

Die Shakespeare-Bühne

Es gibt in London eine dem Original-Globe-Theater genau nachgebaute Shakespeare-Bühne. Diese Bühne ist eine perfekte Lösung für Shakespeare-Stücke.

Die Bühne hat die Form eines abgestumpften Dreiecks, ca. 12,5 m an breitester Stelle und etwa 9 m tief, das weit in den Zuschauerraum hineinreicht – *proscaenium* genannt –, es gibt

Illustration: Zeichnung des *Swan Theatre* von Johannes de Witt (1596).

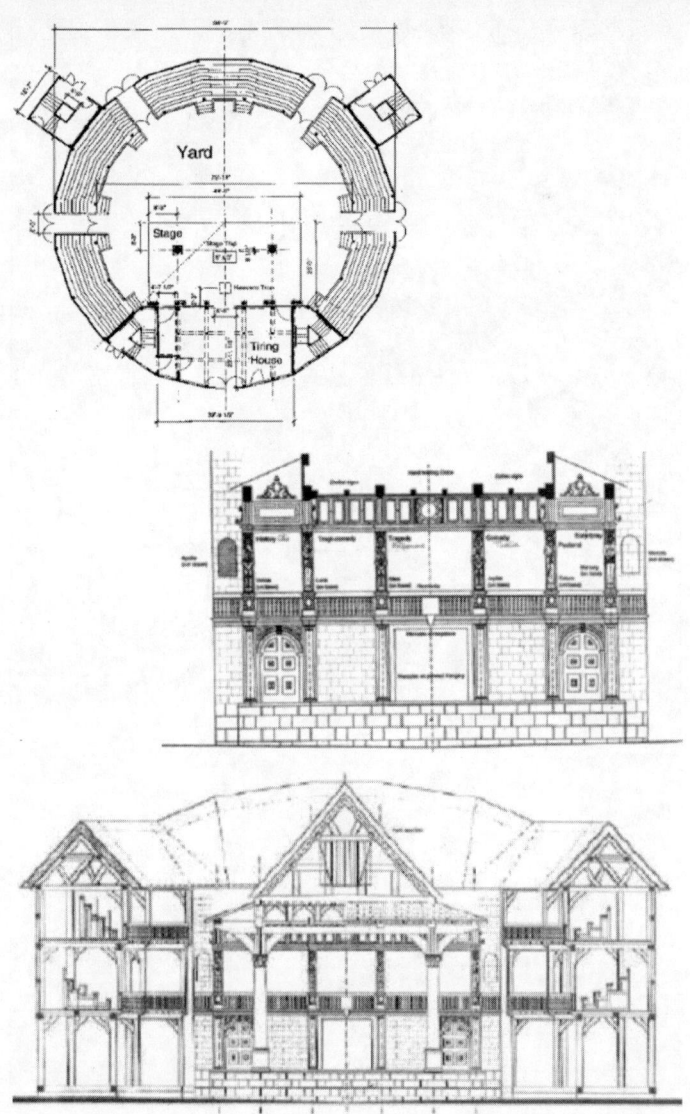

Grundriß, Ansicht und Außenansicht des Globe Theatre.

zwei Säulen und darüber ein Dach – aber nur über der kleinen Bühne. Die Schauspieler treten von hinten auf, dort sind Türen oder Öffnungen (auf der Zeichnung als »mimorum aedes« bezeichnet). Und es gibt einen Balkon. Das Publikum steht auf dem unüberdachten Innenhof des Theaters (die sogenannten *groundlings* oder *penny-knaves*), die vornehmeren Gäste sitzen auf den Galerien (den *orchestra*), also sehr nah. Die Bühne ist recht hoch, und man hat das Gefühl, daß man, sitzt oder steht man im Zuschauerraum, die Schauspieler anfassen kann. Dabei hat das Theater immerhin 1500 Plätze, ist also nicht klein, vermittelt aber das Gefühl eines Kammerspiels.

Ein Schauspieler, der auf dieser Bühne steht und gestikuliert, hat das Gefühl, da ist gleich jemand, zu dem er Kontakt hat.

Isabell: Ich habe es gerade erlebt, es ist ein sonderbares Gefühl – ich war vor drei Wochen dort –, es gibt 800 Stehplätze, und wenn es regnet, sitzen einige Zuschauer überdacht, und die anderen stehen voll im Regen.

Die Nässe ist nicht unbedingt Teil des Spaßes, aber das ist die Form des Theaters. Die nassen Plätze sind die billigen, also sagt das auch etwas über die Gesellschaft aus. Hinzu kommt, daß dieses Theater fast keine Möglichkeit für Szenerie oder Bühnenbild zuläßt. Du kannst einen Baum hinstellen und wieder wegnehmen, aber da es keinen Vorhang gibt, sieht man natürlich, wie er hingestellt und weggenommen wird. Manchmal wurde oben auf der Galerie gespielt, manchmal unten, oder von oben nach unten usw. Die Bühne garantierte einen rapiden Ablauf, einen Ablauf ohne Brüche – so, wie das Stück gedruckt wurde. Das englische Theater ist bis heute schneller im Ablauf als das deutsche.

Rhythmus

Wir haben uns durch das 19. Jahrhundert, besonders in Deutschland, an ein Theater mit ständigen Unterbrechungen, Vorhängen, Umbauten und Pausen gewöhnt. Als ich zum ersten Mal nach Deutschland kam, war ich entsetzt über die vielen Unterbrechungen, die ich aus England nicht kannte.[3] Das deutsche Publikum war bereit, während eines großen Umbaus vier Minuten nichts zu erleben – da war meist nicht einmal Musik, weil man sie als ordinär empfand. Der Vorhang ging runter: Nichts! Ende! Vier Minuten später ging der Vorhang hoch – ein Baum war auf die Bühne bewegt worden. (Allerdings gab es den Zuschauern eine kurze Pause zum Nachdenken – vielleicht auch nicht ganz falsch.)

Das veränderte sich später ein bißchen durch das amerikanische Musical, wegen des riesigen technischen Aufwands, der alles schneller und besser machte. Am schönsten finde ich, wenn er gar nicht nötig ist, wenn alles minimal bleibt und ganz schnell geht, und – das ist das wichtigste – die Anschlüsse bei Shakespeare ohne Zäsur sind. Da spricht einer die letzten Worte einer Szene und sagt: Ich gehe jetzt nach China ... und der nächste beginnt mit: Onkel Paul, wo ist der Kaffee? Und das passiert nur mit kurzer Zäsur, um einmal durchzuatmen, ohne Pause – das ist ganz wichtig. Der Rhythmus wird nicht unterbrochen, es ist eher wie ein Schnitt oder eine Überblendung im Film.

Als ich anfing, in Deutschland Shakespeare zu inszenieren, führte ich diese knappen Übergänge ein. Es hat die Schauspie-

---

3 Zadek kam 1958 zum ersten Mal wieder zurück nach Deutschland. Seine erste Shakespeare-Inszenierung war 1959 »Maß für Maß« in Ulm. Seitdem hat er etwa 20mal Shakespeare inszeniert, sowohl in Deutschland als auch am Burgtheater in Wien und am Théâtre de l'Europe, Paris.

ler, Bühnenbildner, Dramaturgen und alle Leute erst mal genervt, sie meinten, es müsse doch eine richtige Pause von 30 Sekunden oder mehr geben, bevor es weitergehe. Ich wollte wissen warum, bei einem Werk, das immer weiterläuft. Man hört einen Abschnitt, eine Reihe von Worten und konzentriert sich auf die Veränderungen der Personen und der Orte. Das hat ein aufregend rhythmisches und viel dynamischeres Resultat zur Folge. Es ergeben sich ganz andere Zusammenhänge, wie beim Filmschnitt, und die folgende Szene bekommt sofort eine andere Bedeutung.

Das heißt auch, Shakespeare hat von seinem Publikum viel verlangt: Da stand nicht plötzlich ein Schloß auf der Bühne, sondern es kam jemand und sagte: Der Mond scheint hell. Man wußte jetzt, es ist Nacht und der Mond scheint, obwohl gar kein Mond auf der Bühne zu sehen war – der Phantasie des Zuschauers war's überlassen.

Der Text

Hören, Zuhören und Sprechen – was mit dem Text passiert, ist das wichtigste. Alles ist entweder gleich zu Beginn der Szene oder später im Text angegeben, z. B. der Wechsel der Jahreszeiten, der Wechsel des Ortes. Das Raffinierte ist, daß man oft nicht sofort weiß, wo man jetzt ist und was gerade geschieht. Zehn Zeilen später sagt jemand: In den Hafen kommt jetzt das Schiff, und man weiß: Ach so, wir sind jetzt im Hafen. Ein viel anregenderes Mittel, als wenn man einen Hafen auf die Bühne stellt oder das Bild eines Hafens hinhängt.

Wenn man über die Machart und das Funktionieren solcher Texte nachdenkt, ändert das die Arbeitsweise. Zur Zeit bin ich dabei, mehr und mehr zu reduzieren und immer weniger unnötige Dinge auf die Bühne zu bringen wie z. B. in meiner

»Hamlet«-Aufführung mit Angela Winkler. Meine Haltung wird sich vielleicht in anderthalb Jahren wieder ändern, weil mir das Minimalistische auf den Wecker fallen wird und ich denken werde, daß ich dann gleich Hörspiel machen könnte. Ich habe in letzter Zeit immer mehr reduziert, weil ich finde, daß Shakespeares Text alles enthält, und ich möchte, daß die Zuschauer sich erst einmal mit dem Text auseinandersetzen, daß sie ihn hören und den Rhythmus spüren.

Als ich in den 60er Jahren die ersten Male Theater in Deutschland sah, beschäftigten sich die Schauspieler zwar mit dem Text, behandelten ihn aber sehr rhetorisch, oft pathetisch. Sie analysierten den Text, dachten über ihn nach und spielten mit ihm. Damals empfand ich das als nicht sinnlich genug, heute beobachte ich, daß dieser Umgang mit dem Text in den letzten Jahren zu sehr verlorengegangen ist. Zur Zeit beschäftigen sich die meisten Regisseure mehr mit den Konsequenzen eines Textes als mit dem Text selbst wie z. B Christoph Marthaler oder Michael Thalheimer, oder sie manipulieren ihn, wie es Einar Schleef mit »Wessis in Weimar«[4] gemacht hat.

Hannah: Wie arbeitet man denn mit den Schauspielern, damit die Zuschauer sich mit dem Text auseinandersetzen können?

Claus: Wie konzentriert man beide, Schauspieler und Zuschauer, auf den Text?

Hannah: Und wie erreicht man denn, daß sich der Zuschauer hauptsächlich für den Text interessiert? Vielleicht sollte er das aber gar nicht, weil das zu einseitig wäre?

---

4 Rolf Hochhuth, »Wessis in Weimar«, Berliner Ensemble, Berlin 1993.

Wie ich die Konzentration auf den Text lenke, hängt von der Qualität der Schauspieler ab. Bei einer Schauspielerin wie Angela Winkler kann ich viel riskieren. Sie braucht überhaupt nichts zu tun, um interessant zu sein, kann drei Stunden auf der Bühne stehen und einen mit ihrem klaren Blick ansehen, ihren Text sagen, und man hört gebannt zu. Man denkt, daß sie den Text gerade in diesem Moment erfindet. Wenn du mit einer solchen Schauspielerin arbeitest, ist es leicht, sich auf den Text zu konzentrieren. Bei einem unerfahrenen Schauspieler oder einem, der diese Qualitäten nicht hat, ist es schwieriger. Dann fällt einem als Regisseur ein, er müßte jetzt dies oder jenes tun, damit es interessant wird. Das Problem ist, daß man auf diese Art immer etwas ersetzt. Wenn etwas fehlt, ist man geneigt, es zu ersetzen. Wenn man merkt, daß ein Schauspieler irgendeine Schwäche hat, versucht man, von dieser Schwäche durch Licht oder Musik, einen anderen Schauspieler oder durch tausend andere Mittel abzulenken. Man sagt ihm: Hüpfe doch die ganze Zeit, während du das sagst. Dann schaut das Publikum auf sein Hüpfen und denkt nicht darüber nach, was für eine Situation er spielt.

Anfänger werden wahrscheinlich nicht gleich mit Schauspielern wie Angela Winkler arbeiten, sondern mit jungen Schauspielern, die Schwächen und Probleme haben, mit denen sie nicht gleich fertig werden. Da stellt sich die Frage, wie lange und penetrant man um einen Text kämpft, bis die Schauspieler ihn begreifen und mit ihm umgehen können. Und an welchem Punkt sagt man, es wird nichts mehr bis zur Premiere, die Schauspieler kriegen es nicht hin, jetzt muß ich etwas erfinden.

Ich erinnere mich an Zeiten, in denen ich äußerst erfinderisch war in Dingen, die Schauspielern über ihre Schwächen hinweghelfen sollten. Schauspieler, die z. B. eine lange Rede vor einem großen Publikum zu halten hatten und diese Rede einfach nicht bewältigten, haben es mir später sehr gedankt. Wenn der Regisseur in einer solchen Situation hilflos daneben steht und nur vorschlägt, weiter über die Rede nachzudenken, werden die Schauspieler nervös. Da muß dir als Regisseur etwas einfallen. Theater ist eben nicht so ein sauberes Ding – man läßt sich etwas einfallen.

Phantasie

Andreas: Wie proben Sie, daß Shakespeare in einem Stück fließt? Szene für Szene?

Den Fluß zu erhalten ist das Wichtige. Bei jeder Inszenierung. Bei Shakespeare erscheint es mir aber noch wichtiger, weil ich seine Stücke eben als kontinuierliche Dichtung sehe.

Ich probe sehr oft Passagen ohne Unterbrechung. Aus verschiedenen Gründen, auch, um den Schauspieler nicht in die Situation zu bringen, in der er ständig denkt: Jetzt werde ich gleich wieder unterbrochen, wie in der Schule. Ich lasse die Schauspieler auch Dinge falsch sagen, ohne daß ich sie korrigiere. Ich möchte, daß der Schauspieler selber herausfindet, was er falsch macht – oder auch, daß ich erkenne, daß das, was er macht, eigentlich richtig ist. Sein Geschmack soll meiner werden oder umgekehrt. Das ist kompliziert: Da kommt ein Schauspieler auf die Bühne, spricht einen Satz auf eine komische Art und kratzt sich dabei. Dann denke ich: Warum kratzt er sich jetzt? Das ist doch blöd in dieser Szene. Und er redet so komisch ... Fragte ich ihn jetzt, warum er sich in der Szene kratzt, würde er wahrscheinlich antworten, daß es ihn juckte. Das könnte sein, aber es wäre auch möglich, daß dies irgend etwas mit dem Text oder der Situation zu tun hat, etwas, das ich und er in diesem Moment noch nicht durchschauen. Also soll er sich erst mal kratzen. Wichtig ist, daß ich mir das im Kopf notiere – ich habe ein gutes Gedächtnis für solche Dinge. In der nächsten Fassung, die er spielt, schaue ich, ob das Kratzen nochmal kommt, ob er es weiterentwikkelt oder vergessen hat. Nehmen wir an, er läßt es weg, mache ich noch einen Durchlauf, um sicher zu sein, daß es wirklich nur Zufall war.

Abends denke ich darüber nach, rede mit meinem Assistenten und frage ihn nach seiner Meinung. Meistens ergibt es sich, daß der Schauspieler mehr und mehr dieselben Dinge macht und das Ganze zunehmend einen Sinn ergibt. Nur wenn ich merke, daß dieser Sinn nicht stimmt – für die Rolle, die Szene oder die Situation –, fange ich an, vorsichtig daran herumzuschieben. Je älter ich werde, desto mehr Hemmungen habe ich, einen Vorgang zu unterbrechen. Man darf sich nicht zu früh einmischen, wenn etwas im Entstehen ist.

Claus: Aber wie spürt man dann den Regisseur?

Ivonne: Viele Schauspieler beschweren sich, daß Sie nichts sagen, daß Sie sie einfach machen lassen.

Man muß auch nicht immer reden, nicht immer einen Kommentar haben. Und wenn ein Schauspieler sagt: War das gut?, muß man nicht immer wissen, ob es gut war, und man kann es wissen und es ihm trotzdem nicht sagen.

Die Phantasie des anderen ist das Interessante. Meine Freundin zum Beispiel dreht an ihren Haaren, wenn sie nachdenkt. Ich brauchte lange, bis ich begriff, das bedeutet: Sie denkt! Wäre sie eine Schauspielerin und ich würde sagen: Hör doch auf, an deinem Haar herumzudrehen, würde sie vielleicht aufhören zu denken.

Ich versuche, die Schauspieler nicht »offzuturnen«, also: auszuschalten. Ich möchte, daß ihre Courage wächst und sie, wenn sie spielen, immer weniger auf den Regisseur schauen. Das bedeutet nicht, daß sie den Regisseur weniger spüren sollen.

Das Gedächtnis

Ich glaube, ich bin sehr präsent, wenn ich arbeite. Dazu muß ich nicht immer etwas Kluges sagen. Die Schauspieler verlassen sich hauptsächlich auf mein Gedächtnis und darauf, daß, wenn sie etwas machen, ich es auch genau gesehen habe. Sie kommen sehr oft und sagen: Letzten Dienstag habe ich doch in dem Moment ... was habe ich denn da gemacht, als ich den Hut aufgehoben habe? Gebe ich dem Schauspieler dann wieder, was er letzten Dienstag an diesem Punkt gemacht hat, und fragt er mich, ob ich das gut finde, antworte ich ihm meistens, ich hätte darüber noch nicht nachgedacht. Dann muß er selber die Entscheidung treffen, ob er es gut findet.

Was merkt sich ein Schauspieler? Was notiert er sich im Lauf einer Probe, was notiert er sich im Verlauf der Proben? In meinem letzten »Kaufmann von Venedig« spielte Uwe Bohm die Rolle des Lanzelot Gobbo, den Diener des Shylock. Uwe Bohm war nie auf einer Schauspielschule, war sozusagen ein Dilettant, als ich ihn kennenlernte. Das ist mittlerweile viele Jahre her. Er hat ein direktes Empfinden für Menschen – in der Gobbo-Szene, wenn er von Shylock, dem Teufel, wegrennen will und sein Gewissen ihn nicht läßt, hatten wir in zehn Minuten viele verschiedene Einfälle, und Uwe hätte noch mehr hervorsprudeln können. Er und ich wissen, daß sie alle nur Mittel zum Zweck sind, wir irgendwann daraus eine Auswahl treffen müssen. Jede Rolle, die Uwe bei mir spielt, lasse ich ihn irgendwann auf hamburgisch sprechen, da er aus

Hamburg kommt. Es ist ein wichtiges Mittel, Mut zum Spielen zu gewinnen – und ein Schritt auf dem Weg zur Wahrhaftigkeit (in) der Stimme, denn im eigenen Dialekt fühlt man sich sicherer, vielleicht im ersten Moment auch blöd oder komisch gegenüber den anderen, die alle Hochdeutsch sprechen, nämlich isoliert. Aber es ist ein Mittel zum Ursprung hin. Dialekt ist wie eine Maske, die nützlich ist, wenn der Schauspieler nicht weiterkommt.Über die Jahre hat Uwe gelernt, sich bestimmte Dinge im Kopf zu notieren. Das ist es, was ich bei einem Schauspieler wichtig finde. Als ich ans Berliner Ensemble kam – mit Matthias Langhoff, Peter Palitzsch, Heiner Müller und Fritz Marquardt –, sagte letzterer, für ihn müsse ein Schauspieler am nächsten Tag ganz genau wiederholen können, was er am Tag vorher gemacht habe. Das sei das Maß. Er müsse das können. Komplett sozusagen. Ich fragte damals nicht, an was der Schauspieler sich denn erinnern solle. Der Tag ist ein anderer, das Wetter ist anders, er fühlt sich anders, die anderen Schauspieler sind anders. Soll er alles immer genauso machen? Dann wäre er eine Maschine. Mir ist wichtig, an was sich ein Schauspieler erinnert. Und ich hoffe, daß der Lanzelot-Gobbo-Schauspieler aus der Workshop-Probe, der sich in der Szene plötzlich hinkniete, sich an die Situation erinnert, aus der sich das ergab. Er wird sich daran erinnern, daß er mit zwei Koffern auf die Bühne kam und meinte, er würde etwas Komisches machen, was ich überhaupt nicht komisch fand. Ich schlug ihm vor, mit den beiden Koffern etwas Komisches zu entwickeln – da kniete er sich hin, und ich sagte ihm: Sag es doch jetzt mal so. Er wird sich an das Verhältnis zwischen ihm und mir erinnern, mehr als an die Tatsache, daß er auf den Knien war, und das ist auch das Wichtige, denn ein Schauspieler soll sich an das erinnern, was in der Situation wirklich wichtig war, nicht an irgendeine Äußerlichkeit. Vielleicht kann er dieselbe Wirkung mit einem anderen Mittel herstellen. Man kann es sich vorstellen. Vielleicht ist es viel komischer und viel trauriger und viel interessanter, wenn er auf einem Bein steht und den Koffer als Pendel benutzt. Das muß man sehen. Die Frage ist also, wie sich ein Schauspieler an etwas erinnert: Merkt er sich eine technische Äußerlichkeit, erinnert er sich an eine Empfindung, an ein Bild? Manche Schauspieler haben eine starke Bilderphantasie, andere eine literarische, wieder andere eine psychologische. Man muß sie ihnen lassen, man will den Menschen ja nicht verändern. Außerdem kann man die Menschen auch nicht verändern.

Ulrich Wildgruber konnte nach sechs Wochen Proben »wiederfinden«, was er gemacht hatte, wenn ich sagte: Aber am 17. März, als wir diese Szene probierten, hast du doch das und das gemacht. Er dachte einen Augenblick nach. Ging dann auf die Bühne und hat es gemacht. Sein Gedächtnis war eine Art Wahnsinnscomputer. Ich kenne niemanden, der so ein Gedächtnis hatte. Etwas zu wiederholen (sollte man etwas wiederholen wollen) war für ihn kein Problem, weil er immer den richtigen Ansatz zum Wiederholen hatte, nicht den äußeren, sondern den inneren. Er erinnerte sich an die Situation und ließ es darauf ankommen, ob es wieder so war, wie es (gewesen) war. Und es war immer so, wie es (gewesen) war. Ein bißchen anders natürlich. Weil es sechs Wochen später war. Doch grundsätzlich war es Uli möglich. Wenn man ein guter Regisseur ist, kann man Schauspielern beibringen, wie sie sich an Dinge erinnern. Meine Schauspieler können es. Und wenn ich sage meine Schauspieler, sind das Schauspieler, mit denen ich seit zwanzig Jahren (und länger) arbeite. Sie haben es gelernt. Manchmal machen sie es nicht, um mich zu ärgern, sich zu ärgern oder weil sie sauer sind. Sie sind nicht immer nett. Sie wissen nur, was wichtig ist, weil sie mich kennen.

Auch wenn ich so tue, als ob – als ob ich über die Schauspieler nicht die Kontrolle hätte, über das, was passiert und sich bewegt, so wissen oder spüren die Schauspieler doch ganz genau, daß ich immer *in control* bin und die Kontrolle bis zum Ende habe.

Wahrhaftigkeit

Ich glaube, Schauspieler müssen genauso lernen, mit Regisseuren umzugehen, wie Regisseure es lernen müssen, mit Schauspielern umzugehen. Ein Schauspieler ist sein Leben lang mit Regisseuren konfrontiert: guten, schlechten, jungen, alten, blöden – er muß sich ein Bild vom jeweiligen Regisseur machen, was der kann und was er ist, wie man mit ihm umgeht – er, der Schauspieler, kann sich ihm in die Arme werfen oder nicht. Ein Schauspieler kann einem Regisseur auch sagen: Wir passen nicht zusammen! Vielleicht ist aber der Regisseur, der dir am meisten auf den Wecker geht, derjenige, der für dich als Schauspieler am besten ist. Es kann alles sein. Es gibt viele Wege, darauf kommt es nicht an. Das Wichtigste ist, was zwischen Menschen vorgeht, daß man erkennt, was jeder will und jeder kann. Ihr lacht? Es kommt auf die Begegnung an. Nicht auf die Geschicklichkeit, obwohl es natürlich gut ist, wenn man sich nicht gleich gegenseitig beleidigt oder auf den Fuß tritt.

Was ich suche, ist Wahrhaftigkeit. Das hat mit Realismus, Stil und Form nichts zu tun. Es hat mit Echtheit zu tun. Dem, was sich mit dem echten Empfinden des Schauspielers und dem Stück vereinbaren läßt. Meine Arbeit ist damit beschäftigt, diese Momente herzustellen – durch Wiederholungen, Vorschläge, Tricks. Manchmal dauert es Wochen. Ist der Moment da, vergesse ich, wo ich bin. Wahrheit und Wahrhaftigkeit stecken an.

Die Vorbereitung

Das Stück

Wie bereitet man als Regisseur ein Stück vor? Jeder hat seinen eigenen Weg, und jeder macht es anders. Ich sage mal, wie ich es mache.

Es fängt damit an, daß ich das Stück gelesen und mich entschieden habe, es zu inszenieren. Die Entscheidung für ein Stück fällt, wenn es eine solche Wirkung auf mich hat, daß ich es nicht vergesse. Wenn ein Bild von dem Ganzen in meinem Kopf entsteht, oder auch nur ein Detail, das mich so fasziniert, daß es sich auf das ganze Stück ausbreitet.

Meistens ist es so, daß ich ein Gefühl für das gesamte Stück bekomme, daß es mein Ding ist, daß es mich anspricht, mir gehört. Ich entwickle dann ein Bild davon und lese hauptsächlich das Stück, weniger kritische Essays oder Analysen. Die werden nur dann interessant, wenn ich bestimmte Informationen brauche oder das Stück an einem Ort spielt, den ich nicht kenne. Wenn ich jetzt ein Stück über Kroatien mache, muß ich darüber lesen, da ich Kroatien nicht kenne und nicht weiß, was dort los ist.

Wenn ein Stück im Elisabethanischen Zeitalter spielt, muß ich den Hintergrund der Zeit kennen, sonst begreife ich nicht, warum sich Leute auf eine bestimmte Weise verhalten. »Heinrich V.« z. B. beginnt mit einer großen Diskussion über die Erbfolge in Frankreich. Wenn ich damit nichts anfangen kann, muß ich ein Geschichtsbuch lesen. Also spielen auch Kenntnisse – Bildung in Literatur und Musik – für die Ausbildung zum Regisseur eine Rolle, sie sind mindestens so wichtig wie die Arbeit mit den Schauspielern.

Es gibt nur sehr wenig gute Bücher über Shakespeare, und

diese sind zum größten Teil auf englisch und nicht ins Deutsche übersetzt. Ich finde es wichtig, daß man einen Gesamteindruck von der elisabethanischen Zeit bekommt. Wenn ich ein Stück inszeniere, das in der Renaissance spielt, dann beschäftige ich mich mit der Kunst und der Musik der Renaissance und damit, wie die Menschen zu dieser Zeit gelebt haben: ihre Rituale, was sie in der Kirche gemacht, wie sie in der Stadt gelebt haben, wie sie gekleidet waren usw., um ein Gefühl von der Welt zu bekommen, in der das Stück spielt.

Das ist ein Teil der allgemeinen Vorbereitung. Ich bereite meist ein Stück sehr, sehr lange vor. Ich beschäftigte mich z. B. schon zwei Jahre vorher mit Christopher Marlowes »Der Jude von Malta«, den ich Ende 2001 inszenierte. Ich besorge mir Material und schaue Filme an, so lange, bis es sich in meinem Gedächtnis festgesetzt hat. Wenn ich dann mit der Arbeit beginne, vergesse ich viele Detailkenntnisse wieder. Ich halte den Schauspielern keine Vorträge, dieses Wissen muß sich durch die Arbeit miteinander übertragen. Wenn die Schauspieler etwas wissen wollen, stehen meine Dramaturgin und Bücher zur Verfügung.

Die Besetzung

Wichtigster Teil der Vorbereitung ist die Besetzung. Sie macht siebzig Prozent meiner Inszenierung aus. Denn eine falsche Besetzung ist nicht wiedergutzumachen. Die genaue Besetzung stellt den Grad von Präzision her, den ich fordere. Ich nehme den Lanzelot Gobbo aus der Workshop-Probe als Beispiel. Zu Shakespeares Zeit hat der beste Komiker der Kompanie die Rolle bekommen. Wahrscheinlich ist er auf die Bühne gefallen und hat lauter dämliche Dinge gemacht. Die Koffer, die der Schauspieler in diesem Fall auf die Bühne gebracht hat, sind ein Geschenk für einen Komiker, dieser riesengroße und der kleine, der sogar noch kleiner hätte sein können. Mich interessierte vor allem, wie traurig der junge Mann war. Er hatte eine melancholische Ausstrahlung. In meinen Augen ist Lanzelots Ton aber schnell, energisch, lustig, frech. Also würde ich diesen Schauspieler nicht als Lanzelot besetzen.

Das Vorsprechen

Einen Schauspieler, den ich nicht kenne, mit dem ich aber arbeiten könnte, lade ich zu einem Vorsprechen ein, nicht um herauszufinden, ob er »gut« oder »schlecht« ist, sondern, ob wir zusammenpassen, ob mir zu ihm etwas einfällt. Das Vorsprechen ist ein schrecklicher Weg, jemanden oder sich gegenseitig kennenzulernen, aber es gibt keinen anderen. Da kommt jemand herein, ist sehr kompliziert, sehr aufgeregt, was an der Situation liegt, und erzählt komische Geschichten, Monologe aus irgendwelchen Stücken, die er vorbereitet hat – von Goethe, Hebbel, Heiner Müller, Beckett, Schiller, Ibsen – und bietet sich bzw. das Bild von sich an, das Bild von dem, was er will, und in dem Moment des Vorsprechens will er natürlich hauptsächlich wirken. Der eine kriegt es hin, der andere wird unsicher, ihm bricht die Konstruktion zusammen. Als Regisseur macht man sich ebenfalls ein Bild, das nicht auf das Resultat, sondern auf die Begegnung bezogen ist. Man tastet den Schauspieler auf seine Phantasie, Intelligenz, seinen Witz, seinen Humor, die Skala seiner Gefühle ab. Das Wichtige dabei ist, daß man erkennt, wer und wie der Schauspieler ist, nicht was er alles kann. (Letzteres ist in den meisten Fällen etwas, das ich ihm dann irgendwann beibringen kann.) Wenn der Schauspieler interessant ist und es nicht einfach um ein schnelles Kennenlernen geht, sondern ich mir den Schauspieler für eine Rolle vorstelle, kann ein Vorsprechen viele Stunden dauern und sich auch über Tage fortsetzen, weil ich sehen, also herausfinden möchte, ob ich mit dem Schauspieler arbeiten will, ob wir es zusammen machen können.

Wenn ich heute eine Inszenierung vorbereite, plane ich sie meistens zwei bis drei Jahre im voraus, damit ich sie genau besetzen kann, was schwierig ist, denn heute hole ich mir einen Schauspieler von dort, einen anderen von dort. Aber wenn ich die Hauptrolle nicht besetzt habe, sie nicht besetzen kann, entscheide ich mich nie für ein Stück. Lieber mache ich es dann nicht. Gut, ihr seid in einer anderen Situation, das könnt ihr euch noch nicht leisten. Wenn ihr zu inszenieren anfangt, wird es hoffentlich in einem Provinztheater sein, wo ihr denkt, ihr könnt nicht so genau besetzen. Man kann trotzdem genau denken und sich sagen: Aha, dieser Schauspieler soll den Shylock spielen, ihm fehlt zwar dieser und jener Zug, dafür hat er jedoch diese eine besondere Qualität, und mit ihr werde ich mich jetzt beschäftigen, anderes muß ich vielleicht wegschummeln. Schummeln gehört (auch) zum Theater. Scharlatanerie gehört zum Theater. Wir sind ja nicht pure, reine Künstler, sonst würden wir malen. Da kann man machen, was man will. Will ich Grün haben, nehme ich Grün, und will ich genau diese grüne Form, mache ich sie. Bei einem Menschen ist das ein bißchen schwierig, Schauspieler haben komische Ecken, man muß sie unterbringen. Schafft man es nicht, trennt man sich besser.

Den »Juden von Malta« wollte ich seit zwanzig Jahren inszenieren, konnte das Stück aber nie besetzen. Man braucht ein großes Theater und eine besondere Besetzung. Ich entschied mich für Gert Voss, mit dem ich es vor einer Weile noch nicht gemacht hätte. Er hatte 1988 meinen letzten Shylock gespielt, und das war mir – so komisch es klingt – zu nah an der Rolle des Juden Barabas dran. Ich mußte zehn Jahre verstreichen lassen, bis er wieder frei genug war, die Rolle des Barabas zu spielen. Aber daß er den Juden spielen wollte und ich wollte, daß er ihn spielt, war die Grundentscheidung für das Stück. Der Vorgang hat mit Projektion zu tun. Ich sah Gert Voss als den Juden von Malta – und er sich auch.

Wenn man ein großes Shakespeare-Stück macht, fallen einem vielleicht drei Schauspieler ein. Zwei machen zu dem Zeitpunkt einen Film, und der dritte ist krank. Oder man entscheidet sich für einen von ihnen, aber andere Produktionen wollen ihn auch haben. Dann muß man sich entscheiden: Entweder man macht das Stück nicht, oder man sucht einen Kompromiß, einen anderen Schauspieler.

Ich besetze schon jetzt ein Stück, das ich erst in zwei Jahren machen werde. Die meisten Schauspieler wissen nicht einmal, ob sie in zwei Jahren noch am Theater sind, geschweige denn, welches Stück sie spielen werden. »Hamlet« habe ich 1996 besetzt und erst drei Jahre später inszeniert. Ich brauchte die Zeit, um die Schauspieler für die Rollen zu bekommen.

Beatrice: Ich kann mir die Schauspieler aber doch nicht immer aussuchen.

Das Ensemble

Wenn man an einem Theater mit seinem Ensemble arbeitet, muß man natürlich auch mit Schauspielern arbeiten, von denen man meint, sie gehörten nicht in das Stück. Da ich nun aber an diesem Theater arbeite, nehme ich sie und arbeite mit ihnen. Dann muß ich mir etwas einfallen lassen, vielleicht verändere ich die Figur oder die Figuren. Als ich den »Kirschgarten«[5] inszenierte, hatte ich große Schwierigkeiten, die Rolle des alten Dieners Firs zu besetzen. Eine wichtige Figur, weil sie die alte Welt im Stück symbolisiert, die lebende Vergangenheit, ihr Gewissen. Den Schauspieler gab es nicht an dem Theater. Ich hatte das Stück schon einmal mit Rudolf Forster inszeniert.[6] Da war er schon zweiundachtzig Jahre alt, und das war wunderbar. Jetzt hatte ich niemanden für die Rolle. Es gab alte Schauspieler, aber niemanden von dieser Qualität – ich besetzte die Rolle mit einem Jüngeren: Hermann Lause. Lause war zwar erst siebenundfünfzig, hatte aber eine große Phantasie für das Alter. Und darum ging es. Er sah nicht alt aus, besaß aber eine Phantasie dafür – die hatte er schon, als er dreißig war, er war eigentlich nie wirklich jung. Als ich ihn fragte, ob er den Firs spielen wolle, sagte er zu, meinte aber auch, wenn ich einen Alten fände, den ich besser dafür finde, würde er die Rolle gerne wieder abgeben. Das war sehr intelligent von ihm, da er wußte, daß in meinem Kopf die alte Fassung mit Rudolf Forster existierte. Und er dachte sich wohl: Es kann ja sein, daß Peter irgend jemanden sieht, von dem er plötzlich meint: Mein Gott! Das wär's ja! Und jetzt habe ich die Rolle mit dem Lause besetzt. Das wäre eine schlechte Voraussetzung für unsere Arbeit gewesen, sowohl für ihn als auch für mich. Ich habe diese Möglichkeit natürlich nicht genutzt. Daß Lause zu jung für diese Rolle war, wurde ein Vorteil: Das Alter hat er nicht etwa dargestellt, indem er sich ein Bärtchen anklebte oder ähnliches, sondern er hat die Rolle alt gedacht und die Entwicklung des Alters gezeigt, wie nur ein jüngerer Mann das konnte. (Ähnlich wie Wildgruber, als ich 1974 mit ihm den »Lear«[7] inszenierte. Er war damals erst siebenunddreißig.)

---

5 Anton Tschechow, »Der Kirschgarten«, Akademietheater, Wien 1996.
6 Anton Tschechow, »Der Kirschgarten«, Fernsehinszenierung, 1966.
7 William Shakespeare, »König Lear«, Theater Bochum, Bochum 1974.

Das größte Problem sind also die Schauspieler, und erst wenn ich mit der Besetzung zufrieden bin, fange ich mit der eigentlichen Aufführungsarbeit an.

Claus: Möchte ich jetzt den einen Schauspieler z. B. für die Rolle des Shylock besetzen und die anderen Gruppen möchten den auch, dann müßte man ein neues Casting machen ...?

Ja, klar! Ihr seid drei konkurrierende Gruppen und wollt alle den besten Schauspieler haben. Letztendlich wird der Schauspieler entscheiden, bei wem er lieber spielt. Wenn in einer Regie-Gruppe bei euch vier Leute sind und einer von ihnen ist der Regisseur, trifft er die Entscheidung. Ihr könnt euch untereinander beraten, aber die Entscheidung trifft nur einer. Theater, Kunst überhaupt kann nie von einem Mehrheitsvotum abhängen, denn Kunst ist diktatorisch. Man kann kein Theater mit vier Regisseuren machen. Habt ihr das Problem, daß alle Gruppen dieselben Schauspieler haben wollen, ist es wie im echten Theaterleben.

Der äußere Rahmen der Proben

Es ist die erste Pflicht eines Regisseurs, seine Schauspieler gegen alle Störungen abzuschirmen und zu schützen. Der äußere Rahmen der Proben muß also vorher sehr gut organisiert sein, damit in der Mitte die Freiheit des Phantasierens möglich wird. Dazu gehört u. a. eine Form von Warming-up oder Gymnastik vor der Probe. Denn es ist wichtig, daß Schauspieler, bevor sie ihren Kopf benutzen, physisch wirklich entspannt sind. Unter anderem reduziert das die Gefahr von Unfällen erheblich. Wir haben unser eigenes Buffet. Die Schauspieler müssen also nicht in die Kantine gehen, wo sie, mit anderen Dingen konfrontiert, in den Pausen die Konzentration verlieren.

Harald: Jeder Schauspieler schützt sich aber erst mal, wenn er auf die Bühne geht, oder? Wenn man wie wir hier in der Runde sitzt und sich unterhält, ist man relativ ungeschützt, aber auf der Bühne bin ich ja ausgestellt. Und in dem Moment ...

Das erste, was du erreichen mußt, ist, daß die Schauspieler sich nicht instinktiv schützen, wenn sie auf die Bühne gehen.

Harald: Ich finde das sehr schwierig.

Das ist genau der Witz, daß man die Schauspieler zu einem Punkt bringt, wo sie auf die Bühne gehen wie Kinder in einen Sandkasten. Das ermöglichen natürlich nur gewisse Vorbedingungen. Man braucht einen guten Produktionsleiter oder Produktionsdramaturgen oder Assistenten, deren Verantwortung es ist, den äußeren Rahmen so zu organisieren, daß die Proben ungestört verlaufen, daß man auch außerhalb der normalen Zeiten konzentriert arbeiten kann; daß man nicht gestört wird von irgendwelchen Telefonaten, daß das Theater, für das man arbeitet, sich nicht ständig einmischt und tausend andere Dinge, beispielsweise daß die Requisiten da sind, mit denen man arbeiten will. Ohne einen guten Assistenten bin ich ängstlich. Denn was ich mit den Schauspielern mache, ist sehr intim, sehr geschlossen. Die Arbeit entwickelt sich über Wochen und Monate, da ist es wichtig, jemanden zu haben, der zur Arbeit eine Distanz behält und sie so gegen Störungen von außen schützen kann. Bei einer plötzlichen Ablenkung können alle die Nerven verlieren. Theater ist eine schwierige und gefährliche Arbeit. Wenn der Regisseur die Verantwortung für die Existenz von Menschen, und zwar die gesamte

Existenz von Menschen, nicht auf sich nehmen will, sollte er einen anderen Beruf ergreifen. Richtige Schauspieler sind immer Schauspieler, das ist ihr Leben.

Wenn bei der Premiere eine Kulisse umfällt, kann der Regisseur nicht sagen: Scheißbühnenbildner. Oder: Der dämliche Technische Direktor. Nein, er muß sagen: Der blöde Regisseur. Er hätte es voraussehen müssen. In einer meiner letzten Inszenierungen gab es einen Unfall – in einer Situation, wo jemand auf einer Rutsche in einen Topf fährt. Den Vorgang herzustellen war kompliziert genug. Wochenlang fummelten wir so nebenbei daran herum. Ein paar Tage vor der Premiere kam jemand auf die Bühne und sagte: Machen wir es doch so, laßt die anderen die Rutsche wegziehen, wenn der Schauspieler im Topf ist. Ich war nicht wirklich konzentriert, nickte nur, dachte, er wird es schon wissen. Und hatte falsch reagiert. Das Resultat: Die zwei Techniker zogen die Rutsche ein paar Sekunden zu früh weg, und der Schauspieler fiel mit seinem Arsch auf den Topfrand und verletzte sich. Im Endeffekt ist nichts Gravierendes passiert. Es war nicht meine Schuld. Trotzdem. Der Schauspieler fiel zwar nur drei Tage lang aus, aber er verlor das Vertrauen in diese Szene, weil er Angst hatte, daß er sich noch einmal verletzen könnte. Ich hatte erlaubt, daß zwei Leute, die die Situation nicht geübt hatten, etwas falsch gemacht hatten. Es war meine Schuld. Ich hätte es wissen müssen. Ich hätte es nicht erlauben sollen – in einem Moment der Unaufmerksamkeit. Letztlich lernte ich für die Situation, um die Angst des Schauspielers zu überspielen, ein Double an. Damit war das Problem gelöst. Der Schauspieler brauchte keine Angst mehr zu haben, kein Mensch sieht, daß er den Rutsch nicht selber macht. Solche Dinge dürfen nicht passieren.

Man sollte nicht unvorbereitet auf eine Probe gehen

Man muß – soll ich sagen auch? – großes Zutrauen zu sich haben. Als ich ein Anfänger war und auch später hatte ich immer Schiß. Selbst heute habe ich vor einer Probe noch Angst, nicht, daß ich in meiner Eitelkeit verletzt werde, sondern weil ich nicht weiß, ob mir genug einfällt. Ich bin vorbereitet, habe mir zentrale Situationen, Gänge etc. notiert und bin trotzdem nervös. Es kann ja sein, daß ich trotzdem dasitze und doof gucke. Als ich Anfang Vierzig war, habe ich realisiert, daß Schauspieler viel mehr Vertrauen gewinnen, wenn man diesen einfallslosen Zustand nicht überspielt, nicht diese Lehrer-Schüler-Haltung einnimmt, sondern sie ruhig merken läßt, daß man genauso blöd ist wie sie, und sagt: Sorry, heute fällt mir nichts ein. Für sie kann das nämlich günstig sein, plötzlich werden sie lebendig, und es fällt ihnen noch mehr ein.

Ich gehe immer davon aus, daß etwas schiefgehen kann. Dann schaue ich in meine Notizen. Zum Beispiel wenn ein Schauspieler so unangenehm oder schwierig wird/ist, daß ich nicht weiter über das Stück nachdenken kann, weil ich mich nur um ihn kümmere. Es kann einem auf der Probe passieren, daß man nur damit beschäftigt ist, einen Menschen zu beruhigen oder sich mit ihm auseinanderzusetzen. Und trotzdem muß man weiter inszenieren. Das habe ich in der englischen Provinz gelernt. Damals, als ich anfing, mußte ich jede Woche ein Stück inszenieren.[8]

Zwei Jahre lang mit denselben Schauspielern jede Woche ein neues Stück. Und nicht an einem Zimmer- oder Alternativtheater, sondern an einem großen Stadttheater. Da machte ich alles, angefangen von Cocteaus »Les Parents Terribles« bis

---

8 Siehe »Das Wilde Ufer«, Kiepenheuer und Witsch, 1994: In Pontiprydd Theater spielen, S. 31ff.

zu »Arsen und Spitzenhäubchen«.[9] Montag war Premiere, Dienstag probte man den ersten Akt des neuen Stückes, Mittwoch den zweiten Akt, Donnerstag den dritten Akt usw. Die Schauspieler lernten jede Woche ein neues Stück. Es ging, ihr werdet lachen. In den zwei Jahren habe ich sehr viel gelernt, denn es funktionierte nur so: Am Sonntag arbeitete ich das Stück durch und schrieb jeden Gang und alles auf, was mir zu dem Stück einfiel. Es war auch damals so, wenn man auf der Probe sagte: Und du gehst da rüber, ach, Moment mal . . ., war es schon aus, da wurden die Schauspieler sauer. Eine Minute eines wertvollen Tages war weg, dieser eine Moment zum Nachdenken war nicht möglich. Mir hat das gutgetan, eigentlich bin ich ein langsamer Mensch, ich sehe gern lange zu. Aber das schnelle Arbeiten kann ich auch, und das ist wichtig. Wenn einer der Schauspieler auf der Fahrt ins Theater im Zug steckenblieb und die Vorstellung in einer halben Stunde begann, mußte ich schnell umbesetzen – das muß man können.

Ich würde also vorschlagen, bei der Vorbereitung einer Szene alles, was man vorhat, genau zu notieren. Danach kann man es auch wieder vergessen.

Improvisieren

Das Improvisieren ist teilweise durch Regisseure wie mich in Mode gekommen. Ich habe in den 60er Jahren sehr viel improvisiert, es war damals »in«. Man kam auf die Proben und dachte: Mal sehen, was mir heute einfällt. Heute finde ich die Haltung falsch. Inszenieren ist eine professionelle Arbeit, und

---

9 Jean Cocteau, »Les Parents Terribles«, Palace Theatre, Swansea 1955, Joseph Kesselring, »Arsenic and old Lace«, Palace Theatre, Swansea 1955.

wenn man einen Premieren-Termin hat, sollte man sich so absichern, daß es auch funktioniert, wenn einem *nichts* einfällt. Ich glaube, daß ein gewisses Mißtrauen von Schauspielern gegenüber Regisseuren genau daher rührt: Da ist ja wieder so einer, der kommt auf die Probe, hat das Stück nur einmal gelesen und schaut mal, was ihm heute Gutes dazu einfällt. Das mögen Schauspieler nicht, und mit Recht. Auch wenn es jemand ist, dem lauter tolle Dinge einfallen, ist es trotzdem nervend, sich vorzustellen: Der ist heute schlecht, was soll ich denn dann machen? Das ist – glaube ich – die falsche Beziehung, das darf nicht sein.

Deshalb macht man sich vorweg ein Schema von der Szene. Früher, als ich noch ein bißchen nervöser war, kam ich immer eine Stunde vor der Probe und lief auf der Bühne herum. Ich wollte ein Gefühl für den Raum und das, was ich vorhatte, bekommen: Aha, der wird da sitzen, und dann geht er dahin und macht das ... Mal sehen, wie die Akustik des Raumes ist.

Je mehr Halt man in einer Szene gibt, desto freier werden die Schauspieler. Man will sie ja an den Punkt bringen, an dem sie sich so frei fühlen, daß sie miteinander spielen. Um spielen zu können, muß man sicher sein, und die Bühne muß sicher sein. Alles Gefährliche wird ausgeschaltet, auf Sicherheit habe ich immer großen Wert gelegt. Wenn z. B. ein Schauspieler auf der Bühne ein Glas zerbricht, ist bei mir der Assistent in drei Sekunden auf der Bühne, um die Scherben zu beseitigen. Auch wenn gerade ein wichtiger Durchlauf stattfindet und der liebe Gott gerade zusieht oder der Präsident von Amerika dabei ist: Wenn ein Glas auf der Bühne zerbricht, geht jemand rauf und räumt es weg. Auf der Bühne darf es keine Fallen geben, über die ein Schauspieler stolpern und sich verletzen kann. Das darf nicht sein, und dafür sind der Inspizient und der Assistent hundert Prozent verantwortlich. Die Schauspieler müssen wissen, daß ihnen nichts passieren kann, daß sie sich auf ihre Kreativität konzentrieren können. Wenn ein Gewehr auf der Bühne benutzt wird, schaue ich immer selber nach, ob der Lauf zugestopft ist, weil ich in dieser Hinsicht schon schreckliche Dinge gesehen habe. Selbst bei einem Gewehr mit Platzpatronen. Bei mir gibt es auch nur Gummi- oder Holzmesser, auch wenn das die Schauspieler nervt.

Ein Regisseur muß gut vorbereitet sein. Sinnvoll ist, wenn man das Buch schon auswendig kennt – ich vergesse mein Buch immer zu Hause – und mit dieser Sicherheit auf die Probe geht. Es ist ein tolles Gefühl, wenn man soviel über das Stück weiß, daß einen außer den Schauspielern nichts mehr erstaunen kann. Wenn die Schauspieler diese Sicherheit spüren, bekommen sie ein großes Vertrauen. Das bedeutet nicht, daß du jedes philologische Detail kennst, aber du kennst die Welt dieses Stückes und hast sie verinnerlicht. Wie ein guter Fremdenführer für die Schauspieler.

Die Vorbereitung ist für jedes Stück natürlich unterschiedlich. Für die Inszenierung von »Ivanov«[10] habe ich mich so gut vorbereitet wie bei keinem anderen Stück. Das war purer Zufall, ich war in Italien bei mir zu Hause und bin z. B. nach Turin gefahren, um mir eine Ausstellung über russische Kunst des 19. Jahrhunderts anzusehen. In Paris ging ich in eine Foto-Ausstellung und sah mir an, was man zu Tschechows Lebzeit fotografiert hatte. Ich habe gelesen und gelesen, darüber nachgedacht und wußte, das Stück kenne ich wirklich.

Beim »Kirschgarten«[11] habe ich mich dagegen ein bißchen überschätzt. Ich hatte das Stück schon einmal gemacht und dachte, das kenne ich. Aber ich kannte es eben doch nicht so gut und mußte viel aufholen. Das hat mich und dadurch auch

10 Anton Tschechow, »Ivanov«, Akademietheater, Wien 1990.
11 Anton Tschechow, »Der Kirschgarten«, Akademietheater, Wien 1996.

die anderen in den ersten Wochen sehr irritiert. Irgendwann habe ich es geschafft, aber es war bloß Zeitverlust. Die Vorbereitung ist eben sehr wichtig. Danach kann man improvisieren. Man kann sich dann auch Fehler leisten, man weiß ja im Grunde, wo es hingehen soll.

Das Inszenieren

Die Proben

Bei einer Probe geht es nie um Leistung. Sie fängt pünktlich an. Bin ich eine Stunde zu spät, beginnt mein Assistent. Sollte der auch nicht da sein, arbeiten die Schauspieler allein. Also, man wartet nicht auf den Regisseur, sondern fängt pünktlich an. Das ist für die Disziplin wichtig, aber auch für das Selbstbewußtsein der Schauspieler.

Ich verhindere, daß irgend jemand von außen in meine Proben kommt und sagt: Ach, so wird das also. Es interessiert mich nicht, wie meine Probe für andere aussieht, sie muß nur für mich richtig aussehen. Wenn also ein Kritiker oder ein Intendant vor der Premiere etwas sehen möchte, lasse ich ihn nicht herein. Wenn ich zwei Monate Probenzeit bis zur Premiere habe, inszeniere ich nicht so, als ob in sechs Wochen Premiere sei, sondern probiere genau auf die zwei Monate hin. Dafür stelle ich eine Situation her, in der der Schauspieler seine Rolle in zwei Monaten spielen kann. Das bedeutet, daß ich jedesmal, wenn ich den Schauspieler bei seiner Arbeit beobachte, ein Bild im Kopf habe, wie das in zwei Monaten aussehen wird. Ist er erfahren, weiß er das auch, und man muß es ihm nicht unbedingt sagen, es nur im Kopf behalten.

Über die vielen Jahre habe ich ein sehr genaues Gefühl für dieses Timing im Probenstadium entwickelt. Man braucht viel Erfahrung, bis man die Situation, wie sie am Tag der Premiere sein soll, voraussehen kann. Es ist ja auch schwer, weil viele unerwartete Dinge dazwischenkommen können, und es hängt von einem Faktor ab, über den man keine Macht hat – vom Publikum. Wenn in der Premiere drei Zuschauer sitzen, die ständig husten oder protestieren, kann man sie nicht einfach rauswerfen. Damit müssen die Schauspieler umgehen können. Ich hatte großes Glück, seit Anfang der 70er Jahre habe ich mit Uli Wildgruber gearbeitet, der es genoß, daß etwas Unerwartetes geschah, und es mit dem Publikum aufnahm. Als bei der Aufführung des »Othello«[12] jemand im Zuschauerraum rief: Lauter bitte, kam er von der Bühne herunter, stellte sich neben den Zuschauer und wiederholte den Text. Er war nicht lauter, sondern hat höflich und freundlich den Text wiederholt und dafür sogar Applaus bekommen. Es hat viel mit Humor zu tun.

Susanne: Aber wie bereitet man Schauspieler auf unerwartete Situationen vor? Man kann schließlich nicht alles voraussehen! Da würde man doch durchknallen – mehr mit den Überraschungen beschäftigt sein als mit dem Stück.

Natürlich kann man nicht alle Eventualitäten oder Störungen voraussehen. Ich habe Anfang der 60er Jahre John Osbornes »Luther«[13] inszeniert, ein interessantes Stück über einen jungen, halbstarken »toughie«. Ich hatte sehr gute Schauspieler, unter anderem Günther Neutze, einen damals berühmten Fernsehschauspieler, der die Rolle des Kajetans mit einer langen Szene und viel Text spielte. Ich mochte Neutze, der raffiniert, differenziert und ganz leise, aber gut sprach. Wir waren in einem großen Theater, am Goetheplatz in Bremen, und irgendwann sagte Neutze, der viel erfahrener war als ich: Du, Peter, das ist doch viel zu leise, was ich hier mache. Und ich antwortete: Nee, ich setz mich mal nach hinten, nein, wunderbar, ich verstehe jedes Wort, bitte mache so weiter. Er blieb

---

12 William Shakespeare, »Othello«, Deutsches Schauspielhaus, Hamburg 1976.
13 John Osborne, »Luther«, Theater der Freien Hansestadt, Bremen 1962.

unsicher, und die Diskussion kam immer wieder. Dann kam die Premiere, und während dieser Szene ging unter der Bühne irgendein Ventil los. Von der gesamten Szene war nicht ein Wort verständlich. Das war nicht meine Schuld, das konnte ich nicht voraussehen, aber ich konnte dem Publikum auch nicht sagen: Entschuldigung, das war nicht meine Schuld ... Ich war aber verantwortlich, ich hätte voraussehen müssen, daß diese leise Szene bei irgendeiner Störung nicht mehr zu verstehen sein würde. Oder ich hätte mit dem Schauspieler vereinbaren müssen, wie er sich bei einer Störung verhält. Man muß sich und die Schauspieler auf derartige Situationen vorbereiten. Der Regisseur ist für *alles* verantwortlich. Er hat gemeinsam mit seinem Assistenten zu checken, daß das Bühnenbild sicher ist. Wenn draußen LKWs herumfahren und stören, muß ich die Straße absperren lassen oder die Polizei rufen usw. Es gibt tausend Pannen-Möglichkeiten, und der Regisseur ist für *alle* verantwortlich. Das macht den Beruf so anstrengend und so spannend.

Ich habe auch schon mit einem Bühnenbildner zusammengearbeitet, der überhaupt kein Gefühl für Zeit hatte, der behauptete, das wird dann und dann fertig, und dann wurde es nicht fertig. Nachdem er das erste Mal nicht fertig wurde, habe ich mich selber darum gekümmert. Mein Assistent mußte in die Werkstatt gehen und abfragen, wann welches Teil fertig wird. Man darf keine Hemmung haben, man muß seine Spione aussenden, die einem melden, was wirklich los ist.

Wenn man an ein neues Theater kommt – das passiert bei mir sehr häufig –, muß man ganz schnell ein Netzwerk herstellen. In München sausten meine Assistenten durch die Kammerspiele und machten alle Leute verrückt. Sie fragten ständig ab und begnügten sich nicht mit einer Antwort, sondern kamen am nächsten Tag wieder. Das ist anstrengend, macht aber auch Spaß. Es hat mit Kontrolle und Macht zu tun.

Macht muß man haben, muß sie aber auch auszuüben wissen, nämlich indem man die Kontrolle über alles behält.

Das einzige, das offenbleiben muß, ist die Phantasie der Schauspieler. Das ist das schwierigste, denn äußere Kontrolle, Pünktlichkeit, Zuverlässigkeit, Textsicherheit usw. muß es auch hier geben.

Proben-Layout

Wenn man weiß, daß man sechs Wochen, acht Wochen oder drei Monate für die Proben bis zur Premiere hat, muß man sich die Zeit einteilen. Jeder Regisseur macht das anders, da jeder einen anderen Rhythmus hat. Ich kann also nur sagen, wie ich es mache.

Die Leseprobe

Zuerst lesen wir das Stück. Da sage ich nichts. Kein Wort. Nur guten Tag. Wir setzen uns und lesen. Wenn ein Schauspieler es will, reden wir nach dem Lesen über das Stück.

Mich interessiert, wie die Schauspieler es sehen. Sie haben sich ja schon seit einiger Zeit damit beschäftigt. Haben also darüber nachgedacht, wie sie es spielen wollen. Was ein Schauspieler oder eine Schauspielerin dann liest, hat eine Klarheit von Phantasie, die es nie wieder geben wird, weil er bzw. sie ab dem Moment von anderen beeinflußt ist. Auch wenn kein Wort fällt, es reicht schon ein Blick. Für mich, den Regisseur, ist das das Wichtige – und das notiere ich mir im Kopf: Was stellt er oder sie sich vor? Daß beispielsweise die Ranjewskaja in Tschechows »Kirschgarten« eine billige Nutte ist oder ein kleines Mädchen? Ich unterbreche nur bei Namen, die niemand aussprechen kann. Sonst lasse ich die Schauspieler machen, auch wenn es blöd ist und für mich in eine Richtung geht, die mich nicht interessiert. Aber da gehen sie hin. Es ist ihre Phantasie. Kommt danach die Frage: Ja, wie fandest du es denn?, sage ich: Interessant, tschüs, ich muß nach Hause. Ich will sie am Anfang nicht festlegen, will, daß sie mit ihrer Phantasie suchen können, also daß die Schauspieler sich frei fühlen, Spaß haben, die Rolle sie fasziniert.

Stadien der Beobachtung

Die ersten Wochen einer Inszenierung heißen für mich: beobachten, trainieren, gucken, eine Gruppe herstellen mit der Konzentration auf mich und das Stück. Die Hauptfrage ist: Wie komme ich von dem, was der Schauspieler macht, zu dem, was ich will? Also inszeniere ich am Anfang nicht das Stück, wie ich es sehe, sondern eher die Phantasie der Schauspieler – besonders wenn ich sie noch nicht kenne –, um sie langsam zu meiner werden zu lassen, während ich ihre Kreativität in Bewegung halte.

Die meisten Schauspieler haben ja schon Inszenierungen mit vielen verschiedenen Regisseuren gemacht, da beobachte ich zunächst, woher was kommt. Langsam versuche ich ihnen – ohne daß ich etwas darüber sage – zu vermitteln, was ich akzeptiere und was nicht. Ich arbeite mit ihnen an einer Szene oder lasse Szenen so lange laufen, bis sie sich fragen: Warum läßt er die Szene immer wieder laufen? Ich mache doch immer dasselbe! Irgendwann stellen sie vielleicht fest, daß sie nicht immer dasselbe machen, werden unter Umständen nervös und fragen mich. Manchmal sage ich etwas, manchmal sage ich nichts. Wenn ich den Anfang einigermaßen hinbekommen habe, ist das eine Richtungsanweisung für alle. Später, wenn ich das ganze Stück durchgearbeitet habe, kehre ich zum Anfang zurück und ändere ihn. Logischerweise – man hat auf dem Weg andere Erfahrungen gemacht.

Claus: Aber du arbeitest doch viel mit Schauspielern, die du lange kennst, da weißt du doch von vornherein, wie sie sind. Also das klingt mir jetzt ein bißchen nach Haarspalterei.

Ich weiß nicht unbedingt, wie sich die Dinge entwickeln. Wenn ich Eva Mattes für die Rolle der Cleopatra besetze, ist nicht für alle offensichtlich, warum sie die Cleopatra spielt. Eva Mattes freut es vielleicht sehr, daß ich sie als Cleopatra sehe, ihr Partner muß sie noch lange nicht so sehen. Gerade bei Rollen, die viel mit Erotik zu tun haben, sind sich selten zwei Leute einig. Ich muß mich auf meinen Geschmack, meine Intuition, meine Phantasie verlassen. Habe ich ein Jahr lang nicht mehr mit Eva Mattes gearbeitet, muß ich herausfinden, was ihr in der Zwischenzeit passiert ist und wie sie sich dadurch verändert hat. Sie hat vielleicht drei Filme gemacht, für andere Regisseure gearbeitet, vielleicht ist ihr Kind krank gewesen, oder sie hat einen neuen Freund. Ich finde erst heraus, wie es ihr geht. Gerade bei Eva, die ich seit fünfundzwanzig Jahren gut kenne, besser als jeden anderen Schauspieler, ist es trotzdem so, daß ich mich erst mal auf eine Expedition begeben muß. Ihren Zustand herauszufinden ist nicht so einfach, weil sie mich natürlich auch gut kennt und mir leicht etwas vormachen kann.

Evas Art etwa, Text zu lernen, ist sehr ungewöhnlich. Sie kommt auf die Bühne, läßt sich den Text soufflieren, und nach ein paar Tagen kann sie ihn. Sie geht schon mit dem Text um, auch wenn sie ihn noch nicht auswendig kann. Sie erfindet mal was dazwischen – bei anderen Schauspielern würde es mich stören –, bei ihr weiß ich, daß sie irgendwann exakt wird. Das ist ihr Weg. Er ist schwierig für einen Partner, der ganz anders arbeitet. Viele Schauspieler lernen ihren Text oft schon vor den Proben sehr genau und unter Umständen mit Betonungen und Interpretationen, die nicht zu meiner Vision vom

Stück passen. Daraus ergibt sich ein Problem, das ich nach der Leseprobe behutsam und allmählich, also nicht brutal, nicht zerstörerisch lösen muß, im Einklang mit dem Schauspieler, seiner eigenen Vorstellung von der Rolle.

Frederike: In der Phase, in der man den Schauspieler auspro-biert, was gibst du da genau vor?

Das ist verschieden. Ich mische mich ein, habe mich ja auch in euren verschiedenen Produktionen der Prozeßszene aus dem »Kaufmann« oder den Szenen aus »Frühlings Erwachen« ein-gemischt, weil ich euch zeigen will, was alles möglich ist. Man behauptet von mir, daß ich die Schauspieler einfach machen lasse, ihr wißt mittlerweile, daß das nicht stimmt. Ich lasse den Schauspielern bis zu einem bestimmten Punkt Freiheit. Bei unserer Probe gestern (in Isabells Regie) habe ich dem Shy-lock-Schauspieler gesagt: Spiel die Rolle mal als Gaddhafi! Es kam etwas völlig anderes heraus, als was ich glaubte: sophisti-cated, camp, charmant, eitel und gefährlich, still, nicht laut gefährlich, cool gefährlich, das hatte ich erwartet – und er spielte plötzlich einen wilden Mann. Die gesamte Inszenie-rung drehte sich ihm zu. Er entwickelte eine große Phantasie, ich dachte, das wird ein Kung-Fu-Film. Ich war fasziniert, weil ich mir Shylock nie so vorgestellt hatte. Es ergaben sich wunderbare Gruppierungen, die Schauspieler standen da, alle reagierten auf den wilden Mann, ängstlich oder aggressiv. Ihr habt es ja gesehen. Es gab keine Ästhetik mehr, die man hätte festlegen können. Da habe ich mir gesagt: Jetzt laß sie bloß in Ruhe, denn wenn sie darüber nachdenken, kollabiert das Ganze. Das Problem in einer solchen Situation ist, daß die Schauspieler wissen, daß sie gut waren, aber sie wissen nicht, wie sie die Szene wieder herstellen können. Man muß ihnen die Verantwortung nehmen, bevor es ein Problem wird, und sie etwas anderes machen lassen, auch wenn sie denken: Warum läßt er uns das nicht nochmal machen? Ich fummele dann lieber an einem Detail und lasse die Schauspieler die Szene später wieder machen in der Hoffnung, daß sie nicht versuchen werden, sie zu wiederholen. Man kann ja allerhand machen, um das zu verhindern, kann ihnen zum Beispiel ein Kostüm geben oder sie Dialekt sprechen lassen. Man stellt vielleicht einen Tisch in die Mitte und sagt, sie sollen sich daran setzen, oder man sagt ihnen, sie sollen doch alle mal aus der Ecke spielen. Ich würde mich auch in der nächsten Runde nicht auf den Shylock konzentrieren, sondern auf die Beziehung Antonio–Bassanio, weil ich diesen Bassanio (in Isabells Fassung) besonders schlecht finde. Er ist so bullig. Daran könnte man arbeiten und irgendwann sagen: Ach, laßt uns die Szene nochmal von Anfang an machen, und man betet, daß etwas von der ursprünglichen Version übriggeblieben ist. Wenn das der Fall ist und es auch beim zweiten Mal wieder da ist, geht es dir gut, dann weißt du, die Schauspieler haben es verinnerlicht, und man kann es immer wieder rausholen. Nur nie wiederholen um des Wiederholens willen! (Im Französischen heißt eine Probe »Répétition«, also Wiederholung. Die Künstlichkeit des französischen Theaters ist daraus klar ersichtlich. Aber Probe kommt von probieren.)

Endproben

In den ersten vierzehn Tagen (bei einer Gesamtprobenzeit von drei Monaten) komme ich durch das Stück. Die ersten zwei Wochen des letzten Monats sind die Vorbereitung auf die Endproben. Hier sieht man zu, daß die Schwachstellen des Stückes gestärkt, vereinfacht oder rausgeworfen werden. Spätester Zeitpunkt für Streichungen oder Änderungen sind diese vierzehn Tage. In den letzten zwei Wochen wird nicht einmal ein Wort geändert, sonst riskiert man einen »Hänger« bei der Premiere.

Die Endproben finden auf der Bühne statt. Man zieht – und das ist immer ein ziemlicher Einschnitt – aus dem Probenraum auf die Bühne um. Das schwierigste bei den Endproben ist, die Inszenierung zu erhalten und sie sich nicht von der Technik zerstören zu lassen. Bei den Endproben stelle ich mich immer eindeutig auf die Seite der Schauspieler. Wenn ein genialer Kostümbildner sagt, der Schauspieler muß aber doch diesen Anzug tragen und die Schauspielerin das geblümte Kleid und nicht das schlichte, rote, oder ein genialer Beleuchter meint, der Schauspieler solle sich weiter links hinstellen, bin ich immer auf seiten der Schauspieler. Schauspieler werden in diesen letzten zwei Wochen vor der Premiere immer unsicherer – das ist normal –, und wenn sie in dieser Zeit den Regisseur verlieren und denken: Der kümmert sich um alles andere, aber nicht um mich, verliert er ihr Vertrauen.

Als Regisseur bist du immer der Gelackmeierte, weil der Schauspieler ja auch sehen und wissen will, daß du die Dinge in der Hand hast. Deshalb bereite ich das Zusammengehen von Spiel und Technik sehr vorsichtig vor, und wenn ich merke, daß die Technik zu kompliziert wird, baue ich sie schon vorher ab und schmeiße alles raus, was meine Inszenierung stört, weil ich weiß, daß ich jede meiner Inszenierungen auch ohne Bühnenbild auf einem Marktplatz machen könnte.

Früher habe ich viel mit Technik gearbeitet, bis es zu dieser schrecklichen Endprobe kam, in der ein wunderbarer siebzigjähriger Schauspieler stundenlang auf der Bühne stand und wartete, bis der Umbau fertig war, um dann umzufallen, weil es einfach zu anstrengend war. Das ist eine Haltungsfrage. Wenn die Schauspieler merken, man ist für sie da, man will sie durch diese letzten vierzehn Tage tragen, sind sie zufrieden, dann kann auch mal was schiefgehen.

Es gibt auch die Situation, in der die Schauspieler sich unter Umständen gegen den Regisseur wenden, weil sie merken, daß technisch nicht alles so funktioniert, wie es sollte. Dann habt ihr plötzlich lauter Schauspieler, die gegen den Regisseur sind, was nicht nur für ihn schlecht ist, sondern auch für die Aufführung. In den letzten zwei Wochen mußt du die Schauspieler wie ein General durch die Linie des Feindes führen. Natürlich darf man den Bühnenbildner oder Kostümbildner nicht so benachteiligen, daß er nicht mehr mitmacht. Man muß als Regisseur auch die künstlerischen Mitarbeiter inszenieren.

Es entstehen Probleme, wenn man so arbeitet wie ich. Hat ein Schauspieler wochenlang eine Szene x-mal durchgespielt, kann er nichts mehr anders machen. Als ich »Ivanov«[14] in Wien inszenierte, probten wir lange auf der Probebühne, und als ich dann die eigentliche Bühne sah, fielen mir verschiedene Dinge auf: Die Gänge sind zu klein, sie müssen größer werden, die Schauspieler müssen dort abgehen usw. Ich sagte es den Schauspielern, sie machten es auch, und ich merkte, daß die ganze Inszenierung wie ein Ballon zusammenklappte. Drei oder vier veränderte Gänge verwirrten plötzlich die Welt, die wir über Wochen zusammen hergestellt hatten. Die Schauspieler verloren die Relation zum Raum, der Stuhl stand dort und nicht mehr an der alten Stelle, sie waren bisher immer so gegangen, und jetzt wollte ich, daß sie anders gingen. Das scheint doch sehr einfach, aber es ist nicht einfach, weil man sich nicht nur auf der Bühne, sondern auch in einer Phantasie bewegt. Da drehte ich alles wieder zurück und sagte: Macht es genauso, wie ihr es bisher gemacht habt, und änderte ganz vorsichtig, Stückchen für Stückchen, hier und da.

14 Anton Tschechow, »Ivanov«, Akademietheater, Wien 1990.

Es wird noch schwieriger, wenn man den Text oder auch nur ein Wort zu einem zu späten Zeitpunkt ändert. Ein Beispiel: Elisabeth Plessen hatte den »Kaufmann von Venedig« übersetzt.[15] Sie checkte den Text immer wieder, und ihr wurde immer wieder gesagt, was wir geändert hatten. Ganz am Schluß sah sie bei einem Durchlauf einen Tippfehler: Da stand Riffe, gemeint waren aber Schiffe. Gert Voss sagte natürlich immer Riffe, und ich wollte ihn nicht mehr verbessern. Elisabeth verstand nicht, daß ich dagegen war, zu diesem späten Zeitpunkt das eine Wort durch das andere zu ersetzen. Gert Voss hat nichts gemerkt, sonst hätte er es ja selber geändert. Ich habe es nie verändert, es steht wahrscheinlich noch so im Textbuch. Es ist ja so: Wenn man jemandem sagt, er solle beim Hereinkommen nicht an Huhn denken, denkt er natürlich sofort an Huhn und daß er daran nicht denken soll. Und wenn ich ihm sage, da ist ein Wort oder sogar ein Satz geändert, kommt er auf diesen Moment zu und denkt statt an den Satz, der mittlerweile ein Teil seines Lebens und seiner Phantasie geworden ist: Moment, da muß ich etwas ändern! Damit ist der Faden gerissen. Und um den Faden geht es ja bei mir, den Faden als ein ununterbrochenes Ding, das immer weitergeht, zu produzieren. Wenn der Faden läuft, läßt sich vieles improvisieren, ist er aber durch irgend etwas Äußerliches gerissen, ist es schlimm. Je sensibler der Schauspieler, wie etwa Gert Voss, desto schlimmer. Ulrich Wildgruber hingegen konnte trotz großer Sensibilität jederzeit ändern. Er war sehr intelligent und besaß wie gesagt ein Computerhirn. Bei ihm konnte ich laufend ändern, es ging nie etwas schief. Ich kenne keinen anderen Schauspieler, der diese Begabung hat.

---

15 William Shakespeare, »Der Kaufmann von Venedig«, Burgtheater Wien, 1988.

Also nochmal: Wenn du einem Schauspieler, der seinen Text seit drei Monaten spricht, sagst: Sag doch mal *die* statt *das*, läufst du das Risiko, daß er einen »Hänger« hat. Er muß nämlich neu üben und stolpert möglicherweise bei der Premiere, weil er weiß: Ah, da kommt jetzt die Stelle, da soll ich..., wo war denn das? ... Es ist schwer, Dinge, die man verbessern könnte, drinzulassen, es kann aber notwendig sein. Es gibt viele Regisseure, die gerade in den Endproben unglaublich raffen. Es sitzen in den Endproben Leute drin, die sozusagen neu sind, hinzukommt die Leitung des Theaters: der Intendant, sein Stellvertreter etc., und plötzlich wird beschlossen, ein Drittel herauszuwerfen. Früher habe ich es auch so gemacht, mache es aber nicht mehr. Es gab auch bei mir Situationen, wo ich am Ende eine Szene vielleicht schneller haben wollte – zu späte Änderungen gingen aber meistens schief. Wenn ich in den letzten vierzehn Tagen merke, ich habe etwas Wichtiges falsch gemacht, verschiebe ich lieber die Premiere. Damit entsteht ein neues Problem. Es bedeutet zunächst einen Kampf mit der Theaterleitung, aber es gibt auch andere Gründe, warum ich so selten wie möglich »schiebe«. Als Regisseur etablierst du mit den Schauspielern über die Probenzeit einen inneren Rhythmus, einen Lebensweg. Es ist, als würdest du für einen Menschen ein bestimmtes Leben erfinden, das er dann lebt.

Kommt ein Schauspieler in den letzten vierzehn Tagen mit einem neuen Vorschlag, der alles wieder sprengen könnte, wird es problematisch. Es könnte ja ein guter Vorschlag sein. Dann mußt du entscheiden, was du aufs Spiel setzt, wenn du es ihn machen lassen willst. Es gibt allerdings Produktionen, die in einem so guten Zustand sind, in der sich alle easy fühlen, daß man auf einen solchen Vorschlag eingehen und sagen kann: Ja, dann laßt uns heute mal was anderes machen, das ist vielleicht mal ganz lustig ... Davon kannst du aber nicht ausgehen.

Die Qualität der Proben

Was auf den Proben passiert, ist dasselbe, was in der Aufführung passiert. Sind die Proben neurotisch und kaputt, wird die Aufführung auch so. Es läßt sich nicht verheimlichen, auch wenn du meinst, es verheimlichen zu können. Das heißt, wenn du eine große innere Ruhe, eine Harmonie oder große Vitalität in den Proben hast, entspricht das dem, was später auf der Bühne passiert. Ist der Rhythmus der dreimonatigen Proben gut und organisch, läßt er sich auch in der Aufführung erhalten. Es sei denn, es passiert etwas Unerwartetes. Wenn z. B. nach zwei Monaten ein wichtiger Schauspieler wegen Krankheit ausfällt, mußt du sofort darüber nachdenken, wie du damit umgehst, damit sich dieser Umstand nicht in den späteren Aufführungen widerspiegelt. Eine Entwicklung ist zerstört worden, es fehlt plötzlich ein Arm vom Körper. Entweder du sagst, daß die Proben verlängert werden, oder du läßt eine Woche ausfallen. Dafür brauchst du einen sehr guten Partner: Das Theater muß mitmachen.

Ich möchte aber noch einmal betonen: Die Qualität der Proben ist identisch mit der Qualität des Resultats. Das kann man nicht oft genug sagen, weil viele Regisseure nicht wirklich daran glauben. Wird eine vierstündige Probe nach drei Stunden unterbrochen, sagen die meisten: Gut, machen wir halt eine Stunde eher Schluß. Aber so funktioniert das nicht, denn diese Probe ist im Empfinden und in den Gedanken auf vier Stunden angelegt, und wenn diese eine Stunde wegfällt, kommt das einem Coitus interruptus gleich. Und das bedeutet: In der bestimmten Szene bei einer bestimmten Probe fand ein Coitus interruptus statt, der in allen Köpfen verankert ist und so auch am Abend der Aufführung da sein wird.

Nun ist es natürlich sehr unwahrscheinlich, daß es in drei Monaten Probezeit nicht einmal irgendeine Störung gibt. Das bedeutet erstens, daß diese Störungen minimal bleiben müssen, und zweitens, daß sie richtig verarbeitet werden sollten. Alle diese Dinge müssen in die Inszenierung hineingeholt werden. Man kann und darf nichts ausschließen, auch wenn es einem nicht paßt. Man kann höchstens etwas zugunsten des Stückes verändern, verwandeln.

Das Team

In den ersten Wochen einer Inszenierung bin ich damit beschäftigt, eine Familie herzustellen, bestehend aus den Schauspielern und dem Team – Leuten, die sich gemeinsam etwas vorgenommen haben. In der Endprobenzeit ist es ganz wesentlich, wie das Team, das um dich herumsitzt, funktioniert. Dein Bühnenbildner, das Verhältnis des Bühnenbildners zum Kostümbildner, dein Assistent, dein Dramaturg, der Inspizient.

Inspizient

Ich lasse den Inspizienten in den letzten Wochen die Bühne übernehmen. Da bekommt er ein Zeichen von mir oder meinem Assistenten und sagt: Los! Die Schauspieler sollen sich daran gewöhnen, daß der Inspizient das Kommando hat, denn wenn die Aufführung später läuft, bin ich ja nicht da. Ihm wird also eine große Verantwortung übergeben, und das bedeutet, daß er nicht nur irgendein Beamter ist, der in der Ecke steht und Knöpfe drückt, sondern im Zweifelsfall auch Entscheidungen treffen muß. Wenn jemand einen falschen Abgang macht oder ein Schauspieler fehlt, muß er schnell reagieren. Will man also, daß er Teil der Produktion ist, muß man ihm die Verantwortung geben und eine Beziehung zwischen ihm und den Schauspielern herstellen. Diese Beziehung baue ich während der Probenzeit auf und achte darauf, daß Inspizient und

Assistent gut miteinander können. Sie kommen ja meistens aus ganz verschiedenen Ecken: Ein Inspizient in Deutschland endet meistens auch als Inspizient, sein Weg führt nicht unbedingt zu einer späteren Tätigkeit als Regieassistent. Will man Regisseur werden, sieht man besser zu, daß man nicht Inspizient wird. In einem Theater, erinnere ich mich, gab es einen Inspizienten, der wie ein Kavallerieoffizier: Los!!! brüllte. Wie beim Kommiß, nicht schlecht! Das gewöhnte ich ihm ab. Aus Abnabelungszwecken für alle an der Produktion Beteiligten werde ich auch meistens vierzehn Tage vor der Premiere »krank«. Dann müssen Assistent und Inspizient die Probe leiten, und die Schauspieler fühlen sich allein gelassen und befreit. (Manche sehr sensiblen Schauspieler machen's mir aber ein, zwei Tage später nach, sie werden krank, weil ich fehle.)

Assistent

Die Sache des Assistenten ist unter anderem, dafür zu sorgen, daß die Proben nicht gestört werden. Daß nebenan kein Krach herrscht, aber auch, daß die Schauspieler nicht in die Kantine gehen müssen, um zu essen, sondern nur nach nebenan, an unser Buffet. Ein guter Assistent hat auch ein tolles Gedächtnis – viele Regisseure haben gar keins. Ich erinnere mich nur an Dinge, die mich interessieren, alles andere vergesse ich sofort, da brauche ich einen menschlichen Computer neben mir, der alles weiß. Assistent zu sein ist ein großartiger Beruf. Ich war ein schlechter Assistent, was teilweise daran lag, daß es damals in England den Job nicht gab. Zu der Zeit, in der ich lernte, war man Inspizient, und der Inspizient war darüber hinaus Assistent, Requisiteur und Souffleur.

Das Verhältnis zwischen Regisseur und Assistent ist kompliziert. Der Assistent ist Vermittler zwischen dir und allem, was passiert. Ich ziehe mich manchmal gern von der Probenarbeit an einer Szene zurück. Wenn ich nichts sagen will, brauche ich einen Assistenten, der mich vertritt und dem Schauspieler sagen kann: Könnten Sie das bitte mal so machen? Der Assistent sitzt auch später in den Vorstellungen und paßt auf, was schwierig ist, eigentlich kann niemand für jemand anderen sprechen, ein Assistent muß es aber tun. Jemanden zu finden, der den richtigen Ton und das richtige Gespür hat, ist nicht einfach. Ich ertrage es nicht, wenn mir jemand während der Proben reinredet – nicht aus Eitelkeit, sondern weil ich sofort den Faden verliere. Ich kann immer nur an eine Sache denken, und sitzt jemand neben mir, der etwas dazwischensagt, blicke ich ihn irritiert an und weiß nicht mehr, in welchem Theater ich bin. Ein guter Assistent merkt das nach einer Weile und findet den richtigen Moment, seinen Kommentar oder seine Kritik anzubringen.

Man muß also vor den schrecklichen Endproben das komplizierte Ding von Familie hergestellt haben, wo alle gemeinsame Informationen haben und eigentlich jeder für jeden sprechen kann. Endproben eines großen Stücks sind äußerst anstrengend und kompliziert, es rennen dort lauter Leute herum, z. B. Bühnenarbeiter, die nichts über deine Arbeit wissen, sich an die Gewerkschafts-Arbeitszeiten halten, auf die Uhr gucken und sagen: Zwölf Uhr, Pause!, auch wenn du mitten in einer Szene bist. Da braucht man einfach ein sehr gutes Team.

Bühnenbildner

Wenn du Glück hast, ist dein Bühnenbildner die ganze Probenzeit hindurch da, macht alles mit, schlägt vor, kritisiert dich und macht möglich, daß du Dinge ständig ändern kannst. Das ist leider nicht oft so, denn du machst vielleicht zwei Inszenierungen, er aber sechs Bühnenbilder im Jahr, das heißt, er saust weg und ist irgendwann zurück, er kommt und geht nach seinem Plan. Am schönsten ist es natürlich, wenn sich das Ganze organisch entwickelt, du den Bühnenbildner vor Ort hast und zwischendurch auch sagen kannst, daß du z. B. die Szene lieber im Dunkeln hättest oder das Licht von woanders kommen soll, und jemand macht dann Notizen für den Beleuchter.

Lichtdesigner

Ich habe einen Lichtdesigner, mit dem ich seit dreißig Jahren arbeite, André Diot. Wir sind 1972 zusammengekommen, als ich in Bochum den »Kaufmann von Venedig« inszenierte. Wenn ich André nicht bekommen kann, ist es anstrengend, weil ein anderer Lichtdesigner meinen Geschmack nicht kennt. André ist ein genialer Mitarbeiter. Er schaut sich einen Durchlauf an, denkt über das Licht nach, kommt wieder und macht es. Mittlerweile brauchen wir nur noch wenig miteinander zu besprechen. Manchmal ist das Licht zu dunkel, dann korrigiere ich. Die Schauspieler meinen sowieso immer, es sei zu dunkel, und beschweren sich. Ich habe mittlerweile ein Team von Leuten, mit dem ich gern zusammenarbeite. Ich habe mich an sie gewöhnt. Bekomme ich das Team einmal nicht zusammen, wird es schwierig.

Ich habe z. B. an den Münchner Kammerspielen mit dem bekannten Lichtdesigner Max Keller zusammengearbeitet, der mir durchaus Gutes tun wollte, nur waren wir leider nie imstande, uns zu einigen. Das Licht, daß er für die Produktion machte, hat weder für mich noch für ihn, noch für die Inszenierung gestimmt. Wir hatten nicht denselben Geschmack.

Dramaturg

Die Aufgabe eines guten Dramaturgen besteht darin, mir für meine Fragen und für die Punkte, wo ich bei der eigenen Recherche nicht fündig werde, Material zu liefern, so daß ich ein Gefühl für die Welt bekomme, in der das Stück stattfindet. Ich habe im Moment eine wunderbare Dramaturgin, Bärbel Jaksch, die ehemalige Dramaturgin vom Berliner Ensemble. Sie liefert mir soviel Material, daß ich fast darin ertrinke. Ich bekomme jeden zweiten Tag einen Stoß von Büchern und Dokumenten, per Post oder E-Mail, die ausgefallensten Dinge. Vieles lese ich, manches nur, wenn es mich fasziniert. Eine der wichtigsten Fähigkeiten des Dramaturgen ist, daß er weiß, wie und wo man was findet. Einer guter Dramaturg verhindert auch, daß man zuviel liest. So weiß Bärbel Jaksch beispielsweise, daß ich nicht gerne vierhundert Seiten über die Küche im Elisabethanischen Zeitalter lese. Sie streicht mir das an, was für mich gedacht ist, und ich lese nur das.

Ich kenne gute Dramaturgen, die einen mit kompliziertem Material bombardieren. Ich warf mal einen sehr guten Dramaturgen raus, weil er mir ständig erzählte, was ich bei dem historischen Stück, das ich gerade inszenierte, beachten müßte. Ich konnte nicht mehr denken, die Informationsflut überwältigte mich.

Ein Problem taucht mit Dramaturgen immer wieder auf: Läßt man sie an die Schauspieler ran, fangen diese auch an, dramaturgisch, also wie gelernte Wissenschaftler zu denken. Das mag interessant sein, ist aber für die Inszenierung schädlich. Denn Schauspieler sind keine Intellektuellen, mögen sie noch so kritische Fragen stellen, wenn man ihnen den geschichtlichen, soziologischen oder kulturellen Hintergrund eines Stückes erläutert oder ich ihnen Filme im Zusammenhang mit der Inszenierung zeige.

Ich würde aber immer, wenn ich ein altes Stück mache, den Schauspielern raten, sich mit der Zeit und Umgebung, also den Bedingungen, unter denen das Stück geschrieben wurde, zu beschäftigen. Je intensiver, desto besser. Die heutige Situation ist ja schnell hergestellt. Aktualisiert oder nicht. Wir sind heute hier und leben heute. Es geht das elektrische Licht an und nicht eine Kerze. Es geht darum, die Welt des Stücks zu finden.

Wenn du Pech hast, wissen die Schauspieler, wenn du zur ersten Probe kommst, mehr als du. Das macht aber nichts. Du bist ja nicht als Lehrer und Alleswisser da. Ich finde es besonders interessant, über das damalige Publikum nachzudenken. Wer waren diese Leute? Wer hat da unten gesessen oder gestanden und sich den »Kaufmann von Venedig« angesehen? Wie reagierte das Publikum in der Premiere von »Frühlings Erwachen«? Das ist etwas, das man nicht 1:1 übertragen kann. Wenn ich denke, daß bei Shakespeare der Komiker das Publikum an diesen oder jenen Politiker erinnerte, was ja sehr oft der Fall war, ganz spezifische Kabarettnummern waren nur aktualitätsbezogen – all das können wir nicht wiederfinden, aber wenn ich das weiß, macht es mir den Sprung in eine moderne Inszenierung nicht schwieriger, sondern leichter.

Souffleuse

Es ist sehr schwer, eine gute Souffleuse zu finden: Sie muß zurückhaltend und still sein, ein genaues psychologisches Verständnis für die Schauspieler und ein großes, nachgerade untrügliches Gespür für ihr Timing besitzen. Sie ist die Partnerin der Schauspieler. Wenn ein Schauspieler bei einer Vorstellung an einer bestimmten Stelle eine viertel Sekunde länger zögert, ehe er weiterspricht, und sie haut mit ihrem Einsagen in diese Pause hinein, ist sein Timing dahin. Die Souffleuse ist auch während der Probenarbeit eine unerläßliche Partnerin für die Schauspieler. Sie muß sich die Fehler, die die Schauspieler beim Lernen des Textes machen, notieren und später mit ihnen korrigieren, ebenso die Betonungsfehler, die ihnen bei Fremdwörtern etwa unterlaufen oder wenn sie den Sinn eines Satzes nicht begriffen haben und das Wort, auf das es ankommt, »verpassen«. Sie muß sehr langmütig sein und darf nicht schludern. Manche Schauspieler gehen nach jeder Probe oder Vorstellung ihren Text mit der Souffleuse durch. Sie gewährt die Genauigkeit des Textes. Macht ein Schauspieler plötzlich einen Sprung, muß sie den Text so gut kennen und so flexibel sein, daß sie seinem Partner das richtige Anschluß-Stichwort liefern kann. Hans Mahnke z. B. konnte seinen Shakespeare-Text nie. Er spielte den Shylock und dichtete Shakespeare gewissermaßen Abend für Abend nach – für seine Partnerin Rosel Zech – die Portia –, aber auch für die Souffleuse eine ziemliche Herausforderung.

Die Arbeit mit den Schauspielern

Die Offenheit der Schauspieler

Blickt man einem Menschen in die Augen, sind da nicht nur die letzten Minuten, sondern, man kann es sich zumindest vorstellen, ist da ein ganzes Leben zu sehen. Das soll man nicht analysieren, aber man spürt es, denkt es. Nimm zehn Jahre von diesem Leben weg, sehen die Augen anders aus. Auf der Bühne schaust du den Schauspieler aus dem Zuschauerraum an, meistens sind da nicht einmal zehn Jahre zu sehen, sondern nur ein Moment. Ich frage mich: Warum sehen die Augen von Schauspielern immer so langweilig aus? Viel langweiliger, als wenn ich jemandem auf der Straße in die Augen gucke. Auch jemand ganz Blödem, der mich nicht interessiert. Es ist soviel los in diesen Augen – an Kraft, an Phantasie, an Traurigkeit, an Lustigkeit; man spürt es. Aber der Schauspieler kommt auf die Bühne, ihm wird gesagt: Du bist jetzt Shylock, Melchior Gabor, Wendla Bergmann, Portia, du denkst so und so, reagierst dabei so und so – er spielt dann, sofort sind die Augen nur konzentriert auf das, was ihm gesagt worden ist, er denkt jetzt daran, und schon sind die Augen tot. Mit anderen Worten: Der Schauspieler hat sich daran gewöhnt, alles wegzuschieben, was diesen einen Moment auf der Bühne nicht angeht. Deshalb sind seine Augen nicht mehr wirklich Träger von ihm, sondern Träger von etwas Künstlichem.

Die meisten Schauspieler sehen sich gegenseitig auf der Bühne auch nicht an, sie tun nur so. Wenn zwei Leute sich wirklich ansehen, heißt das, daß sie wirklich miteinander spielen und mehr als spielen. Dann entsteht ein ganz großer Moment auf der Bühne: Das Spiel bekommt plötzlich eine Realität. Wenn »meine« Schauspieler die anderen auf der

Bühne wirklich ansehen, werden letztere oft nervös, weil sie an die toten Blicke gewöhnt sind, die keinen wirklich berühren. Den Blick so zu öffnen, daß das Leben aus ihm zu sehen ist, ist natürlich sehr schwierig, es setzt voraus, daß der Schauspieler einen Grad von Offenheit dem Publikum und den anderen Schauspielern gegenüber hat, der ihn verletzbar macht.

Es gibt wenige, die das schaffen. Wenn Angela Winkler in ihren Hamlet-Monologen das Publikum anspricht, sieht man den gesamten Menschen. Das Publikum ist erstaunt, daß sich ein Mensch mit seinem ganzen Hintergrund dahin stellt, ohne Künstlichkeit, ohne Hemmungen, ohne Stil, ohne Erfindung – Angela sagt einfach ihre Monologe. Sie könnte auch das Telefonbuch vortragen, und es wäre immer noch aufregend, denn da steht die ganze Person. Auch in einem Boulevardstück wäre Angela immer noch spannend, weil ihr ganzes Leben zu sehen ist, das eben kein Boulevardstück oder nur ein »Sein oder Nichtsein« ist. Die Komplexität ihres Lebens und ihrer Empfindungen ist für das Publikum präsent. Bei Eva Mattes oder Hermann Lause ist es ähnlich, bei Wildgruber war es maximal, bei ihm gab es nicht einmal den Anflug von Verteidigung. Das bedeutet, daß diese Schauspieler sich vollkommen öffnen und dem Publikum ausliefern. Ist das Publikum bösartig, ist es schlimm für die Schauspieler. Aber sie halten durch, eine der ganz großen Qualitäten solcher Schauspieler.

Junge Schauspieler sind oft instinktiv offen bis zu dem Moment, in dem sie das erste Mal durch irgendeine Sauerei erschüttert werden oder die Zuschauer lachen oder husten. Sie erschrecken und machen zu. Entweder sie werden geschickt genug, sich nicht mehr zu öffnen, oder sie werden tapfer genug, offen zu bleiben, weil sie den wirklichen Kontakt zum Zuschauer wollen. Dann müssen sie den Horror durchstehen. Ein Publikum kann schrecklich sein, du brauchst nur drei

Leute im Zuschauerraum, die, wie gesagt, immer wieder husten. Eine Katastrophe, besonders für leise Schauspieler. Du kannst einen Menschen auf der Bühne zerstören. Wenn man es macht wie die meisten Schauspieler, ist der Job ungefährlich.

Peter Brook sagte einmal, daß Regieführen auch zu Sadismus führen kann. Ein Regisseur kann einen Schauspieler leicht in seinem Innersten so schwer verletzen, daß er nicht mehr aufsteht. Man kennt nach einer Weile die Technik, einen Schauspieler »aufzumachen«. Man muß die Verantwortung übernehmen, ihn nicht kaputtzumachen. Ich habe Regisseure erlebt, die sich aus Machtgefühl und Sadismus damit beschäftigten, Schauspieler zu zerstören. Brook hat recht, es gibt überall böse Menschen, warum nicht auch im Theater, da bietet sich die Gelegenheit besonders.

Ich habe vor etwa vierzig Jahren mit dem englischen Journalisten Robert Robinson einen Film über eine Probe von »Dantons Tod« von Fritz Kortner für die BBC gedreht. Wir sahen uns die Probe an. Kortner machte wie üblich die Leute fertig, schrie sie an usw. Nachher fragte mich Robinson, warum die Schauspieler sich das gefallen ließen. Auch ich kann mir keinen englischen Schauspieler vorstellen, der sich das auch nur eine Minute bieten ließe. Die Deutschen sind ja eher masochistisch veranlagt, vielleicht gilt das ja auch für manche deutsche Schauspieler.

Projektion

Am Anfang ist nicht das Wort, sondern am Anfang aller Arbeit steht die Projektion, wie der Regisseur sich die Figur vorstellt, die der Schauspieler auf der Bühne spielen wird. Der Regisseur besetzt ihn mit der Wunschvorstellung, daß der

Schauspieler die Projektion annimmt und in ihr arbeitet. Am Ende dieses Prozesses sollte der Schauspieler die volle Erfüllung der Projektion sein. Das heißt, er spielt die Rolle so, wie der Regisseur sie sich vorgestellt hat. Die Annahme oder Nichtannahme, der Grad der Akzeptanz der Projektion durch den Schauspieler, das ist Theater – alles andere ist unwichtig.

Habe ich den falschen Schauspieler besetzt, greift meine Projektion natürlich nicht, der Schauspieler kann sie nicht akzeptieren. Also muß ich einen Schauspieler finden, von dem ich mir vorstelle, daß er die Phantasie hat, meine Projektion zu erfüllen. Was viel mit Instinkt zu tun hat. Der Weg der gegenseitigen Annäherung in den Proben ist trotzdem noch kompliziert. Es kann sein, daß ich mir eine Figur klein und knubbelig vorstelle, der Schauspieler, den ich besetzt habe, aber lang und dünn ist. Wichtig ist nicht, wie er äußerlich ist, sondern daß er sich für meine Projektion eignet. Fassbinder z. B. hat sich viele Gedanken über die Sehnsüchte einzelner Schauspieler gemacht. Ich tue das auch. Da kommt es vor, daß ich einen nicht-intellektuellen Schauspieler in der Rolle eines Intellektuellen besetze, weil er sich danach sehnt, ein Intellektueller zu sein. Oder ich nehme einen Schauspieler, der eigentlich ein ängstlicher Mensch ist, für die Rolle eines Industriellen, weil er sich in seiner Phantasie stark als einen Machtmenschen sieht. Diese Dinge passieren eher intuitiv.

Der nächste Schritt ist der Versuch, im Schauspieler die Projektion freizusetzen bzw. ihn darin einzuhüllen. Wenn ich mir vorstelle, daß Shylock ein fünfzehnjähriger Zahnarzt-Assistent ist, muß ich es mir so vorstellen, daß derjenige, der die Rolle spielt, meine Sicht akzeptiert. Nicht, indem ich sie ihm ausführlich erkläre – erklären kann man zwar auch, nur hilft das nicht viel –, sondern weil ich es mir mit aller Kraft vorstelle und die anderen Schauspieler so lang und penetrant um ihn herum organisiere, daß er eigentlich nur noch Zahnarzt-

Assistent sein kann. Würde ich dem Schauspieler sagen: Du, ich habe einen tollen Einfall, ich möchte, daß Shylock Assistent beim Zahnarzt ist, schmeißt er vielleicht die Rolle hin. Es ist also sinnvoller, Dinge um die Rolle zu erfinden, die den Schauspieler dahin führen, daß er selber darauf kommt, daß Shylock ein Zahnarzt-Assistent sein muß. Der direkte Weg ist oft der falsche.

Übertragung

Wie man eine Projektion auf den Schauspieler überträgt, kann ich nicht genau sagen, da hat jeder seinen eigenen Weg. Ich mache es oft über Requisiten. Außerdem rede ich mit dem Schauspieler, erzähle ihm Dinge über die Figur und die Situation, zeige ihm Bilder, die mit dieser Person zu tun haben. Ich hänge auch Bilder in den Probenraum, eine Art Pinboard mit Fotos und Texten, die ich gesammelt habe. Langsam hat das eine Wirkung. Ich zeige Schauspielern oft Filme. Filme, die vielleicht nicht direkt diese Figur betreffen, aber Aspekte, von denen ich glaube, daß der Schauspieler sie verstehen und aufnehmen wird. Manchmal will ich nur auf ganz äußerliche Dinge hinweisen: wie sie oder er da im Film ißt, sitzt, geht, spielt, küßt usw. Ich gehe mit Schauspielern auch in Galerien oder Museen. Sie sind dann sehr erstaunt, weil wir vielleicht gerade ein Stück proben, das in den 50ern spielt, wir aber in eine Ausstellung über die Renaissance gehen. Dort zeige ich ihnen Bilder, die ich mit einer bestimmten Figur assoziiere. Ich erinnere mich vielleicht an eine sehr mütterliche Frau in einem der Renaissance-Bilder, und genau diese Assoziation möchte ich bei der Schauspielerin herstellen.

Assoziationen haben stark mit Projektion zu tun. Assoziiert der Schauspieler Ähnliches, vielleicht sogar Gleiches wie ich, ist die Chance größer, daß sich eine Figur langsam meiner Vorstellung annähert, um sie schließlich zu erfüllen. Dafür benutze ich alle Mittel oder Tricks. In den Proben beginne ich, den Schauspieler so zu behandeln wie die Figur im Stück. Stellt der Schauspieler einen Untertan dar, kommt es vor, daß ich ihn außerhalb der Proben auch als Untertan behandele. Ich möchte sehen, wie er reagiert, welche Seiten sich bei ihm zeigen. Vielleicht wird er aggressiv, wenn ich unangenehm mit ihm umgehe, es kann aber auch sein, daß er ganz untertänig wird oder anfängt zu weinen oder zu lachen. Es gibt allerhand Experimente, die man macht, und am sinnvollsten macht man sie nicht direkt in der Probe, sondern nebenbei, wenn der Schauspieler es nicht erwartet. Alle diese Tricks sind erlaubt, finde ich. Es ist ja ein Spiel.

Es ist nicht sehr nützlich, mit dem Schauspieler über Projektionen zu reden. Es erzeugt nur Abwehr – ähnlich der Situation, wenn jemand zum Analytiker geht und dieser anfängt, ihm über die Psychoanalyse zu erzählen. Was ein Psychoanalytiker unter Umständen machen würde, wenn der Patient zu viel über die Psychoanalyse weiß und dies der einzige Weg wäre, ihn zu erreichen. Normalerweise fiele mir dieser Weg nicht ein. Natürlich darf man einen Schauspieler nicht zum Instrument machen, auf dem der Regisseur spielt. Man darf ihn nicht zu einem Erfüllungsschauspieler machen, was leider vielen deutschen Schauspielern und Regisseuren, im Gegensatz zu den englischen, liegt. In Deutschland neigt man dazu, Kommandos gern anzunehmen und an Autorität zu glauben. In England ist man gegen Kommandos. Gegenwärtig ist es in Deutschland natürlich nicht mehr so schlimm wie in den 50er Jahren, als ich hier anfing. Da sagte man einem Schauspieler: Komm mal auf die Bühne, mach drei Schritte, heb die rechte Hand und sprech mir folgendes nach. Fritz Kortner hat noch einem Schauspieler x-mal vorgesagt, wie er einen Satz zu sagen habe. Der Schauspieler machte es dann nach.

Es gibt auch heute Regisseure, die einen ganzen Tag an einem Satz arbeiten, das heißt ihn vor- und einsagen, bis der Schauspieler ihn genau nachspricht. Ich glaube, das ist der falsche Weg. Er ist nicht nur begrenzt spannend, sondern – was viel schwerwiegender ist: Auf diesem Weg verliert der Schauspieler *seine* Phantasie. Ein Schauspieler reagiert auf direkte Anweisungen ja gern, und wenn der Regisseur ihm die Rolle vorgibt, sagen viele: Toller Regisseur, der weiß, was er will. Das ist aber ein Eigentor: So wird ein Schauspieler zu jemandem, der nichts mehr von *sich* gibt, sondern die Wünsche des Regisseurs wiedergibt. Das macht die Arbeit unkomplizierter und oberflächlich – man bekommt schnell mit, daß die Leute nicht denken, sondern in ein Denkmodell gezwungen werden, welches nicht ihres ist.

Es fragt sich natürlich, was passiert, wenn ein Schauspieler seine Projektionen auf mich überträgt. Wenn ich seine Phantasie, die mir nicht eingefallen wäre, meiner ursprünglichen Vorstellung vorziehe, fange ich an, den Gedanken oder die Form dieser Figur, die wir herzustellen versuchen, in meiner Phantasie zu verändern. – Auch ein gefährlicher Vorgang, weil die Möglichkeit besteht, daß am Ende die Vorstellung vom ganzen Stück wackelt oder unbrauchbar wird, weil eine oder mehrere Figuren außer Rand und Band geraten und eine eigene Realität entwickeln, die nicht mehr in das Ganze paßt. Das ist besonders gefährlich bei Schauspielern mit starker Persönlichkeit. Man muß sehr aufpassen, daß man von ihnen nicht so vereinnahmt wird, daß das Stück sich völlig verändert.

Hannah: Nehmen wir an, daß es in der Auffassung einer Rolle zwischen dir und dem Schauspieler einen wesentlichen Unterschied gibt, was passiert dann? Kämpfst du, um den Schauspieler zu halten?

Wenn der Unterschied in der Projektion der Figur meine Vision von dem Ganzen komplett sprengt, trennen wir uns.

Man sieht ja häufig in verschiedensten Inszenierungen, daß plötzlich ein großer Schauspieler das Stück an sich reißt, und man denkt: Wunderbar! Herrlich, aufregend! Doch dann: Aber das paßt ja gar nicht, was bedeutet denn das? Man hat dann einen großen Schauspieler erlebt, leider nicht das Stück, weil die Form des Ganzen von dem einen Schauspieler gesprengt wurde.

Es ist viel anstrengender, mit Schauspielern zu arbeiten, die ständig erfinden. Nach einer Weile machen dann alle ihr eigenes Ding, und dann passiert, was passieren muß: Der eine spielt einen Hund, der andere einen Zahnarzt, und es wird eine Geschichte über einen Hund beim Zahnarzt.

Trotzdem muß man diese Gefahr bei der Arbeit riskieren, sonst – und das geschieht leider sehr häufig – blockt der Regisseur von vornherein alles ab, was ihm nicht in seine Projektionen paßt. Das bedeutet, daß er damit die Phantasie der Schauspieler und damit die ganze Inszenierung tötet. Man muß das Chaos also immer wieder riskieren und erleben sowie die Sicherheit haben, daß man mit diesem Chaos fertig wird. Ich werfe die Schauspieler bei der Arbeit in eine immer tiefer werdende Unordnung, so daß, käme jemand von außen in die Proben, er oft etwas völlig Wahnsinniges, Unverständliches sehen würde. Deswegen lasse ich in diesem Probenstadium auch niemanden von außen rein, weil die Schauspieler dann selber plötzlich dächten: Was soll denn das, wir machen hier ja völligen Nonsens. Erst in den letzten Wochen der Proben sortiere ich und hole mir raus, was ich für die Inszenierung brauche.

Ein erfahrener Schauspieler aus meiner Gruppe weiß genau, wie der Vorgang ist und was auf ihn zukommt. Er hat das dutzendfach mit mir gemacht. Man geht auf ein gegenseitiges Spiel ein, dessen Regeln man kennt und akzeptiert, und man wird nicht wissentlich das Spiel des anderen zerstören wollen. Das ist wie beim Schachspiel, da fegt einer der Spieler auch nicht plötzlich die Figuren vom Brett, beide Spieler wollen das Spiel ja spielen. Bleiben wir beim Beispiel Gert Voss. Ich bin ein Regisseur, den er gut kennt, er kann sich ungefähr vorstellen, wie ich ihn in seiner jeweiligen Rolle sehe. Schon bevor ich den »Juden von Malta« machte, hatten wir oft über das Stück gesprochen, also war unwahrscheinlich, daß Gerts Vorstellung des Stücks eine ganz andere wäre als meine, zu Unterschieden kann/konnte es natürlich immer kommen. Gert Voss ist ein anderer Mensch, ich bin Jude, er ist keiner, und schon das ist ein großer Unterschied.

Hinzu kommen die Projektionen der anderen Schauspieler, denn auch sie haben – abgesehen von der eigenen Rolle – ein gewisses Bild von der Hauptfigur. Bei großen Parts wie dem »Juden von Malta«, Shylock im »Kaufmann« oder bei »König Lear« kommt jeder Schauspieler mit seiner eigenen Vorstellung für die Figur im Mittelpunkt.

Bei »Lear« z. B. hat jeder eine Haltung zum Alter, jeder eine Haltung zu Königen oder Autoritäten usw. Beim »Juden von Malta« oder »Kaufmann von Venedig« eine Haltung zu Juden. All das landet jetzt wie kleine Geschosse bei Voss, der Shylock oder Barabas spielt. Entweder wehrt er diese Geschosse ab, oder er nimmt sie in sein Spiel auf. Das ist ein komplexer, fast undurchschaubarer Vorgang. Die verschiedenen Schauspieler müssen sich aber aufeinander einstellen, und dadurch, daß es ihre eigenen Einfälle sind, hinter denen sie wirklich stehen, erzwingen sie, daß sich die anderen Personen auf sie einstellen. Auf die Art und Weise entsteht eine echte Spannung und ein wirkliches Ensemble, nicht nur eine Gruppe von Leuten, die sich irgendwie miteinander arrangieren.

Ich vermeide meistens, dem Schauspieler direkt vorzuspielen oder zu sagen, wie die Figur aussieht, wie sie sprechen oder gehen soll. Es kommt vor, daß ich auf die Bühne gehe und eine Geste vormache oder etwas sage, das sind immer nur partielle Dinge, die der Schauspieler zwar ruhig mal nachmachen kann, aber kein Reglement für die ganze Rolle bedeuten. Denn gegen ein Reglement wird er sich entweder immer wehren, oder er wird es akzeptieren, so daß die Rolle eine Hülle bleibt.

»Komiker« ist ein Stück über junge Leute, die in Abendkursen lernen, wie man Komiker wird.[16] Ich inszenierte es am Thalia Theater, dessen Intendant damals Boy Gobert war. Ich hatte lauter Stars besetzt: Uwe Friedrichsen, Hans Peter Hallwachs, Heinz Schubert, Wildgruber und im Zentrum dieser Stars Boy Gobert selber. Er spielte den Agenten, der in die Schule kommt, um sich den besten Komiker auszusuchen. Ich konnte mit ihm nur nicht richtig arbeiten, weil er den eitlen Herrn Intendanten spielte. Also ließ ich ihn sechs Wochen lang stehen und inszenierte die anderen mit ihren Repliken und Reaktionen um ihn herum. Er fragte oft: Peter, was ist, magst du nicht mit mir arbeiten? Ich antwortete: Ich finde wunderbar, was du machst, ganz wunderbar, Boy. Er wurde nervöser und nervöser, was gut war, denn ich wollte ihn sehr nervös haben, und überspielte seine Nervosität. Genau das, was ich haben wollte, entstand: Die anderen Schauspieler machen einen riesigen Zirkus, in ihrer Mitte steht ein etwas verlorener, eitler, verkrampfter Agent, der eigentlich gar nichts macht.

Ich vermeide direkte Ansprache. Wichtige Dinge passieren in Mittagspausen. Wir proben, und nach anderthalb Stunden sage ich: Kommt, laß uns mal einen Kaffee trinken. Benjamin

16 Trevor Griffith, »Komiker«, Thalia Theater, Hamburg 1978.

Cabuk, mein türkischer Assistent und Requisiteur, bereitet etwas zu essen vor. Das ist unsere kleine Privatkantine. Seit fünfzehn Jahren. Benjamin ist ein guter Schauspieler und spielt meist eine kleine Rolle. Wir machen diese Kaffeepause, die für fünf Minuten geplant ist, oft aber eine ganze Stunde dauert, weil sich während dieser Pause auch die Schauspieler unterhalten. Da sind sie entspannt, reden über das Stück und sonstige Dinge. Und ich bin dabei, und viele der wichtigen Unterhaltungen finden unter dem Vorwand der Nichtwichtigkeit statt. Das ist wie in der Schule, wenn der Lehrer sagt: Zadek, steh mal auf und erzähl uns vom dritten Akt im »König Lear«, da fällt einem natürlich nichts ein. Wenn aber in der Pause ein Junge kommt und sagt: Mensch, ich find das so toll im dritten Akt von »König Lear«, wie der da kommt und dem da eine reinhaut ..., ist Zadek bei der Sache.

Die Phantasie von Menschen und von Schauspielern ist etwas sehr Kurioses. Um sie zu befreien, braucht es manchmal eher eine Kaffeepause. Ich habe festgestellt, daß besonders bei jüngeren Schauspielern in solchen Nebensituationen ganz wichtige Dinge stattfinden. Es gibt viele Regisseure, die nach der Probe mit den Schauspielern essen gehen und über das Stück reden. Zu denen gehöre ich nicht, ich mache das lieber nebenbei und gehe nach der Probe nach Hause. Abends brauche ich, wie die Schauspieler, Erholung und eine Denkpause.

Wie man Kontakt zu Menschen und Schauspielern herstellt, kommt sehr auf den einzelnen an und auf den Instinkt, mit dem er Menschen beobachtet. Man muß sich in der Arbeit mit Schauspielern auch fragen, wo und wann ist einer am offensten, wann kann ich ihn am leichtesten berühren. Gert Voss z. B. hat hunderttausend Filme zu Hause und kennt sie alle. Sage ich: Weißt du noch, wie Humphrey Bogart in diesem amerikanischen Krimi von 1934 den Hut auf die Seite geschoben hat? sagt er: Ja klar, und probiert es aus. Wie sich jemand einen Hut auf den Kopf setzt, kann eine ganze Rolle beeinflußen.

Andere Schauspieler wiederum sind sehr belesen, da muß man sie möglicherweise über die Bildung erreichen. Das stört mich zwar oft, weil sie sich für Form, für Erklärungen und komplizierte Hintergründe interessieren und die Tendenz haben, hauptsächlich für andere gebildete Leute dazusein. Außerdem bin ich nicht sehr gebildet. Luc Bondy z.B. ist äußerst gebildet. Wenn ein Schauspieler anfängt, mit ihm über Baudrillard zu reden, gibt es eine wunderbare Diskussion, und sie kommen auch weiter. Diskutiert jemand mit mir über Baudrillard[17], höre ich gern zu, habe aber nichts dazu zu sagen, und wir kommen nicht weiter. Erzählt mir jemand, er hätte auf dem Markt eine komische alte Frau gesehen, können wir uns darüber unterhalten, ich gehe auch auf den Markt und sehe komische alte Leute und habe großen Spaß daran. Mein Kontakt läuft eher direkt über das Leben und weniger über die Kunst, obwohl ich oft auch Kunst benutze, um den Schauspielern näher zu kommen.

Fokus

In der dritten Szene in »Frühlings Erwachen« kommen drei Mädchen Arm in Arm die Straße herunter. Thea, Wendla und Martha. So steht es bei Wedekind. Auf was sieht, auf was reagiert der Regisseur? Klar, er sieht tausend Dinge auf einmal, aber er kann auf tausend Dinge nicht gleichzeitig reagieren.

---

17 Jean Baudrillard, französischer Sozialphilosoph und Autor, geboren 1929 in Reims.

Wofür entscheidet er sich? Und nicht nur auf was, sondern auch wie reagiert er? Die Entscheidung muß er viele Male am Tag fällen.

In der ersten Probe bei dem Workshop kamen die Mädchen alle Arm in Arm. Dann schlug ich vor – weil ich wollte, daß sie anfangen, mit ihren Figuren zu spielen –, nicht Arm in Arm aufzutreten. Danach schlug ich vor, sie sollten in der Diagonale laufen, ein dummer Vorschlag, weil er zur Situation der drei nicht paßt. Dann fiel mir ein, daß Wendla, wenn sie sagt: »Gehen wir zur Brücke hinaus!«, die anderen führen könnte. Ich sagte ihr, sie solle sie ein bißchen mit sich rüberziehen. So merkt man auch, daß sie die Stärkere ist. Die drei machten es ein paarmal, mal richtig, mal falsch, aber jede hatte jetzt ihren eigenen Weg, darüber nachzudenken. Nun war wichtig, auf was ich als nächstes reagiere – oder sie in diesem Fall. Man hatte vieles zur Auswahl. Ich hätte sagen können: Macht doch irgendwas mit euren Händen, oder: Denkt mal darüber nach, daß das Wetter schön ist. Wichtig war nur, etwas zu finden, das die drei interessiert – und was richtig ist. Ich habe also zugeschaut und gesehen, daß die, die die Martha spielte, es schon verstanden hatte, sie wußte, was sie tat, im Gegensatz zu den beiden anderen – Wendla, die so verkrampft war, daß sie gar nichts tun konnte, außer verkrampft zu sein, und Thea, die ich eh für eine Fehlbesetzung hielt. Aber da sie nun einmal da war, dachte ich, mal sehen, wie ich die Fehlbesetzung so drehen kann, daß es keine mehr ist. Sie hatte einen Blick und eine Haltung zur Welt, sehr erfahren und interessant, aber nicht für diese Rolle. Hier hatte ich also ein zusätzliches Problem, das ich erst einmal zur Seite räumte, denn ich hätte nie dies Problem gleichzeitig mit dem Problem der Szene lösen können, weil ich mich zunächst um die Krampf-Wendla kümmern mußte. Es ist mir nicht gelungen, da ich nicht wußte, woher der Krampf kam. Dafür hätte ich mich auf eine lange

Arbeit einlassen müssen, und ich hatte nicht die Zeit dazu. Wenn sie las, merkte man, wie begabt sie war. Sobald sie etwas mit ihrem Körper machte, merkte man: Horror! Mein Fokus lag trotzdem erst einmal auf Wendla. Martha konnte ich in Ruhe lassen, sie hatte zwar auch Probleme, aber die würden sich lösen. An ihr konnten sich die anderen orientieren. Es ist immer wichtig, einen Schauspieler zu finden, der die richtige Richtung einschlägt. Das darf man den anderen natürlich nicht sagen. Sie würden sofort neidisch, und die Situation könnte *out of control* geraten, aber es ist nützlich, so jemanden zu haben. Wenn man geschickt ist, bringt man den anderen bei, sich an dem, der auf dem Weg ist, zu orientieren. Mir hat mal irgend jemand gesagt, inszenieren sei, Leute zu führen, ohne zu wissen wohin – wie im Buddhismus. Und das ist es. Auf dieser Wanderung sind alle blind, und wenn einer instinktiv den richtigen Weg weiß, ist das derjenige, an dem man sich orientiert. Die Schauspieler, mit denen ich arbeite, kennen sich oft über Jahre und hassen sich auch manchmal. Da sie sich aber auch sehr gut kennen, schielen sie ein bißchen zu dem, bei dem sie merken, daß er den Weg gefunden hat.

Um zurückzukommen auf den Fokus: Ich versuchte also erst einmal, Wendlas Krampf zu lösen. Man probiert viele Dinge aus, und manchmal ist es gut, dem Schauspieler vorzuschlagen, er solle den Text doch einfach mal sprechen, ohne zu spielen. Komischerweise machen Schauspieler das nicht von selbst, obwohl es naheliegend ist. Eine Szene einfach nur zu sprechen ist nicht so einfach, weil Schauspieler gewohnt sind, immer etwas in den Text hineinzupusten und zu betonen.

Später habe ich mich auf die Augen der Thea konzentriert. Sie beschäftigten mich, weil in ihnen die Krankheit dieser Szene lag. Ich kannte das Mädchen nicht, aber ihr Blick konnte jede Szene und jede Arbeit zerstören, das mußte ich verhindern. Ich würde übrigens nicht mit so einer Schauspielerin allein arbeiten, also eine Art Nachhilfeunterricht geben. Früher habe ich es gemacht, heute finde ich es falsch. Ich mache es nur ganz selten, wie mit Angela Winkler eine Woche vor der Premiere vom »Hamlet«. Wir schlossen uns ein und sprachen die Monologe durch, wir spielten sie nicht. Ich hätte nie mit Angela allein geprobt – auch nicht in dieser Riesenrolle. Nicht etwa, weil ich scheu bin oder Angela scheu ist, sondern weil es eine falsche Situation ergibt. Den meisten Text, außer den Monologen, spielt sie schließlich mit den anderen auf der Bühne. Das ist auch der Grund dafür, daß ich eine Probe ausfallen lasse, wenn ein Schauspieler fehlt. Ich kann nicht so tun, als ob derjenige da sei, oder jemanden an seiner Stelle proben lassen und sagen: Du bist heute Laertes! Die Beziehungen der Schauspieler untereinander sind über Wochen (manchmal über Jahre) aufgebaut und deshalb ganz spezifisch. Es ist nicht irgendeine Beziehung zu irgendeinem Laertes, sondern zu *diesem* Laertes. Wenn er so guckt, reagieren die anderen auf eine bestimmte Weise, und es herrscht eine bestimmte Atmosphäre. Ein Schauspieler, auch in einer kleineren Rolle, ist unersetzbar – also fällt die Probe aus. Wenn sie zu oft ausfällt, muß man entweder umbesetzen oder die Premiere verschieben.

Gehen wir noch einmal zurück zu der Wedekind-Szene. Der Fokus in dem Moment war, genau zu sehen, was das wichtigste in der Szene war. Das wichtigste war, daß etwas schiefging, daß alle sich auf den Blick dieses Mädchens konzentrierten und nichts anderes mehr passieren konnte. Ähnlich ist es, wenn ein Schauspieler markiert, das heißt nur andeutet, was er spielen sollte, denn dabei kommt alles Spiel, aller Fluß, aller Text zum Stillstand. Ich habe es nie verstanden, ich weiß nicht, was ein Schauspieler damit bezwecken will. Es ist unmöglich, auf Markieren zu antworten. Du kannst nämlich nur auf das antworten, was stattfindet, und das ist in dem

Fall nur eine Andeutung. Man kann nicht auf etwas reagieren, das nur theoretisch stattfindet. Solange dieses Mädchen so schaute, konnte ich nicht weiterarbeiten. Nun war es möglich, daß sie gar nichts mehr machen konnte, wenn man sich nur auf sie konzentrierte. Man muß also herausfinden, warum sie sich verkrampft. Manchmal kann es nützlich sein, daß man in einer komplizierten Szene etwas ganz Einfaches erfindet, da die Schauspieler immer komplizierter und komplizierter werden, an den Hintergrund einer Szene denken und irgendwann nicht mehr wissen, wie sie das mit sich selber zusammenbringen können. So einen Vorgang muß man abbrechen. Die Entscheidung muß der Regisseur treffen, indem er z. B. sagt: Ihr könntet in der Szene doch alle von rechts kommen! Dann denken alle: Der ist ja ein bißchen blöd, sind aber erleichtert, daß man ihnen abgenommen hat, gleichzeitig Philologe, Philosoph und Psychologe zu sein. Jemand hat etwas ganz Einfaches vorgeschlagen, es ist fast egal was – Hauptsache, sie werden an einem Punkt unterbrochen, an dem man spürt, daß sie sich verkrampfen. Man kann auch eine Pause machen, aber wenn man danach weitermacht, ist es besser, woanders anzufangen. Schauspieler denken nämlich in der Pause darüber nach, was sie falsch gemacht haben, und bereiten innerlich den nächsten Krampf vor. Wenn sie zurückkommen und man schlägt vor, an einer anderen Stelle der Szene weiterzumachen, denken sie: Mist, jetzt läßt der uns das nicht machen, sind aber eigentlich erleichtert. Arbeiten fünf oder mehr Schauspieler in einer Szene, haben sie gar keine Chance, sich zu einigen, jeder ist mit seiner Sache beschäftigt. Da muß man mit einer Art erzieherischer Maßnahme eingreifen und Verantwortung übernehmen.

Manchmal kann man sich mit der Sache, die man fokussiert hat, direkt beschäftigen, manchmal auch nicht. Ich habe mich z. B. gestern lange mit der Schauspielerin, die die Martha spielt, unterhalten und ihr geraten, ihre Brille schnellstens wegzuwerfen, weil sie sonst ihr Leben lang die komische Schauspielerin mit der Brille bleiben wird. Sie verstand genau, um was es ging, nämlich daß sie sich ihre Rolle im Leben schon ausgesucht hatte. Das muß man ihr abgewöhnen, da sie viel mehr ist als nur die Komikerin mit Brille.

Mich interessiert z. B. die Tatsache, warum das Mädchen, das die Wendla spielt, privat immer in Hosen kommt. Als Regisseur mußt du die Entscheidung treffen, ob sie die Hosen anbehält oder nicht. Als Mann entscheidest du vielleicht anders als eine Frau, aber es muß entschieden werden.

Das Verhältnis zwischen den Schauspielern

Das Verhältnis der Schauspieler zueinander und zu mir ist die Basis für die Inszenierung. Bewegt euch mal nicht, und schaut euch genau um: Jeder sitzt anders, hat eine andere Haltung. Schon bei der Leseprobe achte ich sehr darauf, wo und wie die Schauspieler sich hinsetzen, was sie machen, während sie lesen. Schauspieler, die ich nicht kenne, ziehen meist erst mal eine Show ab, aber ich merke, wie sie wirklich sind. Ich habe die Leseprobe-Situation für »Ivanov«[18] einmal konsequent benutzt: Wir saßen in einem Probenraum voller Stühle, und als am Ende der Probe alle aufstehen wollten, sagte ich: Bleibt doch alle mal sitzen! Wir zeichneten die Stühle so ein, wie sie im Raum standen, und ich sagte: Das ist der zweite Akt! So war er, und so blieb er. Es gab Auseinandersetzungen mit dem Bühnenbildner, der über die ganzen Stühle schimpfte, aber genau diese Stühle wollte ich und behielt ich.

Schauspieler können sich stilisieren, ihr Verhältnis zueinander ist aber das einzige, was echt ist. Wenn zwei Leute in einem Zimmer sitzen und kein Verhältnis zueinander haben,

---

18 Anton Tschechow, »Ivanov«, Akademietheater, Wien 1990.

ist das ihr Verhältnis. Das ist die Basis, wenn sie für das Stück nicht stimmt, hat man falsch besetzt. Unser Beispiel hier, die Wendla, war meines Erachtens falsch besetzt. Als ich ihr zusah, dachte ich: Sie muß die Rolle als Kerl spielen, zieh ihr Hosen an, und laß sie erst mal einen Baum hochklettern. Das kann man später streichen, es wäre aber ein Anfang. Es gibt ja genügend Mädchen, die lieber auf Bäume klettern, als zum Tanztee zu gehen, und diese Wendla hatte eine Phantasie dafür und hat es auch sofort so gemacht.

Der Thea sagte ich, sie solle aufhören zu starren und mal nichts spielen. Ich habe ihr also alles weggenommen, woraufhin sie hilflos in der Gegend herumstand. Wäre es meine Inszenierung, hätte ich die Hilflosigkeit genutzt. Bevor ein Schauspieler etwas macht, macht er gar nichts, ist er also hilflos. Fängt er gleich mit etwas Falschem an, ist es später schwieriger, die Szene richtig zu spielen. Hilflosigkeit ist also ein Probenstadium, und der nächste Schritt wäre, Thea mit irgend etwas zu helfen. Ich würde ihr etwas Konkretes geben, um sie zu beschäftigen.

Ende letzter Woche, als sie die Portia spielte und auch so verkrampft war, wußte ich auch nicht weiter, hatte mich aber auf sie eingelassen und mußte weiter versuchen, sie aus diesem Krampf zu lösen. Es gelang mir nicht besonders gut. Es ist sicherlich auch nützlich für euch, zu sehen, wie man scheitert. Einer von euch hat ja dann gemacht, was ich nie machen würde, er hat zu Hause mit ihr gearbeitet. Eine typische Situation dafür, daß andere Regisseure es anders machen und das Resultat in diesem Fall richtig war. Sie ist als Portia sehr gut geworden.

Ich bin sehr vorsichtig bei Betonungen, obwohl Schauspieler sie gern vorgesagt bekommen. Als Thea über Melchior Gabor sagte: O der *kann* schwimmen!, ließ ich die Fehlbetonung erst einmal durchgehen. Mich interessiert, wie es zur falschen Betonung kommt. Sie muß irgendeinem Gedanken entspringen. Als ich Thea später fragte, warum sie es so sagt, hatte sie keine Antwort. Es gibt Regisseure, die Betonungen vormachen. Manche unsicheren Schauspieler mögen das, weil sie meinen, daß sie dann nichts falsch machen können.

Claus: Als du in meiner Prozeßszene mit Doris an der Rolle der Portia gearbeitet hast, hast du den Text so gesprochen, daß du ihm eine Färbung gegeben hast, die die Schauspielerin übernehmen konnte.

Ja, aus Verzweiflung. Natürlich gibt es solche Situationen, aber ich versuche, sie zu vermeiden. Es gibt beim Inszenieren fast nichts Falsches, das man nicht auch mal richtigerweise machen kann.

Man muß das Verhältnis der Schauspieler untereinander, so, wie es wirklich ist, genau beobachten und für die Inszenierung nutzen. Wenn ich die drei Schauspielerinnen aus der Wedekind-Szene sehe, wie sie sich zueinander verhalten, muß ich sie mit oder ohne Raffinesse dahin bringen, daß ihr persönliches Verhältnis etwas mit den Figuren zu tun hat, die sie spielen. Gegen dieses private Verhältnis zu arbeiten ist unmöglich. Das schwierigste ist, es zu erkennen, das kannst du nicht in fünf Minuten. Man muß Schauspielern während der Proben ja auch einen Teppich zur Verfügung stellen, auf dem sie dieses Verhältnis ausagieren können. Man muß ihnen Luft geben. Und ich glaube, das ist es, Claus, was mich an deiner Shakespeare-Szene und auch an der Wedekind-Szene stört, und damit sage ich etwas Grundsätzliches: Du gibst den Schauspielern keine Luft, deine Szenen sind »luftdicht«. Sie sind gut, schnell und klug gearbeitet, alles, was ich eigentlich mag, nur lieferst du sie mir wie eine kompakte Masse, die entweder gut oder schlecht ist, aber auf bestimmte Art abgeschlossen, hermetisch. Das Hermetische schließt mich als Zuschauer aus, und das mag ich nicht. Es gibt sehr gute Regisseure, deren Inszenierungen so sind, Jürgen Fehling z. B. hat so gearbeitet, aber es ist eine Arbeit, die mich armen Mann im Publikum überrollt und behauptet: So ist es! Ich finde, meine Sache im Theater ist, Fragen zu stellen und nicht Behauptungen zu machen; zumindest ist das meine Haltung. Ich bin immer unzufrieden. Ich inszeniere Suchaktionen. Für mich ist Theater kein Ort für Aussagen und die Beantwortung von Fragen. Ich mag Inszenierungen, die so offen sind, daß ich mich als Zuschauer immer wieder einbauen kann. Es passiert erst dies, dann jenes, und meine Gedanken dazwischen bleiben frei, während zugleich Phantasie und Intelligenz belebt werden. Bei deiner Inszenierung habe ich das Gefühl, die Schauspieler kommen gleich runter und schlagen mich tot. Ich habe mich gefragt, warum ich das nicht mag, denn es ist ja gut, schnell und klug gearbeitet. In einer offenen Inszenierung sind die Schauspieler sehr verletzbar. In einer hermetischen Inszenierung kann es ihnen egal sein. Sie riskieren nichts, sie ziehen ihren Stiefel durch. Das Schöne am Theater ist doch, wenn man sich als Zuschauer über alles, was man sieht, selbst ein Urteil bilden kann. Aber bei deiner Inszenierung wird meine Phantasie gebremst. Das hat nichts mit Tempo, sondern mit Empfinden zu tun. Das, was ich gesehen habe, war eine Behauptung und keine Diskussion, kein Angebot. Ich mag nicht gezwungen werden, von nichts und niemanden, ich möchte Angebote bekommen. Ich finde es aufregend, auf die Bühne zu schauen und mich fragen zu können, wer eigentlich der Bösewicht ist.

Umbesetzung

Dieter: Du sprichst viel über das Verhältnis der Schauspieler untereinander. War es einfach, in »Hamlet« die Rolle des Polonius, die Ulrich Wildgruber gespielt hat, umzubesetzen? Du sagst doch, Schauspieler seien nicht austauschbar.

Eine Umbesetzung ist immer eine komplizierte Entscheidung, besonders im Fall des tragischen Tods von Ulrich Wildgruber[19]. Erstens kompliziert, weil wir Ulrich Wildgruber alle sehr gut kannten und es dadurch zu einer sehr persönlichen Entscheidung wurde, nicht nur für mich, und zweitens kompliziert für die Aufführung. Aber ich mußte ihn ersetzen, sonst hätte es meine Schauspielerfamilie nicht mehr gegeben, und für Angela wäre es schlimm gewesen. Ihren Erfolg mit »Hamlet« durfte man nicht abbrechen. Ich sprach mit allen Schauspielern, erläuterte die Umbesetzung und riskierte sie schließlich.

Intern wollte keiner die Rolle übernehmen. Schauspieler sind sentimental, und in einer solchen Situation zu Recht. Da fiel mir Paulus Manker ein, den ich sehr gerne mag und der ein besonderes Verhältnis zu meiner Arbeit hat. Ich kenne ihn seit Anfang der 80er Jahre, als er eine kleine Rolle im »Baumeister Solness«[20] spielte. Später besetzte ich ihn als Casti-Piani in »Lulu«, als Richard in »Richard III.«[21] und als Kaninchen in »Alice im Wunderland«.[22] Weil er selber Regisseur ist und

---

19 Ulrich Wildgruber starb am 30. November 1999, nachdem »Hamlet« an der Berliner Schaubühne abgespielt war.

20 Henrik Ibsen, »Baumeister Sollness«, Residenztheater, München 1983.

21 William Shakespeare, »Richard III.«, Gemeinschaftproduktion der Münchner Kammerspiele und der Wiener Festwochen, 1997.

22 Lewis Carroll, »Alice im Wunderland«, Gemeinschaftsproduktion der Münchner Kammerspiele und der Wiener Festwochen, 1996.

Wildgruber für ihn das Modell des Schauspielers schlechthin war, saß er in den Lulu-Proben, auch wenn er nicht dran war. Ich dachte, vielleicht hätte er die Courage, in einer solchen Situation zuzusagen. Ich rief ihn an, und er sagte innerhalb eines Tages zu, obwohl er zur selben Zeit als Produzent, Regisseur und Hauptdarsteller an einem großen Musical arbeitete. Er kannte seinen »Hamlet«-Text von Anfang an perfekt, jeden Gang und jede Bewegung. Er ist in die Gruppe reingerutscht, die anderen Schauspieler haben ihm geholfen, und er hat seine Rolle fabelhaft gespielt. Ich habe sie ihm langsam angepaßt; Polonius ist eine andere Figur geworden.

Normalerweise funktioniert das nicht. Im Fall des »Hamlet« geht es nur, weil das Stück so auf die Figur des Hamlet konzentriert ist. Den »Kirschgarten« dagegen – in dem Wildgruber den Gajew spielte – bekomme ich nicht wieder auf die Beine. Ohne Wildgruber gibt es diese Inszenierung nicht mehr.

Freiheit und Disziplin

Ein zentraler Punkt in der Arbeit mit Schauspielern ist das Verhältnis zwischen Freiheit und Disziplin, zwischen Freiheit und Genauigkeit. Genauigkeit über Freiheit zu erreichen ist sehr kompliziert. Wie läßt man Menschen so miteinander umgehen, daß es genau wird? Ich finde es langweilig, wenn ein Schauspieler ausschließlich – sagen wir – einen »Rowdy« spielt, weil es sich dabei um eine Verallgemeinerung handelt, die per se unpräzise ist. Viele Regisseure und Autoren verallgemeinern die Dinge, anstatt sie zu präzisieren. Man muß vor Genauigkeit keine Angst haben, denn den Schauspieler erkennt man immer als denselben Menschen. Man läßt ihn – z. B. als Melchior oder als Shylock – in einem Stück viele verschiedene Dinge machen. Ob sie zusammenpassen oder nicht, ist erst einmal irrelevant. Sie passen sowieso zusammen, weil sie alle dieselbe Person macht. Der Zuschauer denkt nicht etwa, daß es sich dabei um viele verschiedene Personen handelt – es fiele ihm gar nicht ein –, sondern sieht *einen* Menschen mit verschiedenen Facetten. Das ist der Vorteil: Man hat immer denselben Menschen vor sich. Man kann ihn natürlich so verzerren, daß er nicht mehr derselbe Mensch ist, und das ist schrecklich, man kann ihn auch so stilisieren, daß man ihn nicht mehr erkennt, und das ist scheußlich. Zwischen zwei Schauspielern wird sich immer etwas entwickeln, auch wenn es etwas Negatives ist. Vielleicht mögen sie sich nicht, und es entwickelt sich eine Aversion zwischen den beiden, das ist auch etwas. Und das ist die Realität. Mit ihr muß man umgehen. Man darf sie nicht wegstilisieren. Präzisieren wir das Beispiel: Zwei Schauspieler mögen sich nicht, haben eine physische Abneigung und fassen sich nicht gern an. Das ist zwar falsch für die Rolle, denn sie müssen sich anfassen wollen, man kann sie dazu jedoch nicht zwingen und sagen: Jetzt streichelt euch doch mal …! Es kämen nur Funken, wo leidenschaftliches Feuer gefragt ist, das wäre sinnlos. Also muß man darüber nachdenken, wie man die Aversion in einen Vorteil für die Liebesgeschichte verwandelt. Das kann man, auch wenn dies Beispiel sicher ein extremer Fall ist, der einem nicht so oft passiert.

Das Publikum glaubt von vielen meiner Inszenierungen, sie seien »genau gearbeitet«. Die Wahrheit ist, sie sind gar nicht »gearbeitet«. Die Wahrheit ist, daß ich z. B. zwei Schauspieler so lange miteinander umgehen lasse, bis es so aussieht, als wäre das Verhältnis der beiden miteinander kompliziert erarbeitet. Wenn ich diese unzähligen Dinge, die zwischen Menschen passieren, erfunden hätte, wäre ich Gott. Das ist nicht möglich! Man kann nur versuchen, die Dinge nicht zu verhindern, und das ist schon schwierig genug. Als Regisseur muß man Wege suchen, Dinge zu verändern, ohne die Schauspieler zu verkrampfen.

In »Hamlet« gefällt mir z. B. das Verhältnis zwischen Hamlet und Horatio besonders gut. Ich habe zu Angela Winkler und Klaus Pohl in den Proben monatelang fast kein Wort gesagt, außer vielleicht: Spiele es doch mal von hier vorne … oder ähnliches. Als ich Angela erzählte, ich würde die Rolle des Horatio mit Klaus Pohl besetzen, meinte sie: Toll! Immer wenn ich meinen Text vergesse, steht er da und kennt ihn. Das ist ja auch die Beziehung zwischen Hamlet und Horatio, jedesmal wenn Hamlet den »Text vergißt«, ist Horatio da und hilft ihm. Als wir mit der Arbeit anfingen und ich die beiden auf der Bühne sah, merkte ich, Klaus ist verknallt in Angela, er findet sie wunderbar. Wir redeten über den Inhalt, aber in das Verhältnis der beiden habe ich mich nicht eingemischt. Das Vielschichtige dieses Verhältnisses – auch den Einfall von Klaus, seinen Hut nie abzunehmen – kann man nicht »erarbeiten«. Diese Präzision lebt aus dem echten Verhältnis der beiden zueinander.

Ich möchte nochmal betonen: Wenn ein Schauspieler der Richtige ist, in Bewegung kommt und mit den anderen zusammenarbeitet, muß man ihm nur die Energie liefern. Die Energie, weiterzuarbeiten. Ein Schauspieler darf nie denken: Jetzt ist der Regisseur weg, was mach' ich jetzt?

Ich erinnere mich als Regieassistent an die schreckliche Situation, wenn der Regisseur krank war und man einspringen mußte. Ein Horrormoment für jeden Assistenten, egal wie gut er ist. Man steht da und denkt: Ich kleiner Arsch muß das jetzt hier machen! Sind die Schauspieler aber gut und phantasievoll, freuen sie sich, daß mal jemand anderes da ist, der zwar weiß, was läuft, sie aber vielleicht auch etwas Neues ausprobieren läßt. Unter Umständen, im richtigen Probenstadium, kann es gut sein, die Schauspieler von der speziellen Spannung zu befreien, die sie zum Regisseur haben. Allerdings muß dann der Assistent ein sehr genaues Empfinden für das haben, was er sagen oder zulassen darf.

Konfrontation

Eine der schwierigsten Entscheidungen, die man als Regisseur zu treffen hat, ist, ob man die Konfrontation mit einem Schauspieler sucht. Nehmen wir eine Probensituation bei dem Workshop hier: Doris, die die Portia gespielt hat, machte komische Sachen mit den Augen und »sang« die Rolle. Nun hat es im Theater keinen Sinn, so zu tun, als sei immer alles wunderbar, ich ließ mich also darauf ein und kämpfte mit ihr. Ich sprach mit ihr über die Rolle, aber eigentlich ging es darum, die Schauspielerin an einen Punkt zu bekommen, an dem sie identisch mit sich wurde. Sie frei laufen zu lassen hätte alles nur verschlimmert. Ich entschied mich also, eine Konfrontation zu suchen. Das mit einem Schauspieler in einer Produktion zu machen, die in drei Wochen Premiere hat, ist riskant. Es kann passieren, daß der Schauspieler einem wegläuft. In der gestrigen Probe habe ich die Schauspielerin ab einem bestimmten Punkt laufen lassen. Wäre es meine Inszenierung gewesen, hätte ich weitergestritten, bis einer von uns am Ende wahrscheinlich in Tränen ausgebrochen wäre. Früher haben mir diese Auseinandersetzungen großen Spaß gemacht, heute finde ich sie sehr anstrengend.

Ich sehe nicht ein, daß Schauspieler mir so etwas vorführen. Normalerweise besetze ich niemanden, bei dem ich das Gefühl habe, daß so etwas passieren könnte. Wenn es doch geschieht, muß man sich überlegen, ob man etwas macht und was man macht. Man muß sich darauf einlassen und weiß dabei nie, wie es endet. Es ist wie ein Kampf auf Leben und Tod, denn der andere verteidigt und verweigert sich aus guten Gründen. Er verweigert sich der Rolle, der Situation, dem Partner oder dem Regisseur.

Wenn es eine Konfrontation gibt, muß man sie zum Ende führen. Als Portia auftrat, war es schon aus! Jemand neben mir hat gemurmelt, man müsse ihr ein Kleid anziehen, damit sie sich in die Situation findet. Das hätte nicht geholfen. Normalerweise weiß ich tausend kleine Mittelchen, mit denen ich jemandem helfen kann. Aber bei Doris mußte ich stur bleiben. Es mußte *ihr* klar werden, daß sie vor einer Mauer stand. Erklärungen oder Hilfsmittel helfen da nicht. Sie mußte da durch, und ich durfte sie nicht loslassen. Im Ablauf wurde ihr dann klar, daß ich so weitermachen würde, da funktionierte es.

Viele erfahrene Schauspieler machen das als Spiel. Wenn sie merken, daß ein Regisseur wie ich bewußt oft nichts sagt und sie hängenläßt, provozieren sie manchmal eine solche Situation. Man muß nur mitbekommen, daß es Provokation ist. In unserem Falle war es nicht nur Provokation. Doris war raus! Es war daher wichtig, sie anzugreifen und darauf zu bestehen, daß sie die Portia auf eine bestimmte Weise spielte. Irgendwann gab sie nach, und man merkte, daß sie sprach, als ob sie es selber wäre.

Man muß sich entscheiden, ob man konfrontiert oder nicht. Entscheidet man sich für die Auseinandersetzung, müssen die Schauspieler wissen – und sie lernen es nach kurzer Zeit –, daß der Regisseur sie bis zu Ende durchführt und sie nicht hängenläßt. Denn, beginnt man so etwas und sagt nach einer Weile: Kinders, ich muß jetzt zur Bahn, kann es passieren, daß der Schauspieler die Nerven verliert oder abhaut. Man hat eine große Verantwortung diesem Menschen gegenüber, der in dem Moment kaputt und genervt ist. Wenn ihr jemanden in eine solche Situation zwingt, müßt ihr die Verantwortung tragen und es den Schauspieler auch wissen lassen. Das kann man nicht jeden Tag machen, sonst würde eine Inszenierung vier Jahre dauern, und man endet selbst in der Psychiatrie. Ich kenne Regisseure, die gern wochenlang so arbeiten, die meisten von ihnen gehören selber in die Psychiatrie.

Claus: Und was sieht man bei solchen Regisseuren hinterher auf der Bühne?
[Allgemeines Lachen]

Bis in die 60er Jahre war es geradezu Mode, so zu arbeiten, Anfang der 70er nicht mehr, nach allem was im Westen gesellschaftlich passierte. Es gab immer noch gute Leute wie z. B. Rudolf Noelte, der ähnlich, mit einer Art Führerprinzip arbeitete. Er hatte aufregende Resultate, ich gebe es zu. Ich habe Kortner-Proben gesehen, bei denen man sich fragte, warum die Schauspieler nicht einfach weglaufen, es gingen auch viele. Ein Freund von mir, der mit Kortner arbeitete, kam einmal auf die Bühne und stellte sich während der ganzen Probe mit dem Rücken zu Kortner. Irgendwann fragte Kortner ihn: Sagen Sie, Herr Kappenbaum, warum stehen Sie immer mit dem Rücken zu mir? Er antwortete: Weil ich mich schäme! Das fand Kortner sehr schön, die Auseinandersetzung zwischen ihnen ging weiter, und beide haben großartige Dinge miteinander gemacht.

Ich halte diese Art von Terror für kein gutes Arbeitsprinzip. Manchmal muß man Schauspieler wie Kinder behandeln, auch wie verrückte Kinder. Ein anderer hätte das Mädchen, die die Portia spielte, vielleicht anders hingekriegt. Ich hatte keinen anderen Kontakt zu ihr und konnte es nur über einen Streit machen.

Timing

Habt ihr schon mal den Begriff Timing gehört? Und was versteht ihr darunter?

Andreas: Ich denke, daß jeder gute Schauspieler ein Gefühl für Timing hat.

Du kannst nicht Timing definieren, indem du behauptest, daß jeder gute Schauspieler ein Gefühl dafür hat. Was ist Timing?

Andreas: Ich glaube, es ist ein Gefühl für Zeit, einen bestimmten Zeitpunkt. Wann z. B. eine Pointe zu setzen ist oder wenn alle Spieler von einem eine Antwort erwarten und er sie bewußt ein bißchen zu früh oder zu spät gibt, könnte man von Timing sprechen.

Aber was bedeutet es, wenn man sagt, jemand habe ein gutes Gefühl für Timing?

Beatrice: Ist Timing äquivalent zu Tempo?

Nein, Tempo ist Tempo, Schnelligkeit oder Langsamkeit. Timing ist etwas anderes.

Claus: Timing ist für mich, wenn jemand ein gutes Gefühl dafür hat, wie lang oder kurz eine Pause zu sein hat. Wenn jemand entscheiden kann, wann er direkt rangeht, wann er wartet. Jemand, der entscheidet, wann er fünf Minuten etwas anderes machen kann, bevor er antwortet, hat ein gutes Gefühl für Timing.

Es gibt im Englischen den Begriff *edge*, den man vielleicht mit Schärfe, Biß übersetzen könnte. Es gibt den Begriff im Deutschen nicht. *Edge* hat viel mit Timing zu tun. Ein Schauspieler, der *edge* besitzt, besitzt auch ein gutes Timing. Timing ist zunächst einmal, wann – nicht wie – jemand etwas sagt. Der Moment, in dem er etwas sagt, ist so unerwartet, daß er für uns Schärfe bzw. Biß bekommt.

Jeder, der schon mal einen Witz erzählt hat, weiß, daß der Witz im Eimer ist, wenn die Pointe zu spät oder zu früh kommt. Wenn das Timing stimmt, kann sogar ein schlechter Witz gut werden. Ein Erkennungsmerkmal eines guten Schauspielers ist sein Gefühl für den richtigen Moment. Du kannst es niemandem beibringen, trotzdem versuchen es viele Regisseure. Sie proben die Szene und sagen: Jetzt, zack! Jetzt sag das und das ... und versuchen, Timing und Empfinden durch Drill zu ersetzen. Das Empfinden, wann etwas gesagt werden muß, hat mit dem Gespür des jeweiligen Menschen für die Außenwelt, zum Gegenüber zu tun und mit seiner eigenen Psychologie. Das heißt, der Schauspieler stellt sich etwas vor und sagt: Gut, jetzt komme ich! Oder er sagt: Guuut ... jetzt komme ich ... usw. Und wann sagt er das? Kurz bevor er auftritt, während er auftritt oder nach seinem Auftritt? Das genaue Gespür dafür, wann er etwas sagt, kannst du einem Schauspieler nicht beibringen. Du kannst lediglich ihn und die Figur, die er spielt, so frei machen, daß er ein rhythmisches, stimmiges Gefühl dafür entwickelt und es von allein macht. Entweder gefällt es dir dann, oder es gefällt dir nicht. Wenn du das Timing eines Schauspielers äußerlich beeinflußt, indem du sagst: Komm doch mal etwas schneller an dem Punkt ..., und du das zu oft sagst, kastrierst du ihn.

Hannah: Also wenn das Timing des Schauspielers mit deinem Timing nicht übereinstimmt, ist das ein Besetzungsfehler?

Wenn das Timing des Schauspielers nicht mit meinem Timing für das Stück oder die Figur übereinstimmt, ist das ein wesentlicher Besetzungsfehler. Die Tendenz deutscher Schauspieler ist es, ein zu langsames Timing zu haben, das heißt, die Pausen sind zu lang. Der Schauspieler sagt einen Satz, denkt darüber nach, um dann erst den nächsten Satz zu bringen. Bei diesem komplizierten Nachdenken läßt er sich oft nicht dazu bewegen, den Satz schneller zu sagen. Nun hat der Mangel an innerer Schnelligkeit auch gewisse Vorteile, deutsche Schauspieler tauchen tendenziell tiefer in eine Rolle ein als z.B. englische Schauspieler. Er hat aber auch den Nachteil, daß man bei dem etwas verlangsamten Timing des deutschen Schauspielers meist schon vorher weiß, was kommt.

Hannah: Wenn das Publikum auch ein deutsches ist und dasselbe Denktempo hat, dann dürfte das doch kein Problem sein.

Du mußt aber bedenken, daß das Publikum dem Theater meist zehn Jahre voraus ist. Außerdem hat sich das Leben und Lebenstempo in Deutschland in den letzten zwanzig Jahren sehr verändert und ist dem schnellen Leben in Amerika oder England heute viel ähnlicher.

Die Bühne hängt dem etwas hinterher, weil sie für ein spezielles Theaterpublikum spielt und sich langsamer in die Zukunft bewegt als die Realität. Im Film z.B. ist das anders, der deutsche Film ist im Timing viel schneller geworden als das Theater.

Ein langsames Denktempo bei den Proben finde ich ganz in Ordnung, da lasse ich auch die Schauspieler ganz langsam sein, ich ermutige sie sogar, langsam zu sein, langsam zu denken und sich Zeit zu nehmen, die Gedanken zu Ende zu denken. Später neige ich dazu, ihnen zu sagen: Gut, jetzt weißt du es ja, also weiter, weiter, weiter ..., ohne sie zu drillen oder zu sehr anzutreiben. Ich finde, Leichtigkeit hat mit Schnelligkeit zu tun, und wenn etwas langsam läuft, wird es auch verbal eher schwerfällig. Ich mag Leichtigkeit, weil es den Zuschauer zwingt, schneller zu denken, schneller zu reagieren. Die deutsche Sprache ist umständlicher als die englische. Es ist viel leichter, sich im Englischen knapp auszudrücken – ein Problem bei Übersetzungen aus dem Englischen.

Wenn der Schauspieler dauernd erklärt, was er sagt, überträgt sich das auch auf den Ton und das Tempo seiner Sprache, und es hat keine Schärfe mehr. Jeder Satz wird zur Erklärung seines Verhaltens, der Schauspieler zeigt es nicht mehr. Das ist typisch für eine Richtung des Theaters, den ich nicht mag, nämlich das *erklärende* Theater.

Ich habe früher Schwierigkeiten gehabt, die gewünschte Dynamik eines Stückes in seinem Tempo und Rhythmus durchgehend herzustellen. Die Abwechslung zwischen schnell und langsam zu finden ist nicht einfach, wenn man kein Drill-Theater machen will. Ich schreibe mir auch heute noch, bevor ich eine Inszenierung beginne, neben anderen Notizen bei jeder Szene ein Kürzel auf: sehr schnell, mittelschnell, langsam usw.

Nicht, um dauernd darauf zu schauen und mich daran zu halten, sondern weil ich zu einem viel späteren Zeitpunkt, an dem ich tief in der jeweiligen Szene sein werde, überprüfe, ob das Tempo noch stimmt. Es kann sein, daß ich mich erinnern muß, daß diese Szene schnell sein sollte. Ist die Szene schneller oder langsamer geworden, versuche ich herauszufinden warum. Liegt es an den Schauspielern, an den Auftritten? Daß vielleicht die Auftritte zuviel Zeit brauchen, daran denken die wenigsten Regisseure. Wenn ein Schauspieler auftritt und die Bühne dreißig Meter tief ist, hat er fünfundzwanzig Meter zu laufen, bevor er einen Satz sagen kann oder man ihn wirklich wahrnimmt. Möchte ich einen schnellen Ablauf haben, laß ich jemanden links abgehen und einen anderen rechts auftreten, so daß das wie ein Schnitt im Film wird. Das geht Zack! ... Zack! und weiter. Dadurch wird fast automatisch ein bestimmter Rhythmus, eine bestimmte Schnelligkeit hergestellt.

Gibt das Bühnenbild aber vor, daß der Schauspieler von hinten auftreten muß und er nicht schnell genug um die Bühne herum kommt, kann es problematisch werden. Nehmen wir an, der Schauspieler ist rechts abgegangen und hat links wieder aufzutreten, so muß er irgendwie dahin kommen. Entweder läuft er unter der Bühne oder hinter der Bühne und manchmal sogar um den Zuschauerraum herum, damit er rechtzeitig wieder auf der Bühne erscheint. Wenn ein Stück auf Tournee geht, wird es noch schwieriger, weil die Wege von Bühne zu Bühne andere sind; bei vielen Schauspielern handelt es sich manchmal um Hunderte von Wegen. Ich merke das vor allem beim »Hamlet«, den wir in den verschiedensten Häusern spielen. Die Schauspieler müssen ja im richtigen Moment auftreten. Wenn wegen umständlicher Wege eine kleine Pause entsteht, gibt es schon eine Rhythmusstörung. Und müssen die Schauspieler komplizierte Umzüge machen, bevor sie wieder auftreten, ändert sich ihre Stimmung. Damit kommen wir zu einem grundsätzlichen Problem für die Shakespeare-Stücke heute. Die Wege waren ursprünglich viel kürzer, weil die Bühne des Globe-Theaters sinnvollerweise nicht für die Szenerie, sondern für die Schauspieler organisiert war. Heute sind die großen Bühnen organisiert, um große szenische Veränderungen zu ermöglichen, und niemand denkt an die Auftritte.

Hannah: Wenn beispielsweise »Hamlet« auf Reisen geht, bist du als Regisseur immer dabei? Die Bühnen sind ja alle verschieden breit, hoch, tief, auf denen der Container steht. Für

die Schauspieler ist es, denke ich mir, kompliziert, sich immer
wieder neu zu orientieren, oder?

Ich bin nicht immer dabei. Das überlasse ich meiner Mitarbeiterin. Bei einem besonders komplizierten Theater versuche ich es allerdings so einzurichten, daß ich vor der Vorstellung selber eine Probe mache.

Zurück zum Timing, diesem geheimnisvollen Moment des Unerwarteten, den ein Schauspieler sich aussucht, um etwas zu sagen. Manche Schauspieler sind Timing-Genies. Das bedeutet nicht, daß sie immer große Tiefe besitzen, es bedeutet nur, daß sie *edge* – die »Schärfe« – einer Situation haben. Schärfe geht manchmal auf Kosten der Tiefe eines Schauspielers. Tiefe hat nichts mit Bedeutung zu tun, sondern damit, aus welchem Teil des Menschen ein Gedanke oder eine Empfindung kommt – sind sie oberflächlich oder entfalten sie sich aus einem komplizierten Vorgang heraus? Tiefe steht also oft im Konflikt zur Schärfe, weil es leichter ist, durch ein unerwartetes Timing Wirkung zu erzielen. Ein tiefes Empfinden dagegen hat nicht unbedingt *edge*. Im Gegenteil, es kann oft langweilig sein und kein Gespür für Wirkung besitzen.

Wirkung

Beatrice: Wirkung ist ein böses Wort.

Das ist es nicht. Man muß nur zwischen der Wirkung und dem, was von innen kommt, das Gleichgewicht finden.

Geraldine: Ich glaube, daß wir immer wirken wollen. Egal, wann, immer.

Ja? Sprichst du für dich selbst? [lacht]

Geraldine: Ja. [lacht]

Ich will nicht immer wirken, mein Gott, warum will man immer?

Geraldine: Ich schon, wenn ich mich beobachte, es ist nur die Frage, welche Wirkung man erzielen möchte.

Nicht die Frage, das kann man ja variieren. Man will, daß der andere einen klug oder witzig oder traurig findet, und das vermischt sich dann mit der echten Traurigkeit und der echten Klugheit. Vielleicht sollte man es gar nicht aufteilen.

Geraldine: Ich glaube, man wirkt immer, man hat immer eine Wirkung auf andere.

Es gibt eine Wirkung, das ist nun wieder etwas anderes.

Geraldine: Aber ob man es in dem Moment will, ist noch etwas anderes, also ...

Natürlich. Das bedeutet nicht, daß man sich dieser Wirkung immer bewußt ist oder sie bewußt einsetzt. Wenn du als Schauspieler auf der Bühne stehst, suchst du natürlich eine Wirkung. Und besonders bei einem Vorsprechen ist Wirkung ein – instinktives? – Problem. Da hat sich ein Schauspieler beworben, er kommt – du kennst ihn ja nicht – und soll für wenige, für ihn entscheidende Minuten eine Wirkung erzielen. Man sieht ihn sich an und sagt: Der ist sich seiner Wirkung *so* bewußt. Das ist natürlich eine Schweinerei. In der Hinsicht sind wir in unserem Beruf verlogen, weil wir so tun, als ob wir die Wirkung nicht sehen wollten. Als Schauspieler gehst du aber nicht auf die Bühne, um dir etwas vorzumachen, sondern um etwas für andere zu machen. Dabei handelt es sich um ein generelles Problem. In Beziehungen zu anderen Menschen ist man immer in der Situation, daß man Dinge sagt, die echt sind, und Dinge, die man der Wirkung wegen sagt.

Geraldine: Auf der Bühne ist Wirkung aber nicht trennbar vom Publikum. Die Wirkung eines Schauspielers gehört gewissermaßen nicht ihm allein, sondern auch demjenigen, der sie einschätzt.

Ja, Wirkung spielt sich zwischen mindestens zwei Menschen ab, und natürlich auch zwischen einem Schauspieler und seinem Publikum. Wenn ich an einem Theater arbeite, das sehr lange für dasselbe Publikum gespielt hat, wissen die Schauspieler nach einer Weile genau, wie es reagieren wird. Als ich an den Münchner Kammerspielen inszenierte, spielten fast alle »für die Maximilianstraße« und wußten genau, welcher Blick welche Wirkung auf wen haben wird. Das macht die Regie-Arbeit schwierig, da die Schauspieler manchmal schon zwanzig oder dreißig Jahre für dieselben Zuschauer spielen und es gar nicht mehr merken. Als Schauspieler muß man das aber merken. Es ist ein sehr komplizierter Vorgang, ein Gleichgewicht zwischen der Wirkung und dem eigenen Wesen, dem eigenen Empfinden herzustellen.

Nehmen wir die Schauspieler aus dem Workshop: Susanne hat in ihrer Rolle als Portia ein Gleichgewicht gefunden. Sie kennt ihre Wirkung und setzt sie oft zu bewußt und deutlich ein, verliert sich aber nicht dabei, ihr Empfinden kommt immer mit. Nikolaus als Shylock hat das Problem, daß er mit seiner großen Wirkung, die ihm bewußt ist, nicht umgehen kann. Er bekommt sein Temperament nicht richtig unter Kontrolle. Wenn ich sein Lehrer wäre, würde ich ihm raten, seine Wirkung weniger einzusetzen und stärker seinem Empfinden zu vertrauen. Der Schauspieler, der den Gratiano gespielt hat, besitzt dagegen überhaupt kein Empfinden für Wirkung, dafür aber eine komische Ehrlichkeit. Nun weiß ich nicht, ob es Ehrlichkeit, Sturheit oder Blödheit ist, aber er hat seinen eigenen Rhythmus und sein Innenleben, an das er sich hält. Als Regisseur würde ich das respektieren und zugleich damit herumexperimentieren, das heißt daran rütteln, um zu sehen, was es mit dem Innenleben auf sich hat. Schauspieler behaupten oft, ein kompliziertes Innenleben zu haben, auf das man Rücksicht nehmen soll. Manchmal stimmt es, dann muß man herausfinden, wie das Innenleben ist. Ob es für andere überhaupt interessant ist. Und welche Rücksicht man nehmen muß.

Also brauchen wir für den Idealfall des Timings einen Schauspieler, der ein Empfinden für das hat, was er sagt und wann er es sagt und wann er etwas tut. Für den Ablauf des Stückes und dafür, daß er nicht in einen blöden Rhythmus fällt, wobei man ständig vorhersagen kann, was er als nächstes sagen wird. Es gibt Schauspieler, die einen ganz dummen Text sagen und einen völlig fesseln, weil man nie weiß, was kommt. Sehr oft sind es Komiker, weil Komiker ständig mit Timing umgehen müssen und ihr größtes Problem ist, wann und wie sie den besten Lacher erzielen.

Jetzt ist die Frage, wie man mit einem Schauspieler umgeht, der die Bedeutung des Textes weiß, sie auch empfindet, aber noch kein wirkliches Timing hat. Das ist die »Sixtythousand-Dollar-Question«. Jeder Regisseur hat seinen eigenen Weg. Wie würdet ihr es machen?

Dieter: Normalerweise wende ich mich erst dem Grundablauf der Szene zu, zur Timing-Frage komme ich erst relativ spät. Wenn ich das Gefühl habe, der Grundablauf der Figuren stimmt, versuche ich, technisch auf Anschlüsse zu gehen und den Rhythmus in den Szenen zu bestimmen.

Beatrice: Ich würde erst mal herausfinden, ob die Schauspieler Gefühl für Rhythmus, Tempo oder Timing haben.

Das sind aber verschiedene Begriffe: Rhythmus, Tempo und Timing, die sind zwar eng verbunden, aber verschieden.

Beatrice: Ich würde zunächst versuchen, inhaltlich klarzukommen, also wie sage ich einen Text in einer bestimmten Situation, was schlägt mir der Text an Situationen oder an Handlungsabläufen vor. Oder wie sage ich den Text, wenn ich mich in der Situation befinde, in der sich die Figur befindet.

Das ist natürlich in einer Schauspielschule der erste und richtige Weg. Hier ist ein Mensch, hier ist ein Text, und wie sagt dieser Mensch diesen Text in einer bestimmten Situation. Nur kommen wir damit nicht sehr weit. Was ist denn eine bestimmte Situation? Nehmen wir einmal die Szene aus dem »Kaufmann von Venedig«, in der Shylock hereingeführt wird und der Doge ihn anspricht. Das ist eine Situation, aber dahinter ist eine weitere Situation und dahinter noch eine usw. Was versteht ihr überhaupt unter Situation?

Beatrice: Situation ist sehr viel. Das ist der soziale Hintergrund einer Figur, seine Beziehung zu seinen Partnern. Da ist auch die momentane Situation, ob da eine Tür steht oder ein Fenster. Das ist die Zeit, in der sich etwas abspielt, ist es morgens, abends usw.

Ja, aber ich würde Situation doch noch anders beschreiben. Bevor ich mich als Regisseur mit der Situation beschäftige, muß ich die Welt erforschen, in der das Stück stattfindet. Diese Welt ist für jeden eine andere, weil sie deine Welt ist plus die Welt des Stücks. Das ist die erste große Entscheidung als Regisseur.

Habe ich die Welt des Stückes einmal für mich begriffen, kann ich checken, ob meine Inszenierung in die richtige Richtung läuft, indem ich mich erinnere, wie ich die Welt des Stückes zu Beginn gesehen habe. Es wird sich einiges ändern, aber das Wesentliche ändert sich nicht, wenn ich die Welt einmal kapiert habe. Das als Situation zu bezeichnen, ist zu klein. Situation bedeutet hier eher Welt. Wie kommt man aber von der Situation zum Timing?

Beatrice: Ich würde herausfinden wollen, ob ein Schauspieler das Timing erst einmal vergißt und nicht mehr darauf achtet, weil er versucht, zunächst den Text zu denken. Ob er ein musikalisches Gefühl hat ...

Denken! Musikalisches Gefühl! Das sind Begriffe, über die man sich erst mal einigen muß. Ich hätte gesagt, einen Text spüren, fühlen – natürlich auch denken. Natürlich muß man einen Text erst einmal analysieren, aber auch das, was ich unter analytisch verstehe, kann sich von dem, was andere darunter verstehen, unterscheiden. Als ich am Berliner Ensemble anfing, kamen mir die Schauspieler ständig mit einem analytischen Blick auf den Text. Sie erzählten mir etwas über Politik, das mich in dem Moment nicht interessierte, weil ich den Text vom Psychologischen her analysieren wollte. Da muß man sich einigen, es ist ja beides möglich. Wo fängt man an?

Beatrice: Wenn ein Schauspieler kein Gefühl für Timing hat, würde ich ihn durch die Reaktion der anderen und durch eine bestimmte Form zwingen, ein bestimmtes Timing zu bekommen.

Wenn ein Schauspieler kein Gefühl für Timing hat, würde ich ihn vom Theater verabschieden. Denn das bedeutet, daß er keine Kommunikationsmöglichkeit hat.

Evelyn: Vielleicht hilft es, wenn man eine Szene in hohem Tempo und dann in ganz langsamem, fast langweiligem Tempo durchspielen läßt.

Nein, beide Wege vermeiden das Problem. Der eine, indem er zu schnell, der andere, indem er zu langsam ist. Es gibt darüber hinaus ein Tempo, bei dem niemand mehr kontrollieren kann, ob du Timing hast oder nicht. – Uli Wildgruber sprach anfangs in einem rasanten Tempo. Er war absolut unverständlich und hat sein Leben damit zugebracht, verständlich zu werden. Aber sein Timing war sensationell, weil es undurchschaubar war.

Also, noch einmal, wie bekommt man ein Timing hin?

Frederike: Ich meine, daß ein Schauspieler, wenn er für sich geklärt hat, was er in dieser oder jener Situation will, das Timing von alleine hinbekommt. Wenn ich als Mensch jemanden überzeugen will, wende ich verschiedene Strategien, verschiedene Techniken an, die auch mit Timing zu tun haben. Wann gebe ich eine Antwort und wann nicht? Ich glaube, daß das beim Schauspieler ähnlich ist.

Ich glaube nicht. Die Diskussion, die dialektische Auseinandersetzung zwischen Menschen ist zwar ein Teil unseres Lebens, aber doch nur ein ganz geringer. Wieviel Zeit verbringen wir im Laufe des Tages tatsächlich mit solchem Denken oder solcher Aktivität? Wenn man so inszenierte, wirkte das wie eine Gruppe angestrengter Studenten, die sich gegenseitig überzeugen wollen. Ich glaube eher, daß die Welt, z. B. die etwas mysteriöse Welt des »Kaufmanns von Venedig«, nur über viele andere Mittel zu erreichen ist: abgesehen vom Ort, darüber, wie sich Menschen bewegen, über ihr Verhalten zueinander, ihre Vorstellung voneinander usw. Und all das ist nicht dasselbe wie eine Auseinandersetzung zwischen ihnen, denn es hat mit Sprache noch nichts zu tun.

Andreas: Wenn man in einer Szene lauter angestrengte Leute sieht, die völlig verkrampft irgend jemand von irgend etwas überzeugen wollen, ist das natürlich langweilig. Aber das Ziel einer Figur ist doch nicht wie im Leben, in dem wir entspannter sind und nicht jedesmal einen Konflikt austragen; in einer geschriebenen Szene wie der Prozeßszene geht es doch um unterschiedliche Interessenskonflikte, und da liegt ja die Auseinandersetzung drin.

Ja, oberflächlich gesehen hast du recht. Trotzdem glaube ich nicht, daß das wirklich Spannende dieser Prozeßszene in der Auseinandersetzung dieser Interessen und Ziele liegt. Ich habe eure verschiedenen Fassungen gesehen, und die wirklich interessanten Momente waren ganz kuriose Dinge. Zum Beispiel der Auftritt des Shylock in Beatrices Fassung: Wenn er die Tür aufmacht und plötzlich dasteht, das war für mich ein spannender, dramatischer Moment. Keine Ahnung, wie er entstanden ist. Er hatte mit Timing zu tun. Gleichzeitig hat er mir etwas darüber erzählt, wie die übrigen Schauspieler sich zu Shylock verhalten. Ich hätte ihn mir, wenn es meine Inszenierung wäre, notiert und nichts daran geändert. Sagte ich jetzt dem Schauspieler: Das war ein toller Moment!, könnte er zerstört werden. Ich würde mich also erinnern und darüber nachdenken, wie die anderen auf den Auftritt reagiert haben, wie er erstanden ist und wie man ihn nochmal herstellen kann.

Timing hat mit Geheimnis oder Undurchschaubarkeit zu tun. Es läßt sich weitgehend analysieren und erklären, aber wie immer bleibt ein Rest. Das Timing des Schauspielers muß, finde ich, verdeckt bleiben genauso wie das Timing des Regisseurs. Ich fixiere die x Fassungen einer Szene, die wir im Verlauf der Proben erarbeitet haben, wenn ich weiß, wann der richtige Moment gekommen ist, dem Schauspieler etwas zu sagen, und er es auch weiß. Regie, die man merkt, ist uninteressant. Ich habe mein Leben lang versucht, mich als Regisseur unsichtbar zu machen, weil ich es spannender finde, ein Stück zu sehen und nicht zu wissen, wessen Hand dahintersteckt.

Aufmerksamkeit

Ich mache oft nach wenigen Tagen einen Durchlauf vom ganzen Stück. Die Schauspieler haben noch ihre Bücher in der Hand und sausen durch den Text, sie machen verrückte, manchmal idiotische Dinge, aber sie kommen »durch«. Dabei sehe ich, was sich zwischen ihnen entwickelt und weniger mit dem Stück zu tun hat, merke mir ihre Phantasie. Ich erinnere mich z. B., daß die Schauspieler im »Hamlet« eine besondere Beziehung zur Totengräberszene hatten. Der springende Punkt ist: Ich muß nicht erst das Ziel einer Szene, sondern zunächst einmal die Phantasie finden, die ein Schauspieler und ich selbst zur Szene haben.

Das ist nicht leicht, denn diese Phantasie kann man nicht aufschreiben und wiederholen, aber man merkt doch, wann und wo ein Schauspieler für einen Vorgang Phantasie entwickelt. Vielleicht kaut er in der Szene einen Bonbon (wie etwa Wildgruber in der Fluß-Szene im »Kirschgarten«) – ich würde nun versuchen, um den Bonbon herum eine Szene zu bauen, um etwas herauszufinden, das den Schauspieler angeht. Man muß ernst nehmen, was Schauspieler tun, auch die scheinbar sinnlosesten Dinge. Wenn du dich auf einen Schauspieler verlassen willst, mußt du dich auf den ganzen Menschen verlassen, nicht nur auf den Teil, der dir gerade paßt. Du hast einen Schauspieler für die Rolle des Shylock besetzt und sagst: Du bist Shylock! Nicht nur ein Teil von dir, sondern du! Und damit mußt du auch die vielen Seiten akzeptieren, die mit dieser Person auf dich zukommen, vielleicht sabbert er oder kratzt sich zu oft – ein Mensch hat viele komische Angewohnheiten.

Die Aufmerksamkeit, die ihr als Regisseure gegenüber euren Schauspielern habt, muß maximal sein. Vielleicht macht sie das nervös, es ist aber auch ein großes Kompliment. Wenn ich einem Schauspieler nach drei Stunden Probe etwas über eine bestimmte Angewohnheit sage, dann nur, um seine Aufmerksamkeit darauf zu lenken. Damit er mich ernst nimmt und er merkt, daß ich ihn ernst nehme. Das ist ein ganz wichtiger Vorgang, und diese Aufmerksamkeit übertrage ich auch auf die Schauspieler untereinander. Ich unterbreche zu einem späten Zeitpunkt oft die Proben und bitte die Schauspieler, eine Probe zu machen, in der sie aufeinander besonders aufmerksam sind. Sie sollen sich nicht um das kümmern, was sie selber machen, sondern auf das achten, was die anderen machen. Das wirkt zuerst blöd, verspielt sich aber später, und beim nächsten Mal sind alle aufmerksamer und weniger narzißtisch.

Sitzt jemand oder steht jemand? – ein wesentliches Moment. Setze ich mich in einer Probe einmal neben einen Schauspieler, entsteht eine völlig andere Situation. Sehe ich ihn dabei auch noch an, ist das wiederum eine neue Situation, es entwickelt sich gewissermaßen eine Unterhaltung. So ist in »Hamlet« eine Szene entstanden: Güldenstern und Rosenkranz kommen nach Helsingör und quatschen Hamlet an. Güldenstern setzt sich auf eine lustige Art neben Hamlet und erzählt etwas. Ich wollte, daß Angela sich auf eine verspielte, nicht mißtrauische Weise darauf einläßt, und es entstand ein kompliziertes Spiel. Sie imitierte ihn in allem und neckte ihn. Irgendwann war mir das zu dick, und ich sagte: Dein Verhältnis zu ihm überträgt sich auch ohne dieses ganze Spiel. Angela hat es gelassen und später so unbemerkt wieder begonnen, daß ihr Partner es nur auf einer anderen Ebene bemerken konnte. Diese Spiele machen Spaß, und von dem Moment an spielten die Schauspieler freier. Der Schauspieler, der den Güldenstern spielte und bis zu diesem Punkt große Schwierigkeiten mit seiner Rolle hatte, wurde lebendig. Das hatte wiederum Wirkung auf Rosenkranz, der daneben stand und sich zu den Spielen verhalten mußte. Genauso entwickeln sich Inszenierungen.

Verhältnis zwischen Figur und Schauspieler

Andreas: Ich wüßte gerne grundsätzlich etwas: Spielen wir nicht Figuren im Theater? Benutzen die Schauspieler nicht ihre Macken, um zu spielen? Worüber reden wir, wenn wir eine Szene machen, über Spielen, über Sein oder über Ausprobieren?

Natürlich über alle drei Begriffe oder Bereiche. Ich besetze jemanden für die Rolle des Shylock, weil ich glaube, daß dieser Schauspieler eine Phantasie für die Rolle hat und ich eine Phantasie für ihn in der Rolle habe. Daß meine Projektionen stimmen, kann ich nur spüren, nicht wissen. Ich finde es sinnvoller, Menschen für eine bestimmte Rolle zu besetzen, die eine Sehnsucht haben, so zu sein, und nicht solche, die es sind. Deshalb sehen bei mir die Schauspieler oft nicht so aus wie ihre Rollenfigur bzw. ihr Klischee.

Ein Ladykiller z. B., also jemand, der toll bei Frauen ankommt, wird bei mir oft von einem ganz scheuen, ängstlichen Menschen dargestellt, der das am besten kann, denn auf der Bühne darf er das, da hat es keine Konsequenzen. Was

unter Umständen den Nachteil hat, daß die Darstellung über-
zogen und unangenehm wird, wenn Schauspielerei zum
Ersatz für das wird, was man im Leben nicht kann.

Du fragst, ob es Spiel ist – natürlich ist es immer ein Spiel.
Die Frage ist, wie stelle ich Situationen her, in denen Menschen miteinander spielen können. Man baut eine Basis, einen
Grund, ein Spielfeld, auf dem die Schauspieler ungehemmt
agieren. Es hat im Wesentlichen mit ihrer Phantasie zu tun,
wie man ihre Phantasie heranholt, wie man sie fördert.
Darum bin ich gerne bereit, Schauspieler über lange Strecken
etwas Falsches machen zu lassen, solange es aus ihrer Phantasie kommt. Ich muß das Risiko eingehen, um es dann
irgendwo zum Vorteil des Stückes drehen zu können. Es kann
schiefgehen. Es ist mir schon öfter passiert, daß ich einen
Schauspieler mit einer starken Persönlichkeit zu weit habe
gehen lassen und er sich am Ende nicht mehr drehen ließ, weil
er es nicht mehr gestattete oder ich zu spät kam.

*Helena: Es gibt doch so etwas wie einen Höhepunkt in einer
Inszenierung, kann man den planen oder vorbereiten?*

Der spannendste Moment in meiner letzten »Kaufmann«-
Inszenierung war, direkt nachdem Portia sagt, daß Shylock
beim Herausschneiden des Fleisches keinen Tropfen Blut vergießen dürfe, weil der Vertrag dies nicht vorsähe. Da hat Gert
Voss gelächelt, ganz wenig, minimal. Ich habe es ihm nie
gesagt, aber dieser Moment war der Höhepunkt des ganzen
Stückes. Weil Gert an dem Punkt verstanden hatte, was ihm
passierte – da lief das ganze Stück in unserem Kopf ab. Witzi-
gerweise haben das sogar die Kritiker gesehen. Obwohl man
so genau schauen mußte, sahen es alle, toll! In mühsamen Proben, in denen man alles ausprobiert hatte, war es entstanden,
und irgendwann hat Gert es dann gemacht.

Andreas: Wenn man so arbeitet, besteht nicht die Gefahr, daß sich relativ unerfahrene, junge Schauspieler auf der Bühne verloren fühlen und nicht mehr wissen, was richtig ist?

Das passiert nicht nur jungen Schauspielern. Es kommen auch erfahrene Schauspieler zu dir und sagen: Menschenskind! Jetzt sag mir doch endlich, was ich hier machen soll! Schauspieler, die seit dreißig Jahren auf der Bühne stehen und trotzdem verzweifelt sind, und dann kommt es darauf an, wie man reagiert. Wie verführst du jemanden? Es gibt nicht eine Antwort darauf, sondern so viele Antworten, wie es Menschen gibt. Wenn ich mich darauf konzentriere, einen Schauspieler zu verführen, arbeite ich mit den verschiedensten Mitteln. Angefangen von den netten bis zu den unangenehmen, so lange, bis irgend etwas stattfindet. Es wird Schauspieler geben, die dich ständig fragen: Wie mache ich das?, bis du ihnen erzählst, wie sie es zu machen haben. Und wenn sie eine Antwort bekommen, glauben sie dir nicht, und es ist vielleicht auch gut, daß sie dir nicht glauben. Dann sagst du ihnen, daß sie dir entweder glauben oder es so machen müssen, wie sie wollen. Das ist es ja, was du eigentlich willst.

Regieführen ist eine komplizierte Angelegenheit, ich will jetzt nichts mystifizieren, aber es ist ebenso komplex, wie die Beziehungen zwischen Menschen eben sind.

Situation

Ein Regisseur muß sich ständig mit der Situation befassen. Er kommt auf die Probe, es ist Montag früh, alle Schauspieler sind etwas müde und sauer, weil sie vielleicht gestern abend lange gefeiert haben. Das allererste, was der Regisseur wissen muß, ist die Verfassung jedes einzelnen. Nicht durch Abfragen, sondern durch Beobachtung. Kann er das nicht, hat er den falschen Beruf. Er muß seine Schauspieler anschauen und wissen, was los ist, und ihre Entwicklung kontinuierlich mitbekommen. Ohne diese genaue Beobachtung geht es nicht, er muß die innere und äußere Bewegung aller genau notieren, vielleicht, um erst später darüber nachzudenken. Ich habe für Dinge, die mir wichtig sind, ein gutes Gedächtnis. Wenn ich abends nach Hause gehe, denke ich die Szenen durch und darüber nach, was heute in meinem Kopf und in den Köpfen der Schauspieler passiert ist. Das ist die Situation, und daraus entsteht die Probe für den nächsten Tag.

Beatrice: Wie lege ich im Layout der Proben die Situationen und die Momente so an, daß am Ende, wenn sich die Premiere nähert, das passiert, was ich mir zuvor vorgestellt habe: daß also das Timing stimmt, die Dynamik, die Projektionen usw.?

Ich versuche von vornherein, den Schauspielern das Gefühl zu geben, ewig proben zu können. Es soll kein Leistungsdruck entstehen, innerhalb der nächsten zwei Stunden die jeweilige Szene zu schaffen. Vielleicht sage ich: Denkt ein anderes Mal daran, Premiere ist erst in sechs Jahren … oder in sechs Wochen … Irgendwann ist zwar Premiere, aber das ist meine Sache. Sie müssen mehr als entspannt sein. Ich habe manchmal das Gefühl von Ewigkeit, wenn ich schöne Musik höre. Dann weiß ich nicht mehr, wo ich bin, wie spät es ist, ob ich Hunger habe. Zeitlosigkeit ist das wichtigste für die Schauspieler. Das ist schwer, weil ich mit dem Gefühl von Zeitlosigkeit auch ein Gefühl für Pünktlichkeit bei ihnen entwickeln muß, sie müssen also z. B. um zehn Uhr auf der Probe erscheinen und nicht um elf Uhr. Das ist generell ein Problem bei Schauspielern, sie schlafen gern lange, weil sie abends spielen, danach noch essen gehen usw.

Sie müssen also pünktlich sein, um in der Probe das Gefühl für Zeit zu verlieren. Das gilt allerdings nur für die ersten sechs Wochen bei einer Probenzeit von drei Monaten. Später, nach diesen sechs Wochen, wird sich dieses Gefühl der Zeitlosigkeit immer mehr verlieren. Im ersten Stadium aber, wenn die Schauspieler in die Tiefen des Stücks und Tiefen ihrer Arbeit eintauchen, muß es diese Zeitlosigkeit geben. Dadurch wird der *Moment* ganz wichtig: Der Schauspieler spielt eine Szene, spielt sie nochmal und nochmal, und nach dem zehnten Mal fragt er, wie er denn gewesen sei, ich antworte wahrscheinlich, daß mir alle Versionen gut gefallen haben. Eigentlich will er hören, Version Nummer drei hätte mir am besten gefallen, er will abheften, aber das darf ich ihm zu diesem Zeitpunkt nicht gestatten. *Ich* muß den Moment wählen, in dem er die Szene abheften darf.

In meinem Kopf, und nur in meinem, ist natürlich immer die Frage, wie das, was ich gerade sehe, bei der Premiere aussehen wird. Was muß ich herstellen, damit der Schauspieler das, was er gerade so wunderbar macht, dann auch machen wird? Das bedeutet, daß ich nie versuche, ihn zu perfektionieren. Wenn er nach drei Wochen etwas ganz toll spielt, sage ich es nicht ihm, sondern meinem Assistenten: Das ist es! Bitte nicht weitersagen. Für die Assistenten herrscht übrigens eine absolute Schweigepflicht, außerhalb der Proben dürfen sie mit den Schauspielern nicht über die Arbeit reden. Ich merke mir also, was der Schauspieler gemacht hat. Macht er am nächsten Tag etwas völlig anderes, lasse ich ihn weitermachen, sammle die Dinge, die ich wieder sehen will, und denke darüber nach, was ich machen muß, damit er es wieder macht. Was natürlich auch bedeutet, zu überlegen, wie die anderen sein müssen, damit er das Gewünschte wiederholt, weil ja jeder mit dem anderen in irgendeiner Beziehung steht. Wenn im ersten Akt von »Rosmersholm«[23] Rebekka sehr witzig ist, als sie mit Rosmer und Kroll im Wohnzimmer sitzt, müssen diese ihr auch die Gelegenheit geben, witzig sein zu können. Ich wiederum muß wissen, wieviel Witz ich Rebekka erlauben kann, damit sie die Unterhaltung der beiden Männer nicht zerstört. Ich möchte aber nicht, daß die Schauspieler sich um solche »technischen« Probleme kümmern müssen. Ich muß sie lösen.

Wir proben meist bei ganz hellem Licht, weil ich das mag. Bei der eigentlichen Vorstellung ist es vielleicht halb dunkel, also muß man die Szene anders spielen. Ich entscheide, ob ich wirklich will, daß man sie anders spielt, oder ob man dafür sorgen sollte, daß es in der Vorstellung genauso hell ist wie auf den Proben. Das heißt, das Problem geht auch den Beleuchter an. Ein anderes Problem: Während der Proben trägt die Schauspielerin vielleicht kein Kostüm, bei der Vorstellung aber einen riesigen Reifrock, in dem sie viel unbeweglicher ist, und die fünf großen Schritte, die ich für die Szene wollte, gar nicht mehr machen kann. Ich muß darüber nachdenken, ob ich den Reifrock will oder die fünf großen Schritte vorziehe. Dieses Denken und Vorausschauen ist eine meiner Hauptaufgaben. Ich muß in der Zeitlosigkeit das Gefühl für Zeit behalten. Die vierte oder fünfte Probenwoche ist anders als die erste oder zweite, das muß ein Regisseur im Kopf behalten. Eines der Dinge, die ich vom ersten Tag an trainiere, ist Aufmerksamkeit auf die kleinsten, scheinbar nebensächlichsten Dinge. Kommt eine Schauspielerin auf die Bühne und ihr hängt eine Haarsträhne ins Gesicht, sage ich: Ach, wie interessant, du wirst die Rolle heute also so spielen? Dann ist sie erstaunt und denkt vielleicht darüber nach, daß ihr Haar auch etwas mit ihrer Person zu tun hat.

---

23 Henrik Ibsen, »Rosmersholm«, Akademietheater, Wien 2000.

Oder eine Schauspielerin kommt in Stiefeln auf die Bühne, und ich frage sie, ob sie die Stiefel wegen der Geräusche oder wegen der Höhe trägt. Dann denkt sie vielleicht: Der uralte Knacker weiß nicht, daß das heute Mode ist. Und ich antworte dann: Das ist also heute »in«, gut, machen wir die Szene also »heutig«, und bleibe so lange an der Sache dran, bis sie gar nicht mehr drum herum kommt, sich zu entscheiden. Entweder kommt sie am nächsten Tag in normalen Schuhen, oder sie bleibt in Stiefeln, und ich weiß, sie hat etwas Bestimmtes vor. Es wird also alles getestet und dreimal herumgedreht. Nicht, damit sie es dann so spielt, sondern damit sie es merkt. Es ist ja auch so, daß der junge Mann, mit dem die Schauspielerin die Szene macht, unsere Unterhaltung mit angehört hat. Es wird also zum bewußten Vorgang, und der junge Mann reagiert darauf. Vielleicht macht er sich darüber lustig oder kommt selber in solchen Stiefeln. Diese Aufmerksamkeit muß man Schauspielern meistens beibringen.

Indizien

Inszenieren ist ein wenig wie ein Krimi, ein ständiges Forschen nach Indizien, Hinweisen. Eine Schauspielerin hat einen Pickel auf der Nase, und vielleicht ist das der Grund, warum sie sich immer so hinstellt, vielleicht hat sie deshalb Komplexe. Diese Art des Denkens und des Forschens wende ich auch auf Texte an, da verfolge ich die abgelegensten und außergewöhnlichsten Pfade, und zwar immer so, als hätte ich ein Rätsel zu lösen. Man muß aber vor allem immer herausfinden, wohin sich die Gedanken der Schauspieler bewegen. Dazu kann man Spiele erfinden, sagt z. B.: Spielt das doch alle mal im Regen, um von der Kompliziertheit einer Szene abzulenken. Da das Spaß macht, gehen die Schauspieler gewöhnlich gern darauf ein, und man kann beobachten, was mit der eigentlichen Rolle und Situation passiert. Wenn es gute Schauspieler sind, beziehen sie den Regen sofort ein. Geht z. B. ein alter Mann eher zitternd durch den Regen, wird jede Figur anders darauf reagieren. Später sagt man vielleicht: So, jetzt lassen wir den Regen ... und sieht, was sich Neues bei den Figuren getan hat.

Ich habe bei den Proben zum »Kaufmann von Venedig« mit Gert Voss unendlich viele jüdische Situationen durchgespielt. Er ist kein Jude und wußte nichts über das Jude-Sein – er hatte damals noch nicht mit Tabori gearbeitet. Weil er aber ein neugieriger Mensch ist, wollte er alles über das Leben als Jude wissen. So haben wir lauter Geschichten gespielt wie z. B. einen Schabbes-Abend. Irgendwann, ich hatte ja als Vorbild den Film »Wall Street«[24], ließ ich die Bühne voller Computer stellen. Anfang der 8oer Jahre war es etwas Besonderes, damals hatte nicht jeder einen PC. Nun standen die Computer auf der Bühne, die alle aus Japan kamen, wie auch die Horden von Touristen in Wien. Alle Schauspieler spielten nun kleine Japaner, eine Art von Monty-Python-Welt. Das hat die Phantasie der Schauspieler für das, was ich wollte, langsam geöffnet. Wir warfen die Computer und die Japaner schnell wieder raus, aber von der Absurdität der Computer-Business-Welt blieb etwas hängen. Das Ganze hatte wiederum mit der Situation zu tun, man muß den Schauspielern das Gefühl geben, sie können es so lange und so blöde machen, wie sie wollen – es gibt dabei keine Grenzen. Es kann dann passieren, daß der Schauspieler, der es am blödesten treibt und immer die Probe zerstört, dich daran erinnert, daß doch in sechs Wochen Premiere sei und wie es denn gehen solle, man werde ja gar nicht fertig. Was macht man in einer solchen Situation? Dieses Problem der näherrückenden Premiere und der Neurosen, die damit verbunden sind, kommt häufig vor. Die Angst

---

24 »Wall Street«, USA 1987, Regie: Oliver Stone.

vor der Premiere und die Freude, daß die verdammte Probenzeit endlich vorbei ist, treffen hier zusammen: Die Schauspieler machen dich fertig, greifen dich an und wollen Hilfe. Ich
reagiere darauf oft, indem ich sage: Verschieben wir die Premiere einfach! Auch wenn der Intendant protestiert. Aber
warum sollen wir verschieben? Wir schaffen den Termin spie-
lend! Wir sind eigentlich schon längst fertig. Dann verschieben wir sie also nicht! Ein Spiel, manche Schauspieler durchschauen es, aber es macht sie weniger nervös, wenn sie wissen,
daß der Regisseur Verantwortung übernimmt und im Zwei-
felsfalle tatsächlich verschieben kann.

Es ist kompliziert, einem Schauspieler das Gefühl für
den Moment beizubringen. Ich merke es auch beim Vorsprechen: Junge Schauspieler haben keine oder wenig Mittel
und machen lange Pausen, um eine bestimmte Bedeutung
herzustellen, ohne zu realisieren, daß eine Pause ein Denk-
oder Sprachloch ist, das einen bestimmten Wert in sich
trägt.

Als ich »Hamlet« zum ersten Mal inszenierte,[25] war die
Szene im Schlafzimmer der Mutter, in die wir ganz viele Dinge
eingebaut hatten, plötzlich mehrere Stunden lang. Später warfen wir all das wieder raus. Der Vorgang hatte den Schauspielern die Möglichkeit geben sollen, alles in ihrer und meiner
Phantasie auszuspielen. Man kann in den Proben eine Szene
also sehr lang dehnen, später muß man wieder reduzieren,
ohne dabei den Schauspieler zu kastrieren. Was er aber bei der
Probe gespielt hat, bleibt unbewußt oder bewußt in der Rolle,
auch wenn die Szene viel kürzer geworden ist.

Frederike: Wie sortiert man dann aus?

---

25 William Shakespeare, »Hamlet«, Theater Bochum, Bochum 1977.

Schauspieler, mit denen ich schon oft gearbeitet habe, wissen, daß es Spielmaterial ist, das wieder rausfliegt. Jüngeren Schauspielern mit weniger Erfahrungen bietet man am besten Alternativen an. Wenn sich ein Schauspieler z. B. daran gewöhnt hat, sich in einer bestimmen Spielphase an einen Computer zu setzen und mit viel Spaß daran rumzufummeln, dadurch aber die Szene endlos lang wird, gibt man ihm halt etwas anderes. Man sagt ihm: Probiere das doch mal mit einem kleinen Taschenrechner, damit kannst du auf- und ablaufen. Du solltest ihm nichts wegnehmen, sondern ihn zu anderen Aktionen motivieren. Wenn du sagst: Wir lassen den Computer jetzt weg, dann antwortet er vielleicht: Na, entschuldige mal, daß du den Computer nicht willst, hättest du mir ja vorher sagen können. Nimmst du ihm also etwas weg, kann er das von sich aus im Moment nicht ersetzen und fühlt sich verloren. Es gibt auch Situationen, in denen es gut ist, daß sich ein Schauspieler verloren fühlt. Es passiert immer mal wieder, daß du an einem bestimmten Punkt der Arbeit nicht weiterkommst, und dann mußt du ihm das, was er als Brücke zur Figur benutzt hat, wegnehmen. Fragt er dich, was er denn jetzt machen solle, sagst du: Überlasse ich dir! Dann meint er vielleicht: Blöder Idiot, warum geben die mir keinen Regisseur, der weiß, was er will – naja, dann muß ich es eben selber machen. Und das ist gut.

Andreas: Wenn man eine Szene als Notbremse vorbereitet hat und gleichzeitig versucht, die Szene aus dem Schauspieler heraus zu entwickeln und ihn langsam zum Spielen zu verführen, wie bekommt man diese beiden Extreme zusammen, ohne das Vertrauen des Schauspielers zu verlieren?

Ich erinnere mich an eine Szene im »Othello«[26] – es war in den 70ern. In einer wilden Probenphase entstand plötzlich ein Problem mit der Emilia. Ich erinnere mich genau daran, wie ich zum ersten Mal sagte: Ich möchte das jetzt genauso haben, wie ich es euch sage – dieser autoritäre Ton war in den 70ern unüblich. Die Schauspieler schauten mich dumm an, und ich inszenierte so, wie ich es in der Schule gelernt hatte: Du trittst von da auf, du gehst bis dahin, dann kommt der dazu und macht das usw. Erstaunlicherweise waren alle ganz glücklich, weil sie merkten, der Regisseur weiß, was er will, er kann sie notfalls auch retten. Wenn man sich als Schauspieler in diesem Chaos gehen läßt, muß es darin jemanden geben, der alles registriert hat und im Zweifelsfall die Situation genau beschreiben kann.

Marian: Du sagtest, die Proben seien dazu da, in einer Gruppe von Menschen das Gefühl für die Welt entstehen zu lassen, in der die Geschichte spielt, und für das, was nicht hineingehört.

Das hat mit Geschmack zu tun. Wenn ich mit Schauspielern länger gearbeitet habe, gewöhnen sie sich an meinen Geschmack, das heißt, daß ich vieles nicht mehr sagen muß. Wie bei der Kindererziehung. Wenn man Kindern ständig sagt, dies und jenes dürfen sie nicht, richten sie sich auf das ein, was sie dürfen und nicht dürfen, und die Phantasie verkümmert. Ähnlich ist es bei Schauspielern. Regt man sie an, ihre Phantasie zu benutzen, was ich ja tue, geht ihre Phantasie auch in Richtungen, die mir vielleicht nicht passen. Sie ist dann sehr schwer zu bremsen.

---

26 William Shakespeare, »Othello«, Deutsches Schauspielhaus, Hamburg 1976.

Beatrice: Meine Erfahrung ist, daß ich auf die erste Probe komme und die Schauspieler von mir erwarten, daß ich ihnen sage, wie ich die Rolle sehe. Sie haben sich also nicht die Mühe gemacht, sich etwas vorzustellen. Ich sage dann nichts und warte so lange, bis sie etwas von alleine machen. Ich wünsche mir, daß sie selber etwas entwickeln. Manchmal entwickeln sie dann eine Phantasie, die gar nichts mehr mit dem Stück zu tun hat.

Wenn man gar keine Vorgaben macht, ist es spannend und gleichzeitig sehr schwierig. Trotzdem bin ich dafür. Die eigentliche Vorgabe ist das Stück, mit dem Stück hat man ein Thema, auf das man sich geeinigt hat. Und sagt man den Schauspielern z. B., das Stück spielt auf dem Dach, ist doch eine Vorgabe da.

Beatrice: Ja, natürlich, ein paar Requisiten oder ein Bühnenbild gebe ich ihnen schon vor, aber dann erwarte ich, daß sie Ideen haben, oft kommt eben nur Text, oder sie fangen an einem Punkt an und enden ganz woanders, und es hat nichts mehr mit der Szene zu tun.

Der Weg, sich erst einmal nicht zu äußern, ist richtig, und wenn nichts passiert, muß man einen neuen Stimulus finden. Ein ziemlich extremes Mittel ist, eine Probe abzubrechen. Ich habe schon mal gesagt: Kinders, ich langweile mich, und es läuft dieser gute Film, laßt uns heute früher Schluß machen. Alle stehen dann etwas verloren da, und wenn ich frage, ob sie die Szene schnell noch einmal machen, passiert manchmal das Spannendste vom ganzen Tag, und es kommt das, worauf ich vier Stunden gewartet habe. Manchmal funktioniert das nicht und sie sagen nur: Tschüs.

Geraldine: Aber man kann doch nicht immer warten, bis die Schauspieler etwas machen. Gerade wir, die wir nicht mit Schauspielern arbeiten, die wir seit dreißig Jahren kennen, müssen ihnen manchmal einfach Möglichkeiten erschließen, etwas zu machen.

Beatrice: Ja, aber wenn ich dem Schauspieler bereits eine gewisse Richtung für seine Rolle vorgebe, besteht die Gefahr, daß ich seine ursprüngliche Idee nicht mehr sehe.

Man muß als Regisseur warten können. Der Schauspieler spielt eine bestimmte Rolle. Die Rolle kennt er, er kennt das Stück, kennt auch die grundsätzliche Situation und die Geschichte des Stückes. Jetzt kommt es zu einer Art Pattsituation: Du wartest – er macht nichts. Eine Frage, die es immer zwischen Menschen gibt: Wer wird zuerst aktiv? Und was macht derjenige, der aktiv wird? Dauert mir das Warten des Schauspielers zu lange und ertrage ich es nicht, schlage ich ihm vielleicht vor, singend aufzutreten, dann kommt er singend herein. Ahne ich aber, daß er schon lange weiß, was er machen soll, und nur darauf wartet, daß ich es ihm sage, um ihn von der Verantwortung für die Szene zu befreien, darf ich nichts sagen. Das ist ganz wichtig: Man darf den Schauspielern nicht sagen, was sie schon wissen, und wenn sie gut sind, wissen sie das meiste schon.

Man sollte sich auch nicht dauernd wie ein freundlich helfender Mensch verhalten. Mal kann es nützlich sein, grundsätzlich aber tötet man dadurch die Spannung. So entsteht nur ein weiterer freundlich helfender Mensch. Es ist wie bei Ehepaaren, die sich nur noch gegenseitig freundlich helfen, es gibt da keine Spannung mehr, es ist eine tote Ehe.

Ich habe einmal Tage in einer Probe gesessen und gewartet, daß jemand etwas sagt. Das war beim »Menschenfeind« an der Berliner Freien Volksbühne.[27] Ich arbeitete mit lauter Schauspielern, die ich gut kannte – Wildgruber, Lause, Rosel Zech, Ilse Ritter usw. Ich wollte die Partyszene in der Mitte des Stücks besonders langweilig haben und dachte: Am besten, wir langweilen uns wirklich, und dadurch entsteht die langweilige Party. Wir saßen von zehn bis eins stumm da, dann gingen die Schauspieler in die Mittagspause. Nach der Mittagspause setzten sie sich auf die Bühne und sagten wieder nichts. Niemand sagte etwas, weil ich nie: Los! sagte. Sie durchschauten das Spiel schnell und wollten sehen, wer länger durchhält. Nur eine Schauspielerin, die wir nicht so gut kannten, wurde am zweiten Tag nervös. Sie schaute immer zu mir in den hellen Zuschauerraum hinunter – ich sitze nicht gern im Dunkeln – und fragte mich schließlich etwas. Danach fingen alle an, die Szene zu spielen. Ich glaube, man muß verstehen, was ein Schauspieler in dieser Zeit erlebt: Tage entsetzlicher Spannung und Langeweile im Zusammenhang mit dieser Szene. Diese Szene konnte nie wieder anders werden. Sie war so, wie Langeweile ist. Sie war fertig, ich brauchte sie nicht mehr zu inszenieren. Die Schauspieler haben ihre Sätze gesagt, wir sind nach Hause gegangen und waren alle recht zufrieden.

Frederike: Sie haben vorhin gesagt, daß Sie die Probe so vorbereiten, daß Sie wissen, wie sie funktioniert, wenn man sie durchstellen muß. Was macht man aber, wenn man aufgrund der mangelnden Erfahrung nicht weiß, wie die Probe funktionieren soll, wie die Szene funktioniert?

27 Hans Magnus Enzensberger (nach Molière) »Der Menschenfeind«, Freie Volksbühne, Berlin 1979.

Wenn man eine bestimmte Szene hat, wie die Prozeßszene aus dem »Kaufmann von Venedig«, kannst du doch im Kopf oder auf dem Papier festlegen, wie sie äußerlich funktioniert. Hier ist Shylock, dort kommt Antonio, die übrigen kommen von links, der macht die Tür auf usw. Die technischen Äußerlichkeiten sind leicht, schwieriger wird es bei den inhaltlichen. Man muß sich z. B. entscheiden, ob Shylock sein Messer wirklich an seiner Schuhsohle wetzt – so steht es im Text –, ob das geht und richtig ist. Die Festlegungen, die man notiert hat, benutzt man nur als Stütze für die Phantasie, so daß man in dem Moment, wenn sechs Leute mit einem reden und man verwirrt ist, in seine Aufzeichnungen schauen und den Schauspielern sagen kann, wie sie erst einmal zu gehen und was sie zu tun haben.

Die Angst, auf Proben zu gehen, wird immer größer, je mehr man davon versteht.

Beatrice: Aber wie arbeite ich, wenn ich nur drei Tage für eine Szene oder drei Wochen für ein Stück habe?

Na, drei Wochen ist schon eine Menge Zeit. Ich habe euch erzählt, daß ich in England, als ich fünfundzwanzig war, ein Jahr lang jede Woche ein Stück inszenierte. Dort war dieses Repertory-System (»Weekly-Rep«) normal, man hat also zweiundfünfzig Stücke im Jahr inszeniert. Dabei kann man natürlich die Dinge, die ich euch hier vermittle, zum größten Teil nicht anwenden. Abgesehen davon, daß ich selbst damals wenig davon verstand. Aber in drei Tagen eine Szene wie die Prozeßszene im »Kaufmann« zu inszenieren, das geht schon. Ich habe allerdings festgestellt, daß ihr die Tendenz habt, den Schauspielern die Hintergründe und den Ablauf der Szenen zu erklären.

Beatrice: Wir kamen mit der Prozeßszene an einen Punkt, wo den Schauspielern gar nicht mehr klar war, warum sie sie eigentlich spielten. Wir haben ihnen die Szene dann erklärt, und es ist etwas entstanden, was gut war. Es war plötzlich »drive« drin, hat Geschwindigkeit bekommen, aber das ganz Persönliche, Phantasievolle war verloren.

Etwas zu erklären ist richtig, aber ihr erzählt immer zuviel und wählt vielleicht den falschen Moment. Man muß ein gutes Gespür für den Moment haben, in dem sich ein Schauspieler befindet. In welcher Situation ist er, nicht in welcher Situation generell, sondern jetzt gerade? In diesem Moment will er etwas Bestimmtes wissen, und ich erzähle ihm nur das, was er wissen möchte. Führe ich das zu breit aus, weiß er nicht mehr, was ich will. Liefere ich ihm die Beschreibung der Szene, fängt er an, von außen über die Szene nachzudenken, statt sie zu spielen. Das führt zu einem Konflikt. Also: Fangt ihr dann wieder an zu proben, müßt ihr den Schauspielern etwas geben, das sie von den theoretischen Gedanken wegbringt. Ich würde mit ihnen nicht weiterdiskutieren, sondern z. B. sagen, die Szene spielt 1920, und sie hören gerade im Radio vom Krieg in China, oder ihr erzählt ihnen, die Szene spielt draußen auf dem Markusplatz. Dann fangen sie vielleicht an, Tauben zu jagen. Man muß wissen, wie man die Phantasie der Schauspieler zurückholt, wenn sie sie verloren haben.

Spannung

Bei den Szenen, die ihr Schauspieler mir vorführt, fällt mir auf, daß ihr die starke Tendenz habt, erst einmal ein paar Minuten irgend etwas zu spielen, bevor ihr anfangt zu sprechen. Das heißt, ihr – die Regisseure – kündigt durch die Schauspieler an, was passieren wird, und meistens so, daß man gar nicht mehr daran interessiert ist zu sehen, was passiert. Man hat nämlich schon alles gesehen. Ein Schauspieler tritt auf, macht eine komplizierte, vielleicht auch sehr interessante Pantomime – und hat die Geschichte erzählt. Ich finde, so ein Vorspiel ist eine Unterschätzung des Publikums. Wenn ich nach Hause komme und meine Tochter sehe, wie sie in der Nase popelt, auf den Teppich pinkelt und ein Fenster zerbricht, weiß ich, sie ist sauer. Sie muß es mir dann nicht erzählen. Die Szene sollte gleich beginnen, sonst geht die Spannung weg.

Spannend finde ich, wenn jemand auf die Bühne kommt, irgendwer mit einem Gesicht und einem Körper, und sagt: Der Himmel ist traurig. Da möchte ich wissen, warum er meint, daß der Himmel traurig ist. Ich möchte wissen, wer dieser Mensch ist. Und diese Neugierde zu stimulieren ist eine der Aufgaben des Schauspielers. Die Neugierde ist ja der Hauptgrund, warum man im Theater sitzen bleibt. Man möchte wissen, was weiter passiert und wie sich die Figur entwickelt. Eine Pantomime oder irgendeine Aktion ohne Text kann genausoviel Wirkung haben wie ein Text, benutzt man dies aber als eine Art spannungssteigernden Vorlauf, wird die Spannung eher gesenkt.

Außerdem muß man ein Gefühl für das Denktempo von Menschen entwickeln. Es genügt nicht, etwas zu spielen und sich ein Tempo auszudenken, das für das Spiel adäquat ist. Nehmen wir an, man möchte »Sein oder Nicht-Sein« vortragen. Innerhalb dieses Monologs bräuchte man Riesenpausen, damit das Gehirn und die eigene Phantasie von einem Punkt zum nächsten kommt. Diese Pausen kann man meist nicht machen, da es sich um ein Gedicht mit einer eigenen Form handelt, das ein enormes Tempo besitzt. Das Tempo, in dem die Hauptfigur Hamlet von A auf Z kommt und gewissermaßen ein ganzes Leben durchsaust, ist sehr schnell. Das bedeutet nicht, daß man es in diesem Tempo spielen kann, sondern daß man mit der Länge und Größe der Pausen vorsichtig sein muß. Ist z.B. zwischen jedem Satz eine Pause, in der ich einmal ums Haus laufen kann, wird meine Neugierde durch meine Langeweile abgebaut.

Was zeigt man und was nicht – als Regisseur, als Schauspieler? Es geht bei der Frage nicht darum, was ein Schauspieler empfindet, sondern was man von der Empfindung sieht. Wie genau und wie lange möchte man sie sehen? Vielleicht möchte man sie nur erraten? Den Subtext oder das Nicht-Gesagte, das, was man »zwischen den Zeilen« nennt, zeigt man nicht durch Körpersprache. Das würde Phantasie und Vorstellungskraft ersetzen. Es ist nicht immer nötig, daß der Gesichtsausdruck des Schauspielers widerspiegelt, was geschieht. Im Leben ist das auch nicht so. Es gibt Schauspieler, die ein großes, und andere, die ein weniger großes Geheimnis haben. Man kann das Geheimnis von Schauspielern verstärken. Mich irritiert es, wenn zuviel gezeigt wird, denn der nächste Schritt ist, daß man alles erklärt.

Ich erinnere mich an eine Auseinandersetzung mit einem Intendanten, als ich das erste Mal den »Kaufmann von Venedig«[28] in Deutschland inszenierte. Beim Auftritt der beiden Gobbos schlägt der junge Gobbo dem alten den Stock aus der Hand, woraufhin dieser hinfällt, aber gleich wieder aufsteht. Der Intendant meinte, das gehe nicht, er könne nicht sofort wieder aufstehen, sondern müsse Schmerzen zeigen, sich mühsam aufrappeln usw. Ich wollte das nicht wissen. Über das Mittel der Verkürzung – sie ist das Geheimnis in dem Moment – erinnert man sich später, daß der alte Gobbo hinfällt und gleich wieder aufsteht, weil er sich vielleicht doch nicht so wehgetan hat oder ein alter Mann ist, der dauernd hinfällt oder ähnliches. Das wirkt nicht unrealistisch, sondern schnell.

---

28 William Shakespeare, »Der Kaufmann von Venedig«, Städtische Bühnen, Ulm 1961.

Schauspielerei, die mich interessiert und berührt, hat mit Phantasie zu tun. Beim Inszenieren warte ich, bis mir ein Schauspieler zeigt, wie er die Szene versteht. Deshalb arbeite ich auch immer wieder mit denselben Schauspielern, weil ich weiß, daß sie es irgendwann auf eine bestimmte Weise tun werden. Jemand fragte mich, ob ich ohne Konzept an meine Arbeit gehe. Wenn ich Angela Winkler oder Gert Voss in einem Stück besetze, ist das schon ein Konzept. Ich weiß dann ungefähr, was passieren wird. Ein andereres Beispiel ist der »Kirschgarten«, dieses unvergeßliche Stück, in dem man sich herumwälzen kann wie in einer Badewanne – an der einen Ecke trifft man ein kleines Entlein, an der anderen einen Fisch; überall Verschiedenes, Unterschiedliches, Menschen, das heißt Schauspieler, die man sortieren muß, damit man die drei Arten von Leben oder Generationen, die drei Zeitstufen eben nicht nur an Firs, Lopachin und Anja festmacht. Dächte ich das Stück konzeptionell, dächte ich: Firs spricht für die alte Welt, Lopachin ist die neue Welt. Wie langweilig. Dann kann man das Stück vergessen. Tschechow hat nicht konzeptionell – er hat über Menschen nachgedacht und sie nicht in kleine Kästchen gesteckt. Deshalb schreibe ich mir z. B. die Geh-Arten (von Firs oder Anja oder Lopachin oder Ljubow) auf. Ich habe eine Kritzelliste auf der letzten Seite meines jeweiligen Regiebuchs, auf der ich mir die wichtigsten Gedanken notiere. Ich organisiere diese Gedanken aber nicht, sondern passe auf das auf, was kommt. So sehe ich plötzlich, wie Firs geht – im Gegensatz zu Ljubow oder dem Jungen, dem Studenten Trofimow, und denke, es geht eigentlich darum, wie Menschen gehen. Konzentriere das Stück darauf, wie unterschiedlich Leute gehen – das nehme ich mir manchmal für eine Probe vor. Ohne es den Schauspielern zu sagen. Ohne daß sie es erfahren. Aber das macht den ersten »großen« Auftritt im ersten Akt des »Kirschgartens« so spannend: Alle kommen herein und gehen einmal durch das Zimmer und gehen dann ab. Jeder geht anders. Jeder ist anders durch das (ehemalige) Kinderzimmer gegangen.

Beatrice: Man kann aus einer Szene also sehr viel mehr rausholen, wenn man »weiter rein« geht.

Ich gehe ja auch immer »weiter rein«. Nur versuche ich, den Schauspieler dahin zu bringen, nichts zu tun, womit er sich verleugnet, womit er zum Lügen gebracht wird. Ich versuche, ihn dazu zu bewegen, seinem Wahrheitsempfinden zu folgen und genau soviel hervorzubringen, wie er für richtig hält.

Stil

Ich liebe es, wenn zehn Leute jeweils einen verschiedenen Stil haben, denn eine Spielweise kommt immer aus der Person. Wenn ein Schauspieler dazu neigt, komödiantisch zu sein und viel mit den Armen herumwedelt, so daß alles »wie bei Goldoni« aussieht, und ein anderer ein eher zurückgenommenes, sagen wir: psychologisches Theater spielt wie bei Ibsen, finde ich es sehr spannend, diese beiden zu konfrontieren, ohne daß ich sie ähnlich zu machen versuche. Die verschiedenen Spielweisen sind ja nicht nur Ausdruck einer Kunstform, sondern Ausdruck verschiedener Menschen. Jeder einzelne von ihnen hat seine Wahl getroffen. Es ist wie mit der Kleidung. Sagst du, alle Menschen sollten am Sonntag Grün tragen und einen blauen Hut dazu, ist das doch Blödsinn. Leute ziehen sonntags das an, wovon sie meinen, daß man es sonntags trägt, der eine gern Handschuhe, der andere nicht. Und eine Spielweise im Theater ist wie ein Anzug. Ob man das Biomechanik à la Meyerhold oder anders nennt, ist egal, das Äußere ist ein Anzug, das Innere ist wesentlich.

Ich habe einmal in einer schrecklichen Inszenierung eines sehr guten Regisseurs eine sehr aufregende Schauspielerin gesehen. Sie machte den Abend zu einem tollen Abend, und das ist der Witz beim Theater. Hätte der Regisseur versucht, die Schauspielerin zu ebnen, daß sie spielt wie die anderen – nämlich so schlecht –, wäre es unerträglich gewesen. So gab es dort diese eine große Intensität, und ich war eine ganze Stunde fasziniert. Das lag daran, daß der Regisseur nicht versucht hatte, die Schauspieler alle zusammenzubringen und gleich werden zu lassen – wie ich es z. B. bei Castorfs »Dämonen« erlebt habe. Dort sind alle gleich. Sie sprechen ähnlich, bewegen sich ähnlich, denken ähnlich. Sogar die Frauen denken wie die Männer, was ich sehr kurios fand.

Helena: Woran sehen Sie, daß alle gleich denken? Ich wüßte nicht, ob ich sehen könnte, daß alle dasselbe denken.

Nein? Wenn man Menschen eine Weile beobachtet, sieht man sehr gut, wie sie denken. Natürlich nicht, was sie denken, aber doch wie sie denken. Ob sie sich die Welt sehr abrupt und extrem vorstellen, oder ob sie alles beschwichtigen, um die Welt vielleicht netter zu sehen, als sie eigentlich ist. Und an diesem Abend wurden mir nicht die Unterschiede von Menschen klar, sondern nur ihre Ähnlichkeit. Das hat mit dem Regisseur zu tun, der sie ähnlich haben wollte.

Bei Kortner z. B. waren lauter kleine Kortners auf der Bühne, das war spannend, weil Kortner spannend war. Nur ist das kein genereller Weg, Theater zu machen, ich finde das sehr langweilig.

Hannah: Aber was bedeutet Stil genau?

Stil ist ein Modewort, kein genauer Begriff. Stil ist das, was Kritiker als einen bestimmten Weg der Inszenierung zu erkennen meinen. Ein Regisseur hat folgenden Stil, und der ist an verschiedenen Dingen erkennbar: an der Optik des Ganzen, am Rhythmus, daran, wie Schauspieler sich verhalten usw. Diese Dinge kommen alle zusammen und machen den Stil des Regisseurs oder der Inszenierung aus. Ich langweile mich bei Regisseuren mit erkennbarem Stil. Ich habe das Gefühl, daß ich nach zehn Minuten weiß, wie es weitergeht. Stil ist ja nicht getrennt vom Inhalt. Wenn ich merke, die Schauspieler verhalten sich auf eine bestimmte Art und Weise und artikulieren sich auch so, weiß ich, daß das durch das ganze Stück so gehen wird. Es langweilt mich, weil es nicht dem Leben entspricht. Das Leben ist kein Logo. Es ist so spannend, weil jede Sekunde etwas Neues geschieht. Das Unerwartete ist spannend, bei einem festgelegten, erkennbaren Stil geschieht nichts Unerwartetes.

Hannah: Nehmen wir mal die Besetzung. Wenn du dich immer wieder für dieselben Schauspieler entscheidest, hat das in erster Linie damit zu tun, daß eure Projektionen deckungsgleich werden könnten und die Inszenierung die Richtung nimmt, die du dir vorgestellt hast. Aber die Schauspieler setzen diese Projektionen auf der Bühne ja um, das hat doch auch etwas mit einem bestimmten Stil zu tun, mit einer bestimmten Spielweise?

Spielweise ist aber etwas anderes als Stil. Schon eine bestimmte Spielweise ist mir zu festgelegt. Ich weiß gar nicht, was eine bestimmte Spielweise ist. Natürlich, wenn ich eine Aufführung von Robert Wilson sehe, weiß ich schon, welche

Spielweise oder welcher Stil das ist, nämlich immer derselbe. Wenn ich ein Gedicht von Rilke lese, erkenne ich auch den Stil, weil ich mich daran gewöhnt habe. Bei den wirklich Großen, wie Shakespeare etwa, erkenne ich keinen Stil. Da ist jede Sekunde und jede Minute unerwartet. Bei Christopher Marlowes »Jude von Malta« gibt es sehr viele verschiedene Stile. Ich kann sie entweder glätten und einen Stil daraus machen, so daß alles schön organisch zusammenkommt, oder ich kann auf die verschiedenen Stile des Stückes eingehen und diese Stilelemente auf eine Art zusammenbringen, daß sie immer noch funktionieren, ohne sie ähnlich zu machen.

Wenn ich zehn Schauspieler auf der Bühne habe, hat jeder einen anderen Stil. Beim »Juden von Malta« arbeitete ich mit zwanzig stilistisch unterschiedlichen Schauspielern zusammen. Da ist Gert Voss, ein Schauspieler von hoher technischer Brillanz, und Peter Kern, der ein witziger, kabarettistischer, etwas manieristischer Kerl ist – sie sind ganz verschieden, und ich werde nicht versuchen, ihre Spielweisen zu ändern. Es ist in meinen Inszenierungen sehr offensichtlich: Ich lasse den Schauspielern ihre Art zu spielen, denn ihre Art zu spielen ist ihre Art, auf der Bühne zu leben, und ein Ausdruck ihrer Persönlichkeit. Daher ist es wichtig, daß ich den richtigen Schauspieler für die richtige Rolle besetze. Wenn ich z. B. einen Schauspieler habe, der brutal klamottig ist, nehme ich ihn, nicht obwohl, sondern weil er so ist. Ich setze ihn so ein, daß seine Art die richtige Färbung, die richtige Haltung im Stück bekommt.

Hannah: Also man kann nicht behaupten, Angela Winkler z. B. habe ihren besonderen Stil?

Angela Winkler z. B. hat ihre Persönlichkeit. Ihr sogenannter Stil ist derselbe wie in ihrem Privatleben. So ist sie. Bei Gert

Voss ist das sicher anders. Gert Voss hat schon seine Art, Theater zu spielen. Je mehr er allerdings mit mir arbeitet, desto weniger tritt seine Art zu spielen in den Vordergrund, sondern der Mensch Gert Voss, und der hat wiederum gar keine Art zu arbeiten, er ist, wie er ist. So wird er immer identischer mit seiner privaten Persönlichkeit.

Hannah: Und das ist das, was du möchtest? Das die Schauspieler auf der Bühne so sind wie im Leben?

Mir geht es nicht darum, daß die Schauspieler auf der Bühne so sind wie im Leben. Aber ich versuche, in den ersten Probenwochen lauter Profis in Dilettanten, besser: in Amateure zu verwandeln, die etwas aus Liebe und nicht aus Ehrgeiz machen. Ich versuche, ihnen all die Tricks, die sie auf der Bühne gelernt haben, abzugewöhnen. Das macht außer mir noch ein anderer Regisseur. Es ist Klaus Michael Grüber. Deshalb haben wir eine sehr große Verbundenheit in der Arbeit. Er macht am Ende zwar ganz andere Dinge als ich, aber seine grundsätzliche Suche nach Realität ist meiner nicht unähnlich. Angela Winkler z. B. arbeitet hauptsächlich mit Grüber und mir, weil dieser gemeinsame Weg ganz stark ist. Sie braucht wie jeder Mensch jemanden, der da sitzt und sagt: Nein, das glaube ich nicht, was du eben gesagt hast, und der das so lange sagt, bis sie es so sagt, daß man es glaubt, weil es echt ist.

Hannah: Wie bekommt man es hin, daß der Mensch, der im Leben ja schon ständig Theater spielt, also auf eine bestimmte Weise schon unecht ist, auf der Bühne echt ist?

Auf der Bühne wird er dann eine Form von Theater spielen, die für diese Szene oder Situation stimmt. Nehmen wir das

Beispiel der Susanne Lothar am Grab ihres toten Freundes in »Andi«[29]. Es ist auch Theater, was sie dort spielt, nicht nur für das Theaterpublikum selbst, sondern auch für ihre Freunde auf der Bühne, die um sie herumstehen und wissen, daß der tote Andi ihr Freund war, sie ist noch sehr jung und sehr traurig, Andi wurde erschossen, als sie alle in einer Nacht Randale machten. Also die Art der Verzweiflung, die sie in der Situation einer Beerdigung zeigt, wird durch ihr Theaterspiel nochmal vergrößert. Nur muß man an den Impuls rankommen, der diese Szene von ihr aus in Gang setzt, an die Trauer oder Verzweiflung, die sie fühlt und die sie in diesem Fall dadurch ausdrückt, daß sie ein Lied von Peter Maffay singt. Man muß den echten Impuls finden, und zwar bei Susanne Lothar und nicht bei dem Mädchen, das sie spielt. Das heißt, man muß sozusagen den Knopf finden, der sie aufmacht. Ich muß das herausfinden können und dabei sehr vorsichtig sein. Es kann passieren, daß ein Schauspieler, an dessen Privatleben man zu nahe kommt, das nicht erträgt und zumacht. Das passiert ganz schnell.

Mittelmaß

In meinen Aufführungen tauchen immer wieder Schauspieler auf, die eine Art von provinzieller Norm darstellen. Das hört sich gemein an, soll es aber gar nicht sein. Sie repräsentieren sozusagen eine etwas mittelmäßige Normalität des Theaters. Wenn man sie innerhalb einer Produktion wie »Hamlet« sieht, fällt es einem nicht auf, wenn man nicht Experte ist. Sie haben einen anderen Ton. Für mich – ich komme wieder auf das schreckliche Wort – eine Normalität, an der sich ein exzessiver Schauspieler wie z. B. Hermann Lause orientieren kann. Her-

---

29 Burkard Driest, Peer Raben, Peter Zadek, »Andi«, Deutsches Schauspielhaus, Hamburg 1987.

mann kann eigentlich immer nur zuviel oder zuwenig machen. Bremst man ihn, macht er so wenig, daß man nichts mehr sieht; läßt man ihn, macht er so viel, daß man verrückt wird. Ein Schauspieler mit einer gewissen Normalität kann ihn beeinflussen. Auf jeden Fall kann ich mich an den beiden orientieren und Hermann in gewisser Weise »bezwingen«.

Kritiker
Noch etwas zum Begriff Stil: Stil ist etwas, das von Kritikern gefördert und immer wieder neu formuliert wird, weil sie sonst nichts zu schreiben haben. Es muß alles in Schachteln verpackt werden. Man muß davon ausgehen, daß Trends von den Dummen, nicht von dem einen Prozent Intelligenter bestimmt werden.

Heute ist im Theater z. B. Körpersprache – ich nenne das Gymnastik – »in«. Das bedeutet, daß bei den meisten Regisseuren die Schauspieler nicht sprechen und nicht denken, sondern mit ihren Körpern Dinge machen, die ausdrucksvoll sein sollen und es manchmal auch sind. Dabei handelt es sich um eine sehr einseitige Form des Theaters, aber es ist das, was besonders die jungen Kritiker bevorzugen. Das ist der Stil der Zeit. Es ist besonders für junge Regisseure schwer, zu vermeiden, den Kritikern in dieser Weise behilflich zu sein. Sie wissen, wenn der Kritiker den Stil des jeweiligen Regisseurs einmal beschrieben hat, gilt letzterer als Regisseur. Jemand mit Stil gilt, jemand ohne ist ein Niemand. Ich habe es auf merkwürdige Weise geschafft, nie einen Stil zu entwickeln. Heute sagen die Kritiker natürlich, man erkenne jede Zadek-Inszenierung. Ich schwöre, man erkennt die Zadek-Inszenierungen nicht! Meine Arbeiten sind sehr verschieden: Ich mache Musicals, »Kammerspiele« von Ibsen oder ich mache Shakespeare, ich mache surrealistische Stücke, zeitgenössische Stücke usw. Ich versuche, die größte Variationsbreite für mich zu finden, um mich nicht in irgendeiner Richtung festzufahren. Wenn ich schlechte Laune habe, mache ich eine schlechtgelaunte Inszenierung, wenn ich glücklich bin, verstecke ich das nicht.

Ich hatte bis jetzt eine ganze Weile sehr minimalistisches Theater gemacht, wenig Bühnenbild, wenig Aufwand, wenig Mittel. Das ging mir nun auf den Wecker. Beim »Juden von Malta« hatte ich Lust auf einen riesigen Aufwand. Man will auch etwas Neues erleben, will ja nicht nur in Kaiserslautern im Kreis, sondern auch mal nach Paris fahren.

Hannah: Bedeutet das aber, daß Leute wie Peter Stein mit ihrem sehr deutlichen Stil für die Kritiker arbeiten?

Jemand von der Qualität eines Peter Steins arbeitet natürlich nicht »für die Kritiker«. Die Tatsache, daß sie seinen Stil sehr früh erkannten und Peter Stein sehr deutlich formuliert hat, was er will, hat ihm den Weg nur äußerlich leichter gemacht. Die vielen Imitatoren jedoch arbeiteten schon für die Kritiker, als diese Art der Inszenierung besonders beliebt war: Hatte ich damals ein Vorsprechen, kamen plötzlich zwanzig Edith Clevers und sprachen alle dasselbe Stück auf dieselbe Weise. Es fiel niemandem ein, daß der Zadek, der da unten im Parkett saß, vielleicht einmal etwas ganz anderes sehen wollte. Die jungen Schauspieler werden auf den Schulen trainiert, den jeweilig angesagten Stil zu bedienen.

Als die Schaubühne mit ihrer Arbeit begann, wurden alle Regisseure und Schauspieler auf das Theater der Schaubühne eingeschworen. Da wurde viel diskutiert, Mitbestimmung war das wichtigste. Ein Schauspieler mußte nicht nur gut spielen, sondern gut diskutieren und über den sozialen Hintergrund der jeweiligen Sache reden können. Während meiner Intendanz in Bochum 1972–1975 war ich automatisch auch Chef der Schauspielschule. Nach sechs Wochen hielt ich es nicht mehr aus und warf den Job hin, weil da lauter kleine Diskutanten gemacht wurden. Ich bin lieber in mein Bochumer Theater gegangen und habe dort gearbeitet. In der Schule wurde weiter produziert, was das Theater in Deutschland in diesem Moment verlangte.

Autoren

Ich habe, als ich jung war, im angelsächsischen Theater gelernt, daß der Regisseur ein Zwischenhändler ist und seine kreative Funktion, *Stücke* – anschaulich, konkret, wie auch immer – auf die Bühne zu bringen, nicht aber *sich* auf die Bühne zu bringen. Die Tradition des angelsächsischen Theaters ist es, den Autor hervorzuheben, nicht den Regisseur. Dessen Name ist nicht wichtig, er kommt oft in der Werbung für die Aufführung gar nicht vor, während das deutsche Theater dazu neigte (und neigt), den Regisseur wie einen Autor zu betrachten. Das führte in den letzten Jahren wiederholt zu Auseinandersetzungen mit (auch berühmten) englischen Autoren, die ihr Stück bei einer deutschen Uraufführung nicht wiedererkannten, weil es durch die Erfindungen des Regisseurs begnadigt oder begradigt worden war. Ich habe in all den Jahren zwar nicht viele Uraufführungen oder deutsche Erstaufführungen gemacht, doch wenn ich sie inszenierte, informierte ich mich sehr genau darüber, was der Autor wollte, und sah zu, daß ich ihn nicht verriet. Im Zweifelsfall hielt ich mich auch gegen mein Empfinden an den Autor, weil ich meine, daß der kreative Impuls vom Autor zu kommen hat. Er hat ein Stück geschrieben, und ich bin dazu da, es weiterzuleiten. Es kann sein, daß ich noch etwas hinzufüge, und natürlich fügen allein die Schauspieler und die Situation, das Theater, das Bühnenbild usw. etwas hinzu. All das ist eine neue Kreation, doch im zweiten, nicht im ersten Rahmen. Zweimal ist es mir passiert, daß ich mich nicht an die Vorstellungen und Vorgaben des

Autors hielt. Es ist mir und dem Autor nicht gut bekommen. Ich hatte es getan, weil ich etwas Spezifisches erzählen wollte, das nicht in das Stück paßte, also bog ich es, bis ich das, was ich wollte, erzählen konnte. Ich glaube, ein Regisseur befindet sich mehr oder weniger sein Leben lang in dieser schwierigen Situation eines Einverständnisses.

Szenische Mittel

Bühnenbild

Wir haben bisher immer so getan, als ob das Bühnenbild nicht existierte. In Wahrheit denkt man bei der Arbeit ständig über das Bühnenbild nach. Sagt mir doch jetzt, wie ihr euch das Bühnenbild für eure Shakespeare-Szene vorgestellt habt.

Frederike: Ich habe mir das Bühnenbild als einen sehr hohen, öffentlichen Raum vorgestellt, wie einen Gerichtssaal eben. Der Doge steht in der Mitte, Antonio an der Seite und vorne die Zuschauer, gewissermaßen als Gerichtsbesucher. Der Raum ist sehr hoch und sehr weit mit Säulen und großen Tischen. Ein weiter Raum deshalb, weil mich die Öffentlichkeit dieser Szene besonders interessiert.

Du möchtest das Stück also in einem großen Theater machen? Sonst hast du ja keine große Bühne.

Frederike: Ja! Oder ich habe einen clevereren Bühnenbildner, der eine große Weite auf einer kleinen Bühne herstellen kann.

Was für eine Bühne stellst du dir denn vor? Es gibt die verschiedensten Arten: eine Bühne in der Mitte, eine Guckkastenbühne ...

Frederike: Bisher dachte ich an eine Guckkastenbühne. Eine Shakespeare-Bühne, auf die man von drei Seiten schauen kann, wäre natürlich spannender.

Meistens ist man ja mit einer Guckkastenbühne konfrontiert, wie würdest du die behandeln, um eine Art Shakespeare-Bühne herzustellen? Eine Guckkastenbühne hat meist ein Portal, wie schaffst du es, daß man von drei Seiten darauf sehen kann?

Frederike: Ich würde wahrscheinlich den Dogen so weit vorziehen, daß er nicht am Bühnenende, sondern mehr in der Mitte sitzt.

Das ändert nicht den gesamten Raum. Du müßtest also dein Konzept der drei Richtungen aufgeben?

Geraldine: Man könnte das Publikum auf der Bühne sitzen lassen, damit der Guckkasteneffekt verlorengeht. Oder man läßt z. B. das Licht im Saal an und versucht so, eine Ebene herzustellen.

Beatrice: Aber sitzt dann nicht das Publikum da und denkt sich: Aha, ich soll integriert werden? Und beim Licht sieht es, daß das ein toller Einfall vom Regisseur ist. Man könnte es doch auch ganz anders machen, ganz privat. Der Gerichtsprozeß als eine kleine private Zusammenkunft. Das heißt, die Bühne wäre ganz Guckkasten, und irgendwo in der Ecke verhandeln sie die Sache ganz privat. Ein Teil der Bühne wäre öffentlich, eine Straße in Venedig oder ein Marktplatz, und die Ecke wäre dann privat. Das Publikum sitzt unten und schaut zu.

Das heißt, es wäre realistisches Theater in einem Guckkasten, dadurch verfremdet, daß es sich um einen öffentlichen Platz handelt, also alles in einem öffentlichen Raum spielt? Du veränderst demnach nicht die Sichtweise des Publikums, sondern die Realität, den Ort. Meinst du nicht, daß das opernhaft werden könnte?

Beatrice: Man könnte ja auch einen Flughafen stellvertetend für den öffentlichen Raum darstellen.

Aber warum? Was willst du? Man muß darüber nachdenken, wie die Welt des Stückes ist und wie man sie überträgt. Vielleicht stellt man sich eine Groß- oder Kleinstadtwelt vor, vielleicht auch eine italienische Welt. Wie weit geht man mit diesen sehr spezifischen Vorstellungen? Es passiert oft, daß man ein Stück aktualisiert und es in einer anderen Zeit und damit auch in einem anderen Raum ansiedelt. Wo sind die Grenzen? Man kann sagen, ich stelle mir eine Flughafenwelt vor, aber der Ort muß mit dem Stück in Verbindung zu bringen sein. Natürlich, der »Kaufmann von Venedig« hat mit Handel zu tun, und wahrscheinlich reisen Antonio und Bassanio. Aber es ist problematisch: Was macht man z. B. mit Antonios Schiffen, die irgendwo untergehen, oder mit Belmont? Es scheint mir eine andere Welt zu sein, eine Welt, in der ein Brief erst sechs Monate später ankommt.

Werner: Wir hatten am Anfang eine Idee, die mir nach wie vor gut gefällt: Auf der rechten und linken Seite des Bühnenraumes stelle ich mir das Publikum vor und in der Mitte die Spielfläche, so daß die Zuschauer gewissermaßen Teil des Volkes und Zeugen der Verhandlung sind.

Bei dieser Art des Spielens wird man sich als Zuschauer des Spiels sehr bewußt. Laßt mich doch mal nach der Methode fragen, wie ihr über das Bühnenbild nachdenkt: Was ist der Vorgang? Es kann sein, daß man ein Stück liest und sofort das Bühnenbild im Kopf hat. Meistens hat man aber komplizierte

Stücke, bei einem Shakespeare-Stück z. B. hat man einen unendlich langen Ablauf mit zwanzig Bildern, die man alle auf die Bühne bekommen muß. Ich numeriere die Szenen durch und notiere mir etwas bei jeder einzelnen Szene, ohne darüber nachzudenken: Flughafen 1, Schloß mit Park 2, Unterschlupf in Berlin 3 usw. Auf diese Weise habe ich eine Liste von Dingen, die zunächst nicht zusammengehören. Das Ganze hat keinen Halt, ist aber der Anfang eines Nachdenkens über die Form der Bühne, des Theaters, die Höhe der Bühne. Dann überlege ich mir, was diese Dinge miteinander zu tun haben, wie man sie verbinden könnte und wie die Bühne aussieht, auf der all diese Dinge stattfinden. Folgt man allerdings nur der Intuition, kann man leicht in eine Art »Alice im Wunderland«-Welt geraten.

Ich finde nichts so kompliziert wie die Herstellung eines Bühnenbilds. In den letzten zwanzig Jahren ist fast alles möglich geworden. Du kannst ein klassisches oder ein elisabethanisches Bühnenbild fabrizieren oder ein Bühnenbild malen. Es geht alles, also gibt es keine Anhaltspunkte mehr. In den 60er Jahren lebte man stark in der Welt der Pop-Art, was auch die Bühne stark beeinflußte, Mitte der 80er Jahre war es damit vorbei. Berühmte und gute Bühnenbildner wissen nicht mehr, was sie machen sollen, und tendieren mittlerweile stark dazu, privat und eigensinnig zu sein.

Eins der Hauptprobleme ist natürlich die Bühne, auf der man das Stück inszeniert, meistens hat man ja keine Wahl. Das ist die Bühne, das sind die Schauspieler, und das ist die Situation – und was macht man damit?

Andreas: Für mich gehört das Bühnenbild zur Situation. Wir haben über die Probensituation, die reale Situation, Zeit und Ort der Situation gesprochen, für mich ist das Bühnenbild Bestandteil dieser Situation. Eine Bühne kann ein bestimmtes

Spiel ermöglichen oder verhindern. Will ich z. B., daß das
Stück auf einer Kugel spielt, sind bestimmte Dinge möglich
und andere nicht, das heißt, ich muß von vornherein die
Phantasie der Schauspieler in eine bestimmte Richtung lenken.
Wenn ich sie in einen Probenraum lasse, der bis oben hin mit
Wasser gefüllt ist, weil das meine Phantasie zu dem Stück ist
und die Schauspieler nur schwimmen, aber nicht laufen kön-
nen, müssen sie sich dazu verhalten.

Aber schon beim Probenraum hat man das Problem, daß
bestimmte Dinge räumlich gar nicht herzustellen sind. Es ist ja
schon schwierig, im Probenraum ein räumliches Äquivalent
zur eigentlichen Bühne zu erzeugen, und auch wenn seine
Maße denen der Bühne entsprechen, ist der Schritt auf die
eigentliche Bühne etwas anderes.

Das Verhältnis Schauspieler – Bühnenbild

Ich weiß nicht, inwieweit man die Schauspieler wirklich durch
das Bühnenbild beeinflußt. Bei meiner Arbeit ist das mittlerweile nicht mehr sehr stark, ich setze auf ihre Phantasie, aber
ich denke natürlich an das Bild. Hat man eine Tür, die man
auf- und zumachen kann, verstehen die Schauspieler das, alles
andere ist für sie theoretisch. Sagt man ihnen, hier ist ein
Baum, und das wird ein Umgang, verstehen sie das nicht
mehr. Ich kenne fast keinen Schauspieler, der ein Gespür für
Bühnenbild hat.

Veit: Aber beim »Wunder von Mailand«[30] hast du alles für die
Schauspieler aufgebaut ...

---

30 »Das Wunder von Mailand« (nach dem Film von Vittorio de Sica), Berliner Ensemble, Berlin 1993.

Das waren Requisiten, Gegenstände, die zum Spiel verführen. Es war kein Bühnenbild, sondern ein Haufen Schrott vom Flohmarkt, Pappkartons, Bretter etc., Requisiten sind etwas anderes, denn wie gesagt: Eine Tür versteht jeder Schauspieler.

Andreas: Aber ich brauche doch auf der Bühne konkrete Dinge, die den Schauspieler zum Spiel verführen, das heißt, wenn am Ende einer Szene ein Schauspieler auf eine Leiter steigt, muß dort eine Leiter stehen.

Eine Leiter ist ein Requisit, das zum Spiel verführen kann. Ich bin als Regisseur durch verschiedene Phasen gegangen. Es gab eine Zeit, in der ich immer alles in der Probe haben wollte. Man schleppte mir unzählige Requisiten an, und ich achtete darauf, daß die Schauspieler etwa so angezogen waren, wie ich mir die Kostüme für die Aufführung vorstellte. In den letzten Jahren bin ich dazu übergegangen, einem Schauspieler zu sagen: Guck mal, in der Szene trägst du einen langen Brokatmantel und auf dem Kopf einen riesigen, drei Meter hohen Hut. Wenn du ihm das beschreibst und ihm die Welt drum herum erklärst, wird er etwas anderes machen, als wenn du ihm gleich einen wirklichen Mantel oder Hut anziehst. Wenn der Schauspieler sich Hut und Mantel nur vorstellt, entwickelt er eine stärkere Phantasie. Früher habe ich die Kostüme langsam eingebaut, mittlerweile bin ich soweit, daß ich es am liebsten sehe, wenn die Schauspieler bis zum letzten Moment in ihrer normalen Kleidung proben. Allerdings hängt das sehr stark vom Kostümbildner ab. Es gibt Kostümbildner, zum Beispiel Lucie Bates, die ein so großes Einfühlungsvermögen haben, daß sie die Schauspieler fast unmerklich im Laufe der Proben nach und nach kostümieren, ohne die Phantasie der Schauspieler zu behindern, oder auch meine nicht mit zu frühen oder zu späten Einfällen zu bremsen, denn ich kenne die Welt des Stückes erst, wenn es fertig ist. Ich provoziere gerne einen Konflikt zwischen Phantasie und Realität, mir paßt es, wenn der Schauspieler auf Unvorhergesehenes reagieren muß.

Andreas: Etwas Ähnliches haben wir ja im Zusammenhang mit der Probensituation besprochen. Wie ermögliche ich es, daß die Schauspieler sich so sicher fühlen, daß sie keine Angst haben, Peinlichkeiten oder Quatsch zu machen? Das meinte ich damit, als ich sagte, ich würde ein Bühnenbild machen, das den Schauspielern ermöglicht, Quatsch zu machen, der dann in eine bestimmte Richtung gelenkt wird.

Ich finde das in Ordnung, aber ich bin sicher, daß dich, wenn du länger inszenierst, weniger interessieren wird, den Schauspielern diese Dinge zu ermöglichen, sondern das, was zwischen den Schauspielern und dem Bühnenbild passiert. Das Bühnenbild kann eine Herausforderung sein. Bei meinem Wiener »Kaufmann von Venedig« gab es zwei Türen, die auf- und zugingen. Da ich einen Komiker auf der Bühne hatte, hat er ganz schnell geschaltet und aus den zwei Türen einen Aufzug gemacht. Die Schauspieler hatten viel Spaß damit, der Aufzug wurde ein Symbol, ein zentrales Ding. Das war nicht vorgesehen, und wenn wir das von Anfang an gehabt hätten, wäre es wahrscheinlich ziemlich klamottig geworden.

Bild oder Raum?
Man entwickelt in seinem Leben als Regisseur allmählich verschiedene Haltungen. Es gab bei mir eine Zeit, in der ich etwas Gemaltes auf der Bühne nicht ertragen hätte. Bei »Jeder stirbt für sich allein«[31] holte ich mir Johannes Grützke, der kein

---

31 Hans Fallada, »Jeder stirbt für sich allein«, Schiller Theater, Berlin 1981.

Bühnenbildner, sondern Maler war. Er malte mir eine Landschaft und eine Berliner Straßenecke, die mich überzeugten, und ich fing an, über Bühnenbild ganz anders nachzudenken.

Mein Bühnenbildner Wilfried Minks hat ein rein räumliches Empfinden, er mag nichts Gemaltes. Im »Kaufmann von Venedig« verheiratete ich Grützke und Minks miteinander, der eine hat gemalt, der andere die Räume gemacht, es hat erstaunlicherweise fabelhaft funktioniert.

In den 60er, 70er Jahren hat man sehr stark an den Raum gedacht, das zentrale Denken in Bezug auf das Bühnenbild galt dem Raum. Ich denke heute noch so und frage mich, in welchem Raum jeweils etwas stattfindet, auch weil ich immer noch mit Minks zusammenarbeite. Zwischendurch ging mir das ausschließlich Räumliche auf die Nerven, und ich holte, wie gesagt, Grützke dazu. In »Lulu«[32], deren Bild er allein machte, gibt es lauter gemalte und gebaute Dinge von Grützke. Da gibt es z. B. eine Bibliothek, die fast naturalistisch gemalt, aber eben auch räumlich wirksam ist, und das nicht nur, weil die Treppe und die Galerie gebaut sind.

Guckkasten oder Vorbühne

Wie sieht eine Bühne aus, wenn das Publikum von drei Seiten darauf schauen soll? Ich baue eine große Vorbühne! Die Lösung ist problematisch, denn wenn das Theater einen Rang hat, muß man ihn unter Umständen sperren, weil die Sicht auf die Vorbühne so schlecht ist – beim Burgtheater wäre das z. B. der Fall. Bei einer großen Vorbühne hat man zwar nicht genau die Situation – Einsicht der Bühne von drei Seiten (nicht sehr gut für die Hälse der Zuschauer) –, aber zumindest sitzt das Publikum auf beiden Seiten. Es bleibt immer Schummelei, wenn man etwas anderes aus einem Guckkastentheater

---

32 Frank Wedekind, »Lulu«, Deutsches Schauspielhaus, Hamburg 1988.

machen will, denn man merkt ja, daß es ein Guckkasten ist. Es läßt sich nicht »wegbilden«. Tschechow in einem Guckkasten ist wunderbar. Je abgesiegelter und geschlossener, desto besser für seine Stücke. Ich mag es sehr, wenn man außerhalb sitzt und sie wie ein Voyeur sieht. Bei Shakespeare ist das nicht so günstig. Ich habe vor vielen Jahren den »Kaufmann von Venedig«[33] in einem Bild inszeniert, bei dem Brücken in den Zuschauerraum hineingebaut waren. Die Brücken befanden sich etwa auf Höhe des Publikums, so daß die Schauspieler an den Zuschauern vorbeiliefen. Das würde ich heute nicht mehr machen. Ich glaube, daß der Zuschauer durch die Aufdringlichkeit der Schauspieler ganz schön irritiert wird. Mich nervt das jedenfalls! Wenn ich ins Theater gehe, will ich meine Ruhe haben, die Schauspieler sollen ihr Ding machen, und ich schaue zu. Die Gemeinsamkeit zwischen Schauspielern und Zuschauern ist nur das gemeinsame Erlebnis und nicht das gegenseitige »Rütteln«, obwohl der physische Kontakt in Ausnahmefällen auch ein Mittel sein kann, wenn der Schauspieler von der Bühne runterkommt und einen Zuschauer in der ersten Reihe anredet. Im »Hamlet« z. B. springt Angela Winkler von der Vorbühne in den Zuschauerraum und faßt jemanden an – ihr Sprung in diesem Moment des Stückes (am Ende des ersten Monologs) ist ganz wichtig.

Frederike: Ich glaube, daß man sich als Zuschauer eher zurückzieht, wenn ein Schauspieler so auf einen zukommt. Und wenn man in der Gerichtsszene Öffentlichkeit von drei Seiten haben möchte, erhält man doch genau diesen Effekt: Man macht sich als Zuschauer klein, um bloß nicht angesprochen zu werden.

---

33 William Shakespeare, »Der Kaufmann von Venedig«, Theater Bochum, Bochum 1972.

Es kommt auch auf die Architektur des Hauses an. Wir spielen »Hamlet« in verschiedenen Theatern, am Hamburger Schauspielhaus z. B. *mußte* ich die Bühne vorziehen, weil das Theater so groß ist. Wenn die Schauspieler nur auf der großen Bühne stehen, zerfällt mir die Aufführung, sie zerdehnt sich, verliert an Konzentration und Dichte. Ich zog die Bühne also in diesem Fall bis über die ersten zwei Logen vor, das ist sehr weit und bedeutete, daß ich einen Teil vom Rang dichtmachen mußte. Die erste Diskussion, wenn man so etwas macht, geht immer um Geld, denn es macht die Intendanten solcher Häuser nicht besonders glücklich; sie verlieren an Einnahmen. Aber das Problem mit dem Publikum, das sich angemacht fühlt, entfällt, denn es sitzt an den Seiten und zugleich – wie gewohnt – in den Reihen, die sich vor der Bühne befinden.

Frederike: Ich fände es spannend herauszufinden, wie man für die Gerichtsszene eine Öffentlichkeit herstellt, ohne daß das Publikum meint, es müsse jetzt mitspielen.

Neben der Möglichkeit, die Bühne vorzubauen, so daß der Zuschauer das Gefühl bekommt, er sitzt unter den Schauspielern, gibt es die andere, wie in meinem Wiener »Kaufmann von Venedig«[34]: Die Gerichtsszene spielt in einem freien Saal, es kann ein Renaissancesaal sein, aber auch ein Saal, in dem sich die Siemens-Obersten treffen oder ein Gerichtssaal, der aber sehr offen gelassen wird. An der Öffentlichkeit dieses Saales ist der Zuschauer nicht beteiligt.

---

34 William Shakespeare, »Der Kaufmann von Venedig«, Burgtheater Wien, Wien 1988.

Saallicht

Man kann natürlich auch das Licht im Saal anlassen. Tatsächlich lasse ich heute oft das Licht im Zuschauerraum an, das liegt daran, daß ich nicht gerne im Dunkeln sitze. Licht hat eine relativ starke Wirkung auf das Publikum, viel raffinierter als irgendeine Rumhüpferei auf der Bühne. Die hauptsächliche Wirkung besteht darin, daß der Zuschauer seinen Nachbarn vor und neben sich sieht und gleichzeitig die Schauspieler und diese automatisch miteinander vergleicht. Egal was die Schauspieler dann machen, sie werden dadurch künstlicher und gleichzeitig realer, denn der Zuschauer, der sie mit dem Publikum vergleichen kann, bekommt dadurch ein genaueres Verhältnis zur Realität. Außerdem sieht der Schauspieler sein Publikum als einzelne Menschen statt als eine anonyme Masse im Dunkeln. Das verstört manche Schauspieler zuerst. Andere freuen sich über den direkten Kontakt, der dadurch ermöglicht wird.

Ich bekomme zwar oft Ärger mit meinem Lichtdesigner, der jammert, er bekomme so nie ein sauberes Licht und habe immer ein kleines Überlicht von vorne – ich mag das aber. Ich möchte kein sauberes ästhetisches Licht auf der Bühne, ich finde es schön, wenn die Schauspieler ganz nach vorne kommen und ein bißchen zielloses Licht aus dem Zuschauerraum abbekommen. Außerdem kann man genau austarieren, wie weit man damit geht.

Claus: Ich habe einmal eine Antigone-Aufführung gesehen, in der der Zuschauerraum ins Bühnenbild verlängert wurde. Es war ein großer Raum, in dem eine Holzvertäfelung oben entlanglief, die dann erst im Zuschauerraum endete.

Der Zuschauerraum wurde also dekorativ verlängert? Das heißt, der Theaterzuschauer sitzt im Bühnenzuschauerraum? Meinst du, daß das wirklich stattfindet?

Claus: In dieser Aufführung hatte es einen interessanten Effekt.

»Boxring«-Form

Theoretisch ist ja alles möglich, Theater kannst du überall spielen. Wir haben in Fabriken und auch in Messehallen Theater gemacht. Ich habe »Hamlet« mal so inszeniert,[35] daß die Zuschauer auf dem Boden oder auf Sofas saßen und lagen, irgendwo war ein Podest mit Schauspielern, die in der Mitte, an den Seiten oder in einer Ecke gespielt haben. Bei dieser Form der Bühne muß der Schauspieler nach vier Seiten spielen, und das ist ein ganz anderer Vorgang, als wenn er nach drei oder nach einer Richtung spielt. Nach drei Seiten spielen heißt für mich immer noch nach vorne spielen, ich empfinde das so. Nach hinten spielen ist etwas ganz anderes, das finde ich sehr schwer. Schauspieler merken, daß ihnen ständig jemand auf den Arsch guckt.

Helena: Ich habe mal bei einer Inszenierung assistiert, bei der ein Boxring in das Theater gebaut wurde und die Zuschauer von vier Seiten nach unten auf die Bühne schauten. Die armen Schauspieler mußten so nach fünf Seiten spielen, aber es war sehr interessant.

Frederike: Ich habe einmal »Präsidentinnen« von Werner Schwab auf einer solchen Bühne inszeniert, das war eine Katastrophe, es funktionierte gar nicht. Es war ein spannendes Büh-

---

35 William Shakespeare, »Hamlet«, Theater Bochum, Bochum 1977.

nenbild, aber nur vom Kopf her. Wenn ich jetzt zurückdenke, waren mir die Schauspieler ziemlich wurscht.

Hans: Aber es gibt Stücke, bei denen das funktioniert, ich habe »Eduard II.« von Peymann in Wien gesehen, in der tatsächlich alle Schauspieler in der Mitte spielten, und ich fand das sehr gut, weil das schnellere Übergänge ermöglichte. Gerade für das elisabethanische Theater finde ich diese Lösung gut, weil die Szenen einfach schneller gehen.

Der Vorteil dabei ist, daß man kein Bühnenbild braucht, weil die Zuschauer das Bühnenbild sind. Der Schauspieler schaut nur sie an, und das ist der Vorteil und gleichzeitig der Nachteil. Denn, was macht der Schauspieler denn wirklich? Sein oder nicht sein, das ist die Frage ... [dreht sich um] ... für euch auch! Das ist schwierig. Wenn ich darüber nachdenke, habe ich so nur »Hamlet« mit Ulrich Wildgruber inszeniert. Da ging es komischerweise, vielleicht, weil Wildgruber damals ein wilder Mann war, der in keine Richtung spielte. Er spielte einfach, er war ein Naturereignis, es war egal, ob man ihn von hinten oder von vorn sah, er war einfach ein extrem lebendiges Wesen. Ohne ihn hätte ich das sicherlich nicht so gemacht.

Vielleicht stört mich an der »Boxring«-Form, daß ich keine Kontrolle mehr darüber habe, was der Zuschauer wirklich sieht. Wenn ich mich mit jemandem auseinandersetze, möchte ich ihm in die Augen sehen, und wenn ich irgendwann mal einen Schauspieler von hinten sehen möchte, sage ich ihm, er solle sich mit dem Rücken zum Publikum stellen.

Beatrice: Ich habe mal ein sehr raffiniertes Bühnenbild von Penelope Verdi erlebt. Sie hatte für »König Lear« einen großen Spiegel auf die Bühne gestellt, in dem man die rechts und links stehenden Prospekte sehen konnte. Optisch war das sehr raffiniert, nur stellte sich für die Schauspieler nie ein wirklicher Raum her, und sie wirkten total verloren. Als z. B. König Lear dann rausgeworfen wurde und zum ersten Mal Kälte erfuhr, saß er behaglich auf einem Teppich und hatte überhaupt keine Sensibilität für diese Szene. Optisch war das jedoch gut gemacht, er sprang durch den Spiegel, der zersplitterte. Ich frage mich, was man machen kann, wenn man ein solches Bühnenbild nicht aufgeben will.

Wieso sollte man ein Bühnenbild behalten wollen, das einem nicht hilft?

Beatrice: Weil es so raffiniert ist!

Es gibt viele raffinierte Dinge, die man mit dem Bühnenbild machen kann, und das wird auch immer das Problem zwischen dem Regisseur und dem Bühnenbildner sein. Er will sein Bühnenbild, und du willst deins. Das beste ist, wenn man einen Bühnenbildner hat, den man kennt und den es interessiert, in welcher Situation man gut arbeitet. Wilfried Minks und Karl Kneidl kennen mich so gut, daß sie mir Bilder bauen, die ich vielleicht zuerst nicht verstehe, in denen ich aber leben kann. Sie bauen mir Häuser, in denen ich wohnen kann.

Sie kennen das Stück und haben sich, bevor ich mit Einfällen komme, das Bühnenbild schon ausgedacht. Sie wissen, warum ich das Stück mache, und wissen ungefähr schon, wie meine Inszenierung aussehen wird, bevor ich es weiß. Dann bauen sie mir das Bild als Modell, und meistens lehne ich es ab. Daraufhin arbeiten wir möglicherweise wochenlang an anderen Vorschlägen, von ihnen oder mir, um schließlich auf das ursprüngliche Bild zurückzukommen, mit den Änderungen, die in unseren Besprechungen neu entstanden sind. Man muß das große Glück besitzen, einen Bühnenbildner zu haben, der imstande ist, eine ganze Inszenierung optisch zu durchdenken und diese Vorstellungen mit denen des Regisseurs zusammenzubringen.

Proportionen

Als ich aus England nach Deutschland kam, diskutierten Minks und ich ausgiebig über Größe und Höhe von Bühnenbildern, weil deutsche Bühnenbildner damals dazu neigten, alles zu hoch zu bauen – ich glaube, sie tun es auch heute noch. Das Verhältnis von Menschen zu Wänden z. B. – also wenn du eine Riesenwand hochziehst und ein kleiner Mensch davor steht – hat eine Bedeutung und sagt etwas darüber aus, wie du die Welt siehst. Man braucht eine Tür und diskutiert darüber, wie hoch sie sein muß und in welchem Verhältnis der Mensch zu ihr steht. Wir wissen alle, wie hoch eine normale Tür ist, und wenn der Bühnenbildner sie nun achtzig Zentimeter höher macht, geschieht etwas mit dem Menschen, der hindurch geht. Etwas, das der Schauspieler möglicherweise gar nicht spürt, der Zuschauer aber schon. Der Mensch wird ja kleiner, wenn er durch eine höhere Tür geht, und der Zuschauer, der auch oft durch Türen geht, hat ein Gespür dafür. Menschen werden so also kleiner, und es kann sein, daß man das beabsichtigt. Wenn man es aber nicht will, darf es nicht passieren. Es gibt unzählige Fragen, das Bühnenbild betreffend: Wie hoch, wie breit sind Dinge, wie tief oder wie flach ist eine Bühne? Wie sind die Gänge der Schauspieler? Bei Shakespeares Stücken entsteht daraus ein großes Problem, weil Shakespeare die Auftritte jeweils sehr genau vorgegeben hat. Wenn unsere Bühne keine Shakespeare-Bühne ist, und das ist sie meist nicht, sind die Entfernungen immer falsch. Ein Schauspieler hat drei Sätze und ist bei Shakespeare schon an der Tür, wenn er sie gesagt hat. Auf einer heutigen, normalgroßen Bühne hat der Schauspieler unter Umständen noch zehn Meter zu gehen, bis er an der Tür ist.

Das Bühnenbild für ein Ablaufstück

Laßt uns jetzt mal über das Bühnenbild von »Frühlings Erwachen« sprechen. Wie stellt ihr es euch vor? Es ist eine grundsätzliche Entscheidung, die ihr zu treffen habt: Handelt es sich um einen Raum, in dem man etwas verändert? Sind es zehn verschiedene Räume? Handelt es sich um gar keinen Raum, sondern um eine abstrakte Bühne? Diese Grundsatzfragen muß man sich schon vorher beantworten. Das bedeutet nicht, daß man seine Meinung nicht ändern kann, aber man hat, bevor man mit dem Bühnenbildner spricht, ein Gefühl für die Welt, in der man die Schauspieler sich bewegen läßt. »Frühlings Erwachen« ist ein Ablaufstück, es handelt sich dabei um eine Serie von kleinen Szenen. Probiert mal zu beschreiben, wie ihr es machen wollt.

Beatrice: Es gibt für mich zwei wichtige Dinge im Stück: Stadt und Natur. Die sexuellen Dinge passieren alle auf der Schwelle zur Natur oder in der Natur. Das Bühnenbild muß also sehr praktikabel, sehr flexibel sein, weil die Übergänge sonst schwierig werden. Vielleicht sollte man irgend etwas finden, einen Gegenstand, der typisch für eine Szene ist, z. B. eine Stehlampe für das Wohnzimmer.

Das ist komisch, denn als ich eben dein Bild für die Szene sah, dachte ich etwas ganz anderes, ich dachte: Ach, sie will es künstlich haben und hat sich deshalb eine Bühnenlampe hingestellt, unter der Melchior sitzt. Durch die Vermischung von künstlichem und echtem Licht kommt etwas sehr Spezielles in die Szene. Mir gefiel es. Du meinst also, eine Stehlampe sei besser als eine Bühnenlampe? Nur, Beatrice, wenn du so anfängst, wie sieht ein Baum auf deiner Bühne aus? Wie willst du Natur darstellen? In der Szene braucht man übrigens keine Natur, Melchior guckt aus dem Fenster und erzählt etwas, ich wüßte nicht, wie man hier Natur herstellt. Natur auf der Bühne darzustellen ist ohnehin das schwierigste. Es ist mir fast nie gelungen, trotz vieler Versuche. Habt ihr mal gesehen, daß das funktioniert?

Helena: Schön war das Bühnenbild von Grübers »Iphigenie auf Tauris« mit Strand und Wasser. Der Rest war langweilig, aber das Bühnenbild war geil.

Ich habe davon gehört, es aber nicht gesehen. Den Gedanken fand ich sehr schön, Gilles Aillaud ist ein aufregender Bühnenbildner. In meinen Inszenierungen könnte ich mit einer echten Wasserinsel nichts anfangen. Ich sehe eine Bühne und möchte, daß man eine Bühne sieht. Ich wüßte nicht, was die Schauspieler mit dem Wasser machen sollen – sich ausziehen und reinspringen? Beatrice, aber was würdest du in »Frühlings Erwachen« mit der Natur machen?

Beatrice: Die Natur sieht man vielleicht gar nicht, im Gegensatz zur Stadt, für die man einen typischen Gegenstand finden könnte, der den Schauspielern hilft, ein Raumgefühl zu entwickeln.

Das ist ja schön und gut für den Probenraum, da steht dann dieses Ding, dein »typischer Gegenstand«. Aber was machst du auf der richtigen Bühne? Was machst du z. B. mit der hinteren Bühnenwand, hängst du da einen Lappen hin, einen Vorhang oder ein Plakat? Ist da eine Sicht auf die Berge? Oder auf was anderes?

Beatrice: Bis jetzt ist die Bühnenwand leer.

Raum ohne Bild

Leer gibt es nicht! Der Bühnenraum, die Bühnenwand sind da. Wenn du sie leer haben willst, mußt du dir die Bühne sehr vorsichtig aussuchen. Ich habe ein paarmal einfach die Bühne genommen, nichts hingehängt und nichts hingestellt. Zum Beispiel bei »Ivanov« im Wiener Akademietheater. Der Raum war vollkommen in der Einheit von freier Rückwand der Bühne und Stück. Problematisch wurde es erst, als wir mit »Ivanov« beim Berliner Theatertreffen an der Freien Volksbühne gastierten. Die Bühne war achtmal so tief wie das Wiener Akademietheater, in dem das Stück »geboren« war, und da stand ich nun mit Peter Pabst, meinem Bühnenbildner. Die wunderbare Rückwand des Akademietheaters nachzubauen wäre albern gewesen. Sie würde immer wie eine nachgebaute Rückwand aussehen mit einer völlig anderen Wirkung als das Original. Die Rückwand des Akademietheaters hat ein unheimliches Leben mit Zeichen drauf, reingebohrten Dingen usw. Ein Bühnenleben eben, ein Vorleben, eine von jedem Regisseur imaginierte Vergangenheit. Ich stellte viele Stühle vor die Wand, und wir spielten das Stück auf den Stühlen. Hätte man diese Rückwand in der Volksbühne nachgebaut, hätte es so ausgesehen, als ob ich mir die Rückwand von Ivanovs Haus so ausgedacht hätte.

Helena: Das glaub ich nicht, es weiß doch keiner, wie die Rückwand des Akademietheaters aussieht.

Man spürt, ob eine Wand echt oder nachgemacht ist. Das Akademietheater ist fünfzehn Meter tief, die Volksbühne dagegen etwa dreißig. Das heißt, du hast auf einmal fünfzehn Meter, mit denen du nichts anfangen kannst. Du mußt die Wand in die Mitte der Bühne stellen, und das spürt man räumlich. Man spürt, der Raum geht bis dahin, dann kommt eine künstliche

Wand. Die künstliche Wand nimmst du ganz anders wahr, wenn sie nicht die Bühnenrückwand ist. Also spannten wir in Berlin als Notlösung eine große Plane auf.

Ortswechsel

Ein ähnliches Problem stellt sich, wenn man versucht, eine Shakespeare-Bühne nachzubauen. Stellst du sie auf eine normale Bühne, sieht es idiotisch aus. Ich habe daher Shakespeare gern in alten Kinos inszeniert, weil sie so sind, wie sie sind. Sie haben eine eigene Realität, sind »Orte«. Stellst du dort einen Baum auf die Bühne, stimmt es. Auf der Bühne eines solchen alten Kinos habe ich »König Lear«[36] in Bochum inszeniert. Wir stellten Kulissen auf die Bühne, und es blieb das kleine idiotische Kino von 1930. Die Aufführung im Kino war ein großer Erfolg. Als wir sie ins Bochumer Schauspielhaus rübernehmen mußten, war sie kaputt. Sie war kaputt, weil die besondere Atmosphäre nicht zu wiederholen war, sie konnte nicht nachgemacht werden, und die Schauspieler hatten sich genau auf den Kinoraum eingestellt. Man kann weder einen Ort noch einen Menschen nachmachen, man kann immer nur ein Original machen und danach ein neues Original finden. Das Problem, von einer Bühne zu einer anderen wechseln zu müssen, hat man aber oft.

Ich sehe z. B., was zur Zeit mit meinem »Hamlet« passiert, seit wir von der Berliner Schaubühne zum Hamburger Schauspielhaus gewechselt sind. Die Bühne ist nicht einmal größer oder breiter, wir benutzen auch die gleiche Tiefe. Aber der Zuschauerraum ist riesig und hat statt fünfhundert dreizehnhundert Plätze. Ein riesiger Unterschied. Wir haben »Hamlet« jetzt mehrmals im Hamburger Schauspielhaus gespielt, und die gesamte Aufführung ist unmerklich langsamer und unkon-

---

36 William Shakespeare, »König Lear«, Theater Bochum, Bochum 1974.

zentrierter geworden, da die Schauspieler sich automatisch auf den größeren Raum einstellen. Man wird lauter, man spielt anders, und zwar erst einmal so minimal, daß die Schauspieler es nicht merken. Wenn ein unendlich entfernter kleiner Mensch im Theater-Olymp versucht, dich zu sehen und zu hören, spielt man zu ihm hin. Vorher hatten die Schauspieler auf eine weit geringere Entfernung hin gespielt, und so zieht sich die Aufführung langsam auseinander, wird größer und grob. Wir werden den »Hamlet« wahrscheinlich noch für weitere zwei Jahre dort spielen, also muß ich jetzt etwas unternehmen. Ich werde die Bühne fünf Meter weiter in den Zuschauerraum hinaus bauen und rücke den Container damit ins Proszenium hinein. Das Ganze wird so vorgerückt, daß das Verhältnis der Schauspieler zu einem Teil der Zuschauer enger wird. Im Zweifelsfall werde ich auch einige – am liebsten alle – Reihen in den Rängen schließen lassen. (Es lohnt sich vielleicht, hier zu sagen, daß das Vorrücken des Containers zuerst auf praktische Schwierigkeiten stieß, nämlich mit der Feuerwehr. Wo ich den Container stehen haben wollte, läuft der Eiserne Vorhang entlang, unter den man nichts stellen darf.)

Evelyn: Ich habe mir einige Gedanken für das Bühnenbild von »Frühlings Erwachen« gemacht. In der Mitte der Bühne habe ich eine Kammer, die sich vielleicht in der Höhe verschieben läßt. Ich könnte mir vorstellen, daß das Konferenzzimmer der Lehrer zwanzig Zentimeter höher ist als die Kammer von Frau Bergmann. Es gibt einen Vorhang, den ich zuziehen kann. Hinten hätte ich also eine Kammer, und oben könnte ich Melchiors und Wendlas Waldszene und die Friedhofsszene mit Moritz, Melchior und dem Vermummten Herrn spielen lassen. Unten gibt es verschiedene Zimmer mit Vorhängen.

Ich habe zwei Probleme mit deinem Bühnenbild: Erstens ist zuviel Konstruktion drin. Bis das erlaubt wird – es gibt ja glücklicherweise Sicherheitspolizei in diesem Land, sonst wären alle Schauspieler tot –, muß es eine sehr massive Konstruktion werden. Mein zweites Problem ist, daß ich eigentlich nichts mag, was nicht auf dem Bühnenboden spielt oder nicht zumindest eine überschaubare Beziehung zum Bühnenboden hat. Eine Treppe oder ein Podest kann ich überschauen, aber eine Konstruktion dieses Ausmaßes erhält einen Grad von Naturalismus, den ich nicht mag, weil er das Agieren der Schauspieler begrenzt.

Bühnenboden

Ich habe ein paarmal Bühnenbilder auf zwei Ebenen benutzt. Ich hatte bei der Inszenierung von »Der Geizige«[37] ein sehr schönes Bild, das aussah wie ein aufgeschnittenes Haus: oben zwei Zimmer, eine Treppe in der Mitte und unten zwei weitere Zimmer. Das Bühnenbild war toll, aber ein Schauspieler, der in einem solchen Bild spielt, verhält sich so, als wäre er in einem Zimmer im zweiten Stock, und verliert das Empfinden dafür, auf einer Bühne zu sein. Ich sage einem Schauspieler auf einer flachen Bühne lieber, er solle sich vorstellen, in hundert Meter Höhe zu stehen. Wie er diese Aufgabe löst, finde ich viel interessanter, als ihm diese Höhe zu bauen. Ich habe nichts dagegen und habe solche Aufführungen genossen, finde aber, daß sie am Ende immer naturalistisch und platt waren. Ich halte es für eine Begrenzung und mag es am liebsten, wenn es nichts gibt, was den Ort beschreibt, so daß der Schauspieler frei bleibt, sich diesen Ort vorzustellen. Jeder Regisseur hat seine eigenen Macken, und ich bin in den letzten

---

37 Jean-Baptiste Molière, »Der Geizige«, Theater der Freien Hansestadt, Bremen 1964.

Jahren immer stärker an den Punkt gekommen, daß ich den Bühnenboden haben möchte, weil er das Element ist, zu dem der Zuschauer und ich eine besondere Beziehung haben. Der Bühnenboden ist ein Zauberort, auf dem alles gemacht werden kann. Da kann einer kommen und sagen: Ich bin Rumpelstilzchen! – und ich glaube es ihm; oder es kommen zehn Leute auf die Bühne marschiert und behaupten, sie seien eine Armee – ich glaube es sofort. Ich weiß nicht, ob die Zuschauer es glauben, aber ich verlange es von ihnen.

Szenenwechsel

Nehmen wir mal an, wir haben kein Bild, das auf zwei Ebenen gebaut ist, sondern eine Bühne, auf der Szenen gewechselt werden. Wie wechselt man sie und wie kommt man von einer Szene zur nächsten? Man kann das Problem dadurch lösen, daß man einen Vorhang verwendet, hinter dem die Szenen unsichtbar gewechselt werden. Dann öffnest du den Vorhang und hast ein neues Bild. Das wirkt wieder sehr naturalistisch. Es macht einen großen Unterschied, ob du einen Vorhang aufmachst und ein neues Bild erscheint, oder ob du jemanden auf die Bühne kommen und die Szene vor den Augen der Zuschauer umbauen läßt. Auch dabei kann man große Fehler machen. Es kann einem passieren, daß man bei offenen Umbauten sechs Bühnenarbeiter und einen Schauspieler auf der Bühne hat. Dann wird es ein Stück über die Bühnenarbeiter. Das geschieht sehr schnell, besonders, wenn die Umbauten ungeschickt vorgenommen werden – das Publikum merkt es sofort. Dann ist die Aufführung durch die Umbauten zerstört. All das muß bedacht werden. Man kann nicht so tun, als ob das alles von selbst geschieht, es sei denn, man mag Technik und es gefällt einem, wenn sich Dinge elektrisch über die Bühne bewegen.

Helena: Die Schauspieler könnten die Dinge auch von der Bühne tragen.

Das ist aber auch eine große Entscheidung. Das Publikum identifiziert die Schauspieler dann ständig als Träger. Es ist nicht nur so, daß sie Schauspieler sind, du sagst es dem Publikum auch noch ständig. Du kannst eine Szene nie in ihrer Wirkung beenden. Es steht jemand da und sagt: Oh Gott!, nimmt einen Stuhl und trägt ihn raus. Dieses Oh-Gott wird nie alleine in der Luft stehen. Es ist ein Weg. Ich mache es gelegentlich auch. In meinem »Hamlet« z. B. trägt der Inspizient, der außerdem mitspielt, einen Tisch auf die Bühne und stellt ihn vor mein Bühnenbild, den Container, hin. Der Inspizient macht das seit anderthalb Jahren. Jetzt habe ich allerdings das Problem, daß er in Kürze das Theater verläßt, denn er hat noch etwas anderes im Leben vor. Aber er gehört zur Aufführung, er ist unersetzbar.

Frederike: Ich habe noch eine Frage zum Naturalismus in »Frühlings Erwachen«. In der Weinbergsszene gibt es Trauben und Reben, und ich finde es falsch, hier wirkliche Trauben zu verwenden, weil jeder merkt, daß es falsche sind. Das heißt, bei mir sitzen Hänschen und Ernst im Dachstuhl vor der Schule und spielen den Weinberg nur.

Finde ich lustig, nur kann man das nicht auf alle Bilder übertragen. Es würde zu kompliziert, und kein Mensch würde das kapieren. Aber, ich finde es einen sehr guten Einfall. Gerade für diese Szene, gerade für die Zeit der Jahrhundertwende. Sie hat ja so eine bestimmte Romantik, so eine Schwulstigkeit. Das kleine Hänschen sitzt ja auch im Museum, guckt sich Bilder an und onaniert. Das ist seine Welt, und daß Hänschen und Ernst sich vorstellen, in einem Weinberg zu sitzen, finde ich sehr schön.

Beatrice: Das ist ja nur ein Beispiel, aber wenn man eine leere Bühne hat, und sie essen Weintrauben, hat man doch Natur.

Genügt dir das? Vielleicht.

Geraldine: Für mein Bühnenbild sehe ich nicht die Opposition Stadt–Natur. Die Figuren reden immer über Natur, die Bilder sind also sehr romantisch, sehr emphatisch, so daß ich mir einen sehr sterilen Raum vorstelle, der im Kontrast zu der Emotionalität der Figuren steht. Ich stelle mir einen hellen blau-grünen Raum mit wenigen Gegenständen vor.

Gewisse Dinge brauchst du aber, einen Tisch, ein paar Stühle und ähnliches ... Wie veränderst du denn die Bühne?

Geraldine: Ja, das ist ein Problem. Eine Lösung wäre, Requisiten zu benutzen, die verwandelbar sind. Ein Requisit also, das in einer Szene als Stuhl benutzt wird und in der nächsten als etwas anderes.

Finde ich anstrengend. Es löst auch das Problem der Szenenübergänge nicht. Das Gute ist doch, daß es für einen Szenenübergang nur begrenzte Möglichkeiten gibt. Du kannst einen Blackout machen, in dessen Dunkel die Bühnenarbeiter etwas wegtragen und etwas anderes auf die Bühne bringen. Wenn es Szenen sind, die ineinander übergehen und verschiedene Möbel auf der Bühne verlangen, wird es allerdings zum Problem. Dann muß entweder ein Schauspieler oder ein Bühnenarbeiter umbauen, und man kann vielleicht mit einem Lichtwechsel davon ablenken. Ich finde den offenen Umbau noch am leichtesten, weil er in sich unsauber ist. Und bei diesem unsauberen Vorgang kann man fummeln. Das kann man sehr schön machen. Ein Schauspieler kann nach vorne kommen und reden, während hinten jemand den Stuhl wegnimmt. Das kann man sehr schön manipulieren, es bleibt aber unsauber. Du wirst nie ein sauberes Szenenende und einen sauberen Szenenanfang hinbekommen.

Evelyn: Ich frage mich, wie ich die Arbeit mit den Schauspielern auf der einen Seite und das Bühnenbild auf der anderen Seite zusammenbringe.

Bauprobe
Praktisch gesehen ist es ja so: Man fängt mit dem Text und den Schauspielern an, denkt aber währenddessen schon an das Bild. Ein Bühnenbild muß früh geplant werden, da es gebaut werden muß. Ein Opernbild muß man ein Jahr vorher planen, das ist furchtbar. Dort brauchen sie unendlich viel Zeit, um sich vorzubereiten. Mein letzter Opern-Bühnenbildner, in Salzburg, wollte seine Bühnenbilder in Rom bauen lassen, und man hat ihn gewähren lassen. Das ist natürlich schrecklich, weil man während der Proben immer wieder Dinge entdeckt, die man verändern möchte. Wenn du aber einen Bühnenbildner hast, mit dem du gut zusammenarbeitest, fummelst du dich mit ihm bei der Bauprobe so durch. Die Bauprobe ist für mich ein wichtiger Moment. In anderen Ländern gibt es keine Bauprobe. In Paris z. B. wurde ich angeschaut, als sei ich verrückt, als ich dort die Bauprobe für »Maß für Maß«[38] machte. Sie meinten, es gäbe doch das Modell, warum müsse man es noch auf der Bühne ausprobieren. Das stimmt aber nicht. Du hast ein Modell, und alles sieht richtig aus! Stellst du dann alles auf die Bühne, ist alles doch anders. Meine Bauproben sind meistens Proben, bei denen ich sehr viel ändere, natürlich hängt das vom Einverständnis des Bühnenbildners ab. Auch

---

38 William Shakespeare, »Maß für Maß«, Théâtre de l'Odéon, Paris 1991.

wenn man viel Erfahrung hat, in der Einschätzung von Proportionen und Entfernungen von Gegenständen irrt man sich wiederholt. Du hast das Modell und siehst hier einen Baum, dort ein Sofa, und dazwischen befinden sich acht Meter, und es scheint richtig. Stellst du das Sofa und den Baum auf die Bühne und siehst plötzlich den Gesamtzusammenhang, ist alles falsch, weil es wirkt, als wärest du in einem riesigen Saal. Dann beginnst du, die Dinge auf der Bühne herumzuschieben, du willst plötzlich nicht nur einen Baum, sondern sechs Bäume oder vielleicht gar keinen. Bei »Ivanov« z. B. wollte ich eigentlich eine künstliche Bühne, weil ich mir einen künstlichen Ort vorgestellt hatte. Mein Bühnenbildner Peter Pabst baute mir für die Bauprobe eine Bühne mit langen Brettern, die einen so hohen Grad an Künstlichkeit hatte, daß ich sie mir nicht mehr vorstellen konnte. Wir nahmen sie wieder weg. Hätte ich diese improvisierte Bühne auf der Bauprobe nicht gesehen und hätten wir die richtige Bühne aus schönem Holz später entfernen lassen, hätte das ein Heidengeld und viel Arbeitsaufwand gekostet. Eine Bauprobe ist wichtig, und wichtig ist auch, daß man sich genügend Zeit nimmt, sie gut vorzubereiten. Der Bühnenbildner muß Teile bauen, die repräsentativ sind, und nicht nur Latten auf die Bühne stellen, die der Höhe und Größe z. B. eines Hauses entsprechen. Mir genügen Latten nicht, ich brauche wenigstens etwas, das dieselbe Form und dieselbe Farbe hat. Ich erinnere mich, bei meiner »Yerma«[39] an den Münchner Kammerspielen war die Bauprobe so schön, daß Götz Loepelmann und ich das provisorisch gedachte Bild der Bauprobe als endgültiges nahmen.

Ein guter Bühnenbildner ist während der meisten Proben anwesend. Weil Bühnenbildner meist aus finanziellen Grün-

---

39 Federico García Lorca, »Yerma«, Münchner Kammerspiele, München 1984.

den mehrere Arbeiten im Jahr machen, sind sie zwischendurch weg oder lassen sich durch einen Assistenten vertreten. Es kann sein, daß man eine Szene nicht mehr draußen spielen lassen will, sondern drinnen, man will sie nicht mehr oben, sondern unten. Oder man braucht ein Podest, und das muß in das gesamte Bühnenbild eingefügt werden, man kann es ja nicht einfach hineinstellen. So entwickelt sich das Bühnenbild während der Probenzeit.

Der gefährlichste Moment für die Aufführung ist es, wenn es auf die Endproben zugeht. Zum ersten Mal steht das echte Bühnenbild auf der Bühne. Die Einrichtung des Bildes, die genauen Positionen aller seiner Bestandteile können erst zu diesem Zeitpunkt festgelegt werden. Der Regisseur und der Bühnenbildner müßen dabeisein, falls möglich auch der Lichtdesigner.

Als »Hamlet« z. B. auf die Reise ging, war ich am Anfang einen Tag vorher an dem jeweiligen Theater, um die Positionierung des Containers zu überwachen. Es geht um jeden Zentimeter, steht der Container auch nur ein Stück zurück oder ein bißchen weiter rechts, verändert sich das Bühnenbild. Das kann ich erst beurteilen, wenn das Ding auf der Bühne steht. Ich schaue mir den Container genau an, gehe auf der Bühne ein wenig herum, setze mich in den Zuschauerraum und auf den Rang, fühle es und weiß dann meistens, wo er stehen muß.

Evelyn: Ich mache mir Sorgen wegen des Wechsels aus dem Probenraum in einen großen Raum.

Das ist auch richtig, es kommt oft vor, daß man in kleinen Räumen probt und auf einer großen Bühne plötzlich verloren ist. Aber auch dafür gibt es Mittel und Wege, z. B. kannst du, wenn du Angst hast, daß die Schauspieler in einem großen

Raum verloren wirken könnten, mit Stühlen oder Vorhängen eine Begrenzung herstellen. Vielleicht nur erst einmal, verstehst du?

Licht

Licht auf der Bühne ist hauptsächlich zur Beleuchtung der Schauspieler da. Das braucht man eigentlich gar nicht zu sagen, meint ihr. Ich glaube doch. Als ich in Deutschland zu arbeiten anfing, Ende der 50er Jahre, machten meistens die Bühnenbildner das Licht. In England, wo ich gelernt und gearbeitet hatte, waren es die Regisseure. Bühnenlicht auf deutschen Bühnen kam damals größtenteils von oben, so daß man die Augen der Schauspieler fast nie wirklich sah. Wenn ich die Augen der Schauspieler nicht sehen kann, schlafe ich sofort ein. Englische Regisseure hingegen beleuchteten nur die Schauspieler, möglichst realistisch, der realen Situation entsprechend – der Tageszeit, dem Wetter, der Innenbeleuchtung etc. Bühnenbilder zog man nur bei Operetten und Opern in Betracht oder im Falle von ein paar berühmten Bühnenbildnern, die darauf bestehen konnten. Aber auch die hätten primär immer an die Augen der Schauspieler oder Sänger gedacht. Ich habe das natürlich nicht mitgemacht. Da ich aber in Deutschland gleich mit Wilfried Minks arbeitete, habe ich das Bild schon beachtet. Die Stärke des Lichts ist nicht unbedingt maßgebend für die beste Sicht. Man muß natürlich Vordergrund – meistens der Schauspieler – und Hintergrund – meistens das Bild – in einer bestimmten Relation zueinander halten. André Diot benutzt besonders wenig Licht, auch wenige Lampen, so daß die Schauspieler hin und wieder denken, daß sie eingedunkelt werden. Das stimmt aber nicht, weil das Verhältnis des vorderen zum hinteren Licht immer stimmt. Licht kann und soll auch Atmosphäre herstellen und unterstützen, doch ist auch das sekundär im Verhältnis zum Beleuchten der Schauspieler. Dies bleibt die Hauptaufgabe des Lichts. Es gibt häufig Situationen, in denen Sicht und Atmo im Konflikt sind. Ein guter Regisseur wird den Konflikt immer zugunsten des Schauspielers lösen. Das Wegschummeln langweilig gespielter Szenen mit Hilfe von atmosphärischen Lichtetüden ist genauso schlimm wie schmierige Filmmusik unter banalem Dialog.

Seit den 50er Jahren hat sich die Lichtsituation in Deutschland sehr verändert. Es gibt mittlerweile großartige Lichtdesigner und Bühnenbildner und Regisseure, die mit Licht virtuos umgehen. Der Einfluß des Italieners Luciano Damiani, der als einer der ersten indirektes Licht einführte, war dabei wichtig, wie auch die ganze Haltung zum Bild, ja zum Theater überhaupt von Brecht und seinen Bühnenbildnern – Karl Appen, Caspar Neher – und auch Theo Otto. Doch droht das deutsche Theater immer wieder in zwei extreme, für mich unakzeptable Haltungen (zurück)zurutschen – eiskalt und viel zu schattenlos (also ganz artifiziell) oder mulmig, zu atmosphärisch und bedeutend. Auch Licht finde ich am schönsten, wenn man es nicht bemerkt.

In den Endproben fängt der Beleuchter mit seiner Arbeit an. Es kommt darauf an, ob ihr einen Lichtdesigner, einen Beleuchtungsmeister oder einen Bühnenbildner habt, der auch Licht machen kann – alle Varianten sind möglich. Ich arbeite seit Jahren mit André Diot, wir kennen uns so gut, daß wir nicht mehr viel miteinander diskutieren müssen.

Die Beleuchtungsproben bedeuten meistens, daß man mit den Schauspielern in die Probenräume ausweichen muß, es sei denn, daß das Licht während der Proben – und zum Teil auch nach oder vor den Proben – eingerichtet wird. Mir ist es am liebsten, wenn der Beleuchter arbeitet, während wir proben.

Mich stört es nicht, wenn das Licht an- und ausgeht: Die Schauspieler gewöhnen sich allmählich an die Art des Lichtes. Vorsichtig baue ich die Technik in die Endproben ein, wenn möglich, ohne die Schauspieler zu verstören, was kompliziert ist, denn wenn sie sensibel geprobt haben und jetzt Bühnenbild und Licht verändert sind, kann es sie irritieren. Plötzlich ist es dunkel, während ein Schauspieler seine große Rede hat und nur denkt: Jetzt sieht mich niemand mehr! Mit einer Mischung aus Autorität und Verständnis muß man versuchen, das auszugleichen. Das wichtigste ist, daß die Schauspieler dir trauen, sie meckern dann zwar immer noch, sagst du ihnen aber, daß sich das noch ändern wird, glauben sie dir. Es kommt auf das Verhältnis an, das du bis zu dem Moment geschaffen hast.

Musik

Für den Einsatz von Musik gibt es die unterschiedlichsten Möglichkeiten, und ich überdenke jedesmal neu, wie ich Musik einsetze. Ich finde, zur Zeit gibt es zuviel Musik im Theater, man benutzt sie wie ein filmisches Mittel. Jeden schlechten Film und jedes schlechte Theaterstück kann man mit der richtigen Musik »retten«. Atmosphärische Musik finde ich schrecklich, auch wenn ihre Qualität vom Komponisten abhängt. Ein guter Komponist arbeitet manchmal gegen meine Arbeit an. Mein Beleuchter unterstützt nicht immer das, was ich möchte, sondern arbeitet manchmal dagegen. Wenn es mir nicht paßt, sage ich es. Grundsätzlich aber ist es wichtig, daß man einen *counterpoint*, einen Gegenpart, hat, was bedeutet, daß ein anderer mitdenkt. Das ist ähnlich wie mit den Schauspielern, man will ja nicht, daß alle gleich denken.

Beatrice: Ich glaube, daß man, wenn man mit Schauspielern probiert, sie durch eine bestimmte Musik inspirieren oder in eine bestimmte Stimmung versetzen kann. Musik wirkt sich aus, sogar Vogelgezwitscher wirkt sich aus ...

Ich habe früher oft Musik benutzt, um die Schauspieler in eine Stimmung zu versetzen, und die Musik zu einem späteren Zeitpunkt wieder weggenommen. Man kann viele interessante Dinge machen. Bei der Inszenierung von »Der Widerspenstigen Zähmung«[40] holte ich ein kleines elisabethanisches Quartett auf die Bühne und sagte: Spielt einfach durch. Wenn ihr keine Lust mehr habt, hört einfach auf. Die Musiker spielten diese reine, wunderschöne elisabethanische Musik, und allmählich nahm man sie gar nicht mehr wahr – sicher ähnlich wie das Meeresrauschen in Grübers »Iphigenie«. Ich wollte keine Musik, die unterstützt oder abschwächt oder eine Atmosphäre erzeugt, sondern eine, die die elisabethanische Zeit widerspiegelt und ein Gefühl für die damalige Welt vermittelt. Ich kenne nichts, was das Gefühl für diese Welt deutlicher transportiert als die elisabethanische Musik. Sie ist nicht wie mittelalterliche oder barocke Musik, sondern hat ihre ganz eigene, deutliche Form. Ich liebe sie besonders.

Bei »Ghetto«[41] z. B. war die Musik zunächst ein Problem, wir wußten nicht, woher wir sie nehmen sollten. Es gibt verschiedene Arten jüdischer, jiddischer oder hebräischer Musik, ich wollte aber etwas ganz Spezifisches. Arie Zinger, ein Israeli, ein ehemaliger Assistent und Freund von mir und heute Regisseur in Berlin, erzählte mir von Giora Feidman, einem damals noch relativ unbekannten Klarinettisten aus

---

40 William Shakespeare, »Der Widerspenstigen Zähmung«, Freie Volksbühne, Berlin 1981.
41 Joshua Sobol, »Ghetto«, Freie Volksbühne, Berlin 1984.

Israel. Der Komponist Peer Raben gab mir ein Kassette mit dieser Klezmermusik, die ich noch nie gehört hatte. (Ich bin in jüdischen und hebräischen Dingen ziemlich ungebildet.) Ich fand die Musik wunderbar und fragte Feidman, ob er bei der Produktion mitmachen wolle, und er sagte zu. Die Hauptrolle des Stückes hatte ich bereits mit Esther Ofarim besetzt, die in den 50er und 60er Jahren eine bekannte Schlagersängerin in der Bundesrepublik war. Sie war sehr schön und hatte eine wundervolle Stimme. Gemeinsam improvisierten sie, Feidman und Peer Raben, den ich von Fassbinder übernommen hatte, und es kamen immer wieder neue musikalische Ideen dazu. Es war eine schöne und spannende Zusammenarbeit. Mal einigten sie sich untereinander, mal nicht, so daß es schließlich drei verschiedene Arten von Musik gab. Die Musik entwickelte sich in diesem Fall sehr organisch – »Ghetto« war ja ein halbes Musical.

Bei Theaterstücken, die keine Musicals sind, ist es anders. Wenn ich mit Peer Raben arbeite, sieht er sich die Proben an und schlägt dann seine Musik vor. In »Hamlet« gibt es z. B. eine kuriose Szene, wo Hamlet auf einem Feld steht und eine Armee vorbeimarschieren sieht. Ich hatte sie mit einer fast romantischen Musik von Peer Raben unterstützt, und das schien gut zu sein. Dann gefiel mir das nicht mehr. Ich ließ Angela Winkler als Hamlet vor den Vorhang treten und dort weiterspielen, und auch das funktionierte. Dazu passte nur die ursprüngliche Musik nicht mehr. Mich störte jetzt die Stille, ich wollte auf ganz simple Weise klar machen, daß wir uns draußen befinden, wenn Hamlet mit dem Hauptmann von Fortimbras' Armee spricht. Und so ist das Vogelgezwitscher aus dem Zuschauerraum dazugekommen. Am Anfang fühlte sich Angela dadurch gestört, wir haben es leiser gemacht, später wieder lauter, bis sie sich daran gewöhnt hatte. Als ich es wegließ, fragte sie, wo die Vögel seien, und ich wußte, daß das

Gezwitscher richtig war. Die Irritation, die das beim Publikum auslöste, fand ich gut. Es war ja nicht so, daß man Angela nicht mehr verstand, weil die Vögel so laut waren, im Gegenteil, sie sprach wegen der Vögel lauter, und die Zuschauer konzentrierten sich stärker.

Das ist auch ein Problem: laut und leise. Angela hat, als ich sie kennenlernte, sehr für sich selbst Theater gespielt. Man verstand sie nur schwer, und es ist schwierig, einen leisen Schauspieler dahin zu bekommen, lauter zu werden, ohne seine Intensität zu zerstören. Es hat mit Kommunikation, mit einer Art von Differenziertheit zu tun. Ich kann da keinen Rat geben. Wenn man an einem bestimmten Punkt sagt: Ich verstehe kein Wort!, kann das auch schiefgehen, der Schauspieler ist raus und kommt nicht mehr weiter. Aber manchmal muß man deutlich werden, ich setze mich dann in den Proben nach hinten und rufe: Hallo, lauter!

Wie spielt man alte Stücke?

1. Gespräch mit den Studenten über die inszenierte Prozeßszene aus »Der Kaufmann von Venedig« (4. Akt, 1. Szene)

Beatrice: Ich würde gerne über die Figur des Shylock sprechen. Man kann ihn ja ganz unterschiedlich darstellen. Man kann ihn auch vom Blatt inszenieren, aber ich weiß nicht, ob das noch möglich ist, nach allem, was passiert ist. Außerdem entwickelt man ja schon aus dem Text heraus eine gewisse Haltung. Shylock hat auf der einen Seite einen tiefeingewurzelten Haß, und das Verhalten seiner Tochter gegenüber ist nicht gerade nett. Andererseits wird er furchtbar behandelt und z. B. bespuckt. Im heutigen Deutschland würde, außer ein Neonazi, doch kein normaler Bürger mehr einen Juden anspucken. Andererseits sind Rassisten auch »ganz normale« Bürger, und die Leute im »Kaufmann« sind ja auch ganz durchschnittliche Leute.

Helena: Ich frage mich, in welcher Generation man dieses Stück heute ansiedelt. Der Shylock in unseren Versionen ist immer jung, und auch Antonio, Bassanio, Gratiano und Salerio sind junge Typen. Gehen wir davon aus, daß es sich um Menschen von Mitte Zwanzig handelt, ist die Frage des Antisemitismus eine andere. Für diese Generation ist Auschwitz doch viel weiter weg, befaßt sich diese junge Generation überhaupt damit?

Beatrice: Der Text ist so spannend, weil er so pur ist. Ich war völlig platt über die antisemitischen Figuren darin.

Als ich gestern an deiner Szene arbeitete (zu Beatrice), war meine erste Frage nicht zufällig, wo und wann sie spielt. Wenn sie heute spielt, verkomplizieren sich die Probleme. Der Antisemitismus von heute ist anders als der im Jahr 1540. Heute heißt die Parole »politically correct«, man bringt Leute sogar »politically correct« um. Für den »Kaufmann« hat das große Konsequenzen. Wenn man ein Stück inszeniert, das nicht zeitgenössisch ist, sondern aus dem 16. Jahrhundert oder den 20er Jahren des vergangenen Jahrhunderts stammt, kann man nicht so tun, als sei inzwischen nichts geschehen. Man kann nicht sagen: Na ja, das Stück ist vor der Französischen Revolution und dieses vor Auschwitz geschrieben, 1702 wußte man noch nichts davon. Wir heute wissen von diesen Geschehnissen, sie sind Teil unseres Erlebens und/oder Wissens. Man kann also bei einer Inszenierung gewisse geschichtliche Fakten nicht ausschalten, ich wüßte nicht, wie. Das bedeutet andererseits, daß die Inszenierung eines »alten« Stückes unsauber werden muß, weil die hinzugewonnenen Informationen dazwischen liegen. Man weiß auch nicht, wieviel das Publikum über geschichtliche Zusammenhänge weiß. Vielleicht hat man eine Gruppe von Oberstufenschülern unter den Zuschauern, die gerade die Französische Revolution im Geschichtsunterricht durchnehmen und sich bestens auskennen. Das kann man nie genau wissen. Man muß aber davon ausgehen, daß die Geschichte einiger Generationen im kollektiven Gedächtnis des Publikums verankert ist und nicht bewußt ausgeschaltet werden kann, indem man sagt: Das war vor Auschwitz, also gibt es Auschwitz in dem Stück nicht. Das ist unmöglich.

Auf der anderen Seite kannst du das Stück sehr wohl so inszenieren, daß es vordergründig nichts mit Auschwitz zu tun hat. Wenn man aber sagt, man inszeniert den »Kaufmann von Venedig« im Deutschland des Jahres 2000, bekommt man

Probleme. Wir sind in Deutschland, und in diesem Land leben Menschen, die das »Dritte Reich« entweder noch selbst miterlebt oder die Erlebnisse und Erfahrungen in irgendeiner Form von ihren Eltern oder anderen Zeitzeugen mitbekommen haben. Wenn ich den »Kaufmann« in Deutschland inszeniere, steckt die Vergangenheit in den Köpfen.

Wenn jemand sagt: Bringt den Juden rein!, klingeln hier alle Glocken. Man denkt an Nazi-Schergen und ihren Terror. Es ist heute unmöglich, sich vorzustellen, daß man in einem Gerichtssaal sagt: Bringt den Juden rein! Man redet nicht über den Juden. Das ist unser heutiger Weg, Antisemitismus zu verbergen, indem man nicht über den Juden redet. Wenn jetzt jemand hier sagte: der Scheiß-Jude Zadek, würde das sicher eine ziemliche Auseinandersetzung auslösen. Wenn jemand dagegen sagte: der Scheiß-Kroate, wäre das wahrscheinlich nicht ganz so problematisch.

In einer Inszenierung von Peter Sellers wird Shylock von einem Schwarzen dargestellt. Die Inszenierung spielte nicht am venezianischen Lido, sondern in Venice on the Beach, also an der kalifornischen Küste. Ich fand es immer spannender, wenn Shylock aussieht wie jeder andere. Deshalb habe ich das Stück mit Gert Voss[42] gemacht und mich gefragt, was passiert, wenn Shylock aussieht und redet wie ein deutscher Arier. Die Folge davon ist, daß man ganz genau zuhört und Dinge anders einordnet. Jonathan Miller, ein jüdischer Regisseur aus England, der die Premiere in Wien sah, meinte, mein Shylock sei gar nicht jüdisch, und ich sagte, daß ich eine Menge Juden kenne, die nicht jüdisch aussehen und von denen man gar nicht wissen könne,

---

42 William Shakespeare, »Der Kaufmann von Venedig«, Burgtheater, Wien 1988.

daß sie jüdisch seien. Ja, aber für das Stück müßte man doch ... usw. In Millers Argumentation spielt die englische Shakespeare-Tradition eine große Rolle: Shylock ist darin ein »sechsfacher« Jude, ein Jude, der mit den Händen redet, eine komische Sprache hat usw., – ähnlich, wie die Nazis Juden dargestellt haben. Das ist ein komplexes Problem, und man muß genau darüber nachdenken, wie man sich bei einem solchen Stück zu all diesen Dingen verhält, denn ausschalten kann man sie nicht.

1958 kam ich nach Deutschland und inszenierte den »Kaufmann von Venedig«[43] drei Jahre später in Ulm. Es war meine erste deutschsprachige Aufführung des Stücks. Ich brachte einen bösen, unangenehmen Juden auf die Bühne und erinnere mich, daß das Publikum und die Kritiker schockiert waren. Alle fragten, wie ich das nur machen könnte. Ich konnte das machen, weil ich Jude war. Es war damals undenkbar, daß ein deutscher Regisseur Shylock als ekelhaften Juden inszeniert. Ich sagte, bis man keinen ekelhaften Juden ertragen kann, bleibt man Antisemit, denn man muß auch wissen, daß es ekelhafte Juden gibt, so wie es auch andere ekelhafte Leute gibt. Es gibt nette Juden, gute Juden, schlechte Juden, hübsche Juden und häßliche Juden, es verhält sich damit wie bei jedem anderen Volk. Trotzdem war es 1961 unmöglich für einen (nicht-jüdischen) Deutschen, den »Kaufmann von Venedig« so zu inszenieren.

Nach dem Krieg wurde Shylock zuerst von Ernst Deutsch gespielt, einem großen und schönen Schauspieler, der Shylock als einen noblen, anständigen und guten Menschen spielte. Nicht mein Geschmack, aber notwendig. Man hatte, politisch

---

43 William Shakespeare, »Der Kaufmann von Venedig«, Städtische Bühnen, Ulm 1961.

gesehen, in dem Moment keine andere Möglichkeit. Man hätte es auch lassen können, aber es war wichtig, es so zu machen.

Hinzu kam, daß ich, da ich ja in England aufgewachsen war, ganz andere Dinge erlebt hatte. Meine Eltern und ich hatten selber nicht viel unter den Nazis gelitten, wir sind früh genug aus Deutschland emigriert. Als ich nach Deutschland zurückkam, habe ich wohlwissend ein Scheusal aus Shylock gemacht. Es war damals sehr schwierig, den Schauspieler Norbert Kappen davon zu überzeugen, einen unsymphatischen Shylock zu spielen.

Ich weiß noch, daß Hellmuth Karasek, der damals für die Stuttgarter Zeitung schrieb, nach der Vorstellung zu mir kam und sagte: Wie können Sie so etwas machen, das ist doch unmöglich! Er schrieb dann auch die entsprechende Kritik.

Ich habe das Stück dreimal inszeniert, und die dritte Inszenierung in Wien ist doppeldeutig, schon deshalb, weil ich einen Shylock zeige, der nicht wie ein Jude aussieht. Die Juden, die in Wien leben, sind zum großen Teil orthodox und laufen mit Schläfenlocken und schwarzen Hüten herum. Sie sind keine assimilierten Juden wie der Shylock in meinem Stück. Er ist eher ein amerikanischer oder deutscher Kaufmann, und daß er ein Jude ist, bekommt man erst im Laufe des Stückes mit, und das gefiel den Wiener Juden nicht.

In der Inszenierung gab es Dinge, die stimmten, und andere, die man noch hätte ändern können. Das Stück spielte ja in unserer heutigen Welt mit modernen Kostümen, und man meint vielleicht, daß bestimmte Dinge anachronistisch sind. Aber es funktioniert, weil das Problem um Shylock im Zentrum steht. Alles andere ist peripher. Natürlich hätte ich den Text ändern können, z. B. einen Versicherungsagenten einführen, der die Schiffe versichert usw. Ich habe auch darüber nachgedacht, es aber dann gelassen, weil es den Text beschädigt hätte und im Endeffekt unwichtig war. Die Beziehung der Hauptpersonen zu der Welt des Stückes, das Zentrum, stimmte. Ich habe festgestellt, wenn das Zentrum stimmt, braucht man nicht jedes Detail zu bearbeiten. Man kann viele Dinge einfach in Ruhe lassen.

So hat es auch Ingmar Bergman mit »Nora« von Ibsen und »Don Juan« von Molière auf der Bühne gemacht. Beide Inszenierungen wurden von der Kritik verrissen. Ich fand beide schlüssig und spannend. Offensichtlich hatte sich Bergman gesagt: Ich inszeniere jetzt im »Don Juan« die Beziehung zwischen Leporello, Don Juan und der Dame, die er verführen will – der Rest interessiert mich nicht. Das Bühnenbild war banal, die Schauspieler drum herum mittelmäßig, aber man sah dort nicht hin, man schaute nur auf die drei zentralen Figuren. Die Kritiker wollten natürlich Stil, wollten etwas Durchinszeniertes sehen, sie genießen einen solchen Abend nicht, weil er in keine Kategorie paßt, an nichts zu messen ist.

»Nora« war ähnlich zentriert. Bergman hatte das Stück auf einem Podest inszeniert, rechts und links an den Wänden saßen die Schauspieler und standen für ihren Auftritt auf, um sich dann wieder zu setzen. So was hatte man in den 60ern viel gemacht, aber jetzt in den 80ern war das nicht »in«. Die Beziehung zwischen den Schauspielern, die Nora und Helmer spielten, war aber so spannend, daß ganz unwichtig war, was um sie herum passierte. Hauptsache, die anderen Schauspieler störten nicht. Im Zentrum waren diese beiden, die eine Geschichte aufregend transportierten. Mehr nicht. Zum Unmut der Kritiker ist das Stück viele Male im Residenztheater vor ausverkauftem Haus gelaufen. Die Kritiker verrissen beide Aufführungen, weil sie in keine Kategorie paßten, keinen erkennbaren Stil hatten. Daß ein Regisseur zwei alte Stücke auf eine *un*durchschaubare Weise für ein zeitgenössisches Publikum verständlich gemacht hatte, war mehr, als man Theaterkritikern zumuten konnte.

Zurück zum »Kaufmann«: Das Verhältnis zwischen Juden und Deutschen war in den 20ern bereits angespannt, gleichzeitig aber – besonders in der Kunst – sehr produktiv. Für mich, der ich seit mehr als vierzig Jahren wieder in Deutschland lebe, hat das Verhältnis auch eine starke Erotik, sie ist auch die Erotik des »Kaufmanns«. Das ist das Interessante, Aufregende und Moderne im Verhältnis zwischen Shylock und Antonio. Das kann man nicht spielen. Man muß es wissen und sich in das Stück reindenken. Wenn Antonio oder sein Stellvertreter, der Doge, Shylock gegenüberstehen, hat das Spiel zwischen beiden Parteien – ich nenne es mal Spiel – eine spannende Erotik. Ich untersuche dieses Verhältnis immer wieder neu, auch, weil es mit meiner Biographie zu tun hat. Nicht weniger interessant ist das Verhältnis Portia–Shylock: Portia, eine junge, christliche, jungfräuliche, adelige Dame steht einem alten, ekligen Juden gegenüber und räumt mit ihm auf. Was denkt sie, was versteht sie? Man kommt an den Punkt, an dem man sich fragt, was sie sich wohl in der Zeit gedacht hat, in der das Stück geschrieben wurde. Wahrscheinlich hat Portia sich gar nicht viel gedacht, es gab nämlich zu dieser Zeit bis auf eine kleine Anzahl keine Juden in England. Man kann davon ausgehen, daß die Zuschauer noch nie einen Juden gesehen hatten. Sie wußten trotzdem, es gibt etwas Ekelhaftes, das nennt man Jude, es hat wahrscheinlich Hörner und ist der Teufel. So wurde das Thema zu jener Zeit beseitigt, abgehakt.

Für uns in Deutschland ist es heute anders. Es geht um das Verhältnis zwischen der persönlichen Erinnerung und all den Bildern, die man vom ekligen »Stürmer«-Juden im Kopf hat. Es ist ja gerade mal etwas mehr als fünfzig Jahre her, daß die

Leute den »Stürmer« lasen, historisch gesehen sind fünfzig Jahre wie gestern, und diese Phantasie steckt noch in den Köpfen der Menschen.

Über das Thema gibt es unendlich viel Literatur, unzählige Analysen usw. Wenn man sich zuviel mit diesen Untersuchungen und Kommentaren beschäftigt, ist man nicht mehr in der Lage, das Stück zu inszenieren. Wenn man sagt, hier muß man erst einmal gründlich studieren, müßte man sich für Jahre zurückziehen, und das geht nicht. Als Regisseur ist man ständig dabei, etwas schnell und oberflächlich aufzunehmen, um es dann wieder von sich zu geben. Theater ist gefährlich. Wenn man meint, man müsse alles genau recherchieren, kommt man auf der Bühne schnell an einen Punkt, wo das Inszenieren nicht mehr möglich ist.

Der Regisseur kann und muß nicht alles wissen, der Autor wußte ja auch nicht alles. Gerade Shakespeare war oft sehr oberflächlich in diesen Dingen, er nahm schnell neue Themen auf und verarbeitete sie auch schnell. Aber er war nicht oberflächlich als Mensch, sondern er hatte eine ungeheure Phantasie. Seine Raffiniertheit kam nicht durch sein Wissen, das eher zufällig war. Er hat hier etwas geklaut, von dort etwas genommen und es fast ein bißchen feuilletonistisch zusammengewürfelt, um dann ein geniales Ding daraus zu machen. Er hatte keine Bedenken, Stoffe oder Motive oder Textpassagen zu übernehmen. Die Elisabethaner waren lax in Sachen des geistigen Eigentums.

Neben Shylock ist vor allem die Rolle des Dogen im Prozeß schwer faßbar. Theoretisch könnte er das Ganze jederzeit abbrechen, aber er macht es nicht. Später wird ja behauptet, daß es strafbar sei, nach dem Leben eines Christen zu trachten, warum bricht der Doge das Ganze also nicht von Anfang an ab?

Anscheinend existiert kein Recht, das die Absicht Shylocks verhindern könnte. Der Doge ist nicht der Richter, er ist der Repräsentant des Staates. Es handelt sich fast um eine imaginäre Figur, denn, wäre er der Richter, müßte er sich genau an die rechtlichen Vorlagen halten. Er entscheidet sich eindeutig am Anfang: Er denkt, er könne Shylock zur Gnade bewegen, stellt aber dann fest, daß das nicht geht. Anstatt also abzubrechen, läßt er Portia, die sich als Rechtsgelehrte verkleidet hat, vortreten. Portia ist eine Mischung zwischen Gutachter und Richter. Ihre Funktion erinnert mich an einen französischen Untersuchungsrichter, der den Fall erst einmal aufrollt und dann entscheidet, ob es überhaupt einen Prozeß gibt. Irgendwie hat dieser Vorgang eine Art von Informalität, die dem Verhalten des Dogen ähnelt. Wäre die Geschichte anders verlaufen und hätte Portia nicht den Einfall mit dem Blutstropfen gehabt, hätte er vielleicht irgendwann gesagt: Gut, Freunde. Ich ziehe mich jetzt zurück, und dann entscheide ich, ob es einen Prozeß geben wird.

Claus: Mich erinnert das an das Mittelalter. Wenn zwei Bauern Unrecht geschah, gingen sie zu ihrem Lehnsherrn und sprachen ihm vor. Ähnlich funktioniert für mich diese Szene: Da sitzt der Lehnsherr und sieht, daß es diesen Vertrag gibt, Shylock scheint also im Recht zu sein. Man kann nun versuchen, ihn zu überreden, die Sache fallenzulassen. Am Schluß holt sich der Doge den Rechtssprecher, der sich besser auskennt und schließlich Recht spricht.

Durch einen cleveren Trick, mit dem es ihm gelingt, die Sache hinzubiegen.

Wenn ihr jetzt das ganze Stück inszenieren würdet, würde ich euch vorschlagen, die Haltung des zeitgenössischen Publikums herauszufinden. Man kann davon ausgehen, daß die

Zuschauer zu Shakespeares Zeiten schon wußten, wie ein Prozeß abläuft. Also war für sie der Verlauf der Prozeßszene wahrscheinlich genauso fremd und unpräzise wie für uns. Wir Theatermacher von heute sind es gewohnt, erst einmal darüber nachzudenken, wie es denn in der Realität war, um dann zu entscheiden, ob wir es anders machen. Wenn ich mir z. B. die Rolle des Gratiano vorstelle – er hat unter Umständen das damalige Publikum mit seiner Hetze gegen den Juden in einen Zustand von johlendem Jux versetzt. Es ist eine interessante Frage, ob man die Zuschauer zu einem johlenden Antisemitismus oder Anti-Irgendwas antreibt – es gibt ja auch andere Themen, im »Kaufmann« ist es eben der Antisemitismus – oder ob man das Extreme als Regisseur reduziert.

Für mich ist die Rolle des Gratiano die komplizierteste im ganzen Stück, und es hat mich immer am meisten fasziniert, wie ein Schauspieler mit ihr umgeht. Bei uns[44] hat sie Martin Schwab gespielt. Er spielte keinen Antisemiten, man hatte nur das Gefühl, daß es ihm Spaß machte, die Leute aufzustacheln. Der Inhalt hätte auch ein anderer sein können, Antikommunismus z. B., es hätte dem Gratiano genausoviel Spaß gemacht. Martin Schwab ist eigentlich ein schwäbischer Volkskomiker, und die Rolle des Gratiano war sicher ursprünglich für einen Volkskomiker geschrieben.

Das bedeutet natürlich nicht, daß man die Gerichtsszene nur so inszenieren kann. Aber man sollte wissen, wie so ein Prozeß abläuft, und das Ganze in Relation zum gesamten Stück setzen, und dann muß man sich entscheiden: Geht's hier um Recht, um Cleverneß oder um beides?

Aktuelle Anlässe, die während einer Inszenierung stattfinden, können durchaus eine Wirkung auf die Theaterarbeit

---

44 William Shakespeare, »Der Kaufmann von Venedig«, Burgtheater Wien, 1988.

177

haben. Ich habe gestern zufällig im Fernsehen von der neuen Enzyklika des Papstes erfahren. Die katholische Kirche entschuldigt sich jetzt, nach fünfhundert Jahren, für die Inquisition und dafür, daß sie antisemitisch war. Ein Kardinal führte dann aus, daß man sich nicht wirklich für die Taten entschuldige, sondern lediglich für die Theorien, die dahintergestanden hätten. Das ist kein beliebiges Beispiel, ich finde, daß diese Themen im »Kaufmann« und in der Prozeßszene mitschwingen, man muß sich nur entscheiden, was man mit dem Stück anfängt. Man kann ein faschistisches Propagandastück aus ihm machen, ein zionistisches Propagandastück oder irgend etwas anderes. Man kann aber auch auf alle diese Dinge anspielen und sie so offen lassen, wie der Autor es getan hat. Also nicht interpretieren, sondern versuchen, diese komische Welt mit ihren verschiedenen Haltungen wiederzugeben. Mir würde es schon genügen, wenn die Zuschauer genausoviel darüber nachdenken würden wie wir, wenn sie rausgehen und sagen würden: Ja, aber der Prozeß, der stimmt doch gar nicht.

Die Prozeßszene, von Helena inszeniert

Ihr habt den Text als Mittelding zwischen Vers und Gespräch behandelt, vielleicht manchmal zu stark als Gespräch, aber grundsätzlich habt ihr den richtigen Ton und die richtige Haltung getroffen. Ich bin als Zuschauer immer ganz glücklich, wenn die textuelle Entwicklung nicht zu kompliziert wird und die richtigen Beweggründe getroffen werden. Das sind schon achtzig Prozent einer Aufführung, und dann macht es mir auch nichts, wenn ein Schauspieler mal nicht genau den richtigen Ton trifft. Die Szene hatte viel mit Shakespeare zu tun.

Laßt uns mal über Helenas Grundriß nachdenken. Das ist ja immer die erste Frage, ob der Grundriß richtig ist, auf dem man etwas macht. Du hast ihn geändert, nicht? Er war anders.

Helena: Ja. Der Doge saß in der Mitte ...

Laßt mich von der ersten Version ausgehen. Der Grundriß ist zentral gebaut, symmetrisch, aber die Szene hat keinen Halt. Links stehen Stühle, in der Mitte steht ein Stuhl, auf dem sitzt so ein Bacchus, der Doge, mit seinen zwei Weibern, aber er sitzt noch nicht einmal, wenn wir hereinkommen, er kommt erst und setzt sich. Das einzig Asymmetrische ist die Tür. Sie stand nicht in einem direkten Verhältnis zum Stuhl in der Mitte. Sie war also nicht zufällig da. Sie machte Shylocks Auftritt, und das ist der wesentliche Auftritt, spannend, natürlich auch später den von Portia. Ich fand das richtig. Jetzt hat Helena den Dogen auf die Seite gesetzt. Dadurch erhält die Szene eine merkwürdige Art von Realismus. Zu diesem Stuhl stelle ich mir ein Zimmer vor, ein Fenster, einen Tisch ... Wenn der Stuhl aber in der Mitte steht, ist der Raum kein Zimmer mehr, dann ist er ein Saal, eine Bühne, dann ist er alles andere, nur kein Zimmer, obwohl ein Stuhl in der Mitte eines Zimmers stehen könnte. Man denkt nicht gleich: Zimmer und auch nicht gleich: Psychologie. Ich sage das nicht wertend; ich stelle nur fest, daß eine so kleine Veränderung eine riesige Veränderung ist. Ich glaube, für Helenas Arbeit war es besser, den Stuhl dorthin zu stellen, wo sie ihn schließlich hingestellt hat, weil die Schauspieler sich dadurch im psychologischen Sinn stärker entwickelten. Sie hätten mit dem festen zentralen Punkt Schwierigkeiten gehabt. Auf das ganze Stück bezogen, wäre es aber besser, wenn der Stuhl im Hintergund gestanden hätte. Es handelt sich um ein typisches Problem: Etwas, das in der Entwicklung einer Szene von Vorteil ist, am Ende aber nicht. Hätte ich den Einfall mit dem Stuhl gehabt, hätte ich ihn nach vier Wochen wieder in die Mitte gestellt.

Helena: Ich hatte ihn gestern auf der anderen Seite, ich habe ihn heute auf diese Seite gestellt. Ich dachte, ich müßte immer etwas Neues, Überraschendes machen.

Für die Schauspieler?

Helena: Ja.

Ob das nötig ist, weiß ich nicht, aber an sich finde ich Überraschungen ganz lustig.

Helena: Naja, es ist nicht wirklich eine Überraschung.

Und wie es eine Überraschung ist! Ich stelle mir gerade vor, wenn man das bei einer Vorstellung machte – abends kommen die Schauspieler auf die Bühne, da steht der Stuhl dort statt hier ... In der Arbeit finde ich es absolut richtig. Mir fehlt an der Szene der Halt, den ein Prozeß bzw. ein Raum mit formalem Charakter braucht. Das Verrücken des Stuhls wirkte sich auch negativ auf ihr Ende aus, wo der Doge wie ein verlorener Greis herumwandert und nicht weiß, wohin er gehört. Man hat ihm auch nicht mehr zugehört, weil man dachte, er sei eine Nebenfigur. Der Witz an der Geschichte ist, daß er das im Vergleich zu den anderen Figuren auch ist, er ist nicht wirklich interessant, er hat keine große Entwicklung, und doch ist er von der Geschichte her die zentrale Figur.

Es gibt darüber hinaus noch etwas Grundsätzliches, worüber man nachdenken muß, wie immer Helena sich in der Stuhl-Frage entscheidet: Der Doge wird in ihrer Fassung denunziert, und ich weiß nicht, ob das gut für das Stück ist.

Die Situation ist ja folgende: Shylock provoziert, und es stellt sich die politische Frage, wie der Doge sich dazu verhalten kann. Wenn man von vornherein ein Arschloch aus ihm macht oder sich über ihn lustig macht, denkt der Zuschauer in der Kürze der Zeit nur darüber nach, daß dieser Staat, den der Doge repräsentiert, verantwortungslos ist. Denn er hat lieber seinen Spaß, Frauen ...

Helena: Heute waren die beiden seine Sekretärinnen, das war auch neu, normalerweise sitzen beide da und kraulen ihm den Bauch und pflegen ihn ...

Ach, das waren Sekretärinnen? Das wirkt natürlich sehr lebendig. Ich frage mich aber, ob es nicht viel spannender ist, wenn diese Figur viel langweiliger wäre. Helena könnte sie im Laufe der Arbeit immer wieder verwandeln, sie schaltet ja schnell um und macht immer wieder etwas anderes, sie könnte z. B. dem Dogen sagen: Heute bist du ein ganz ernsthafter Herr, mit zwei Sekretärinnen, zum Beispiel.

Bei der Figur des Gratiano war mein Problem, daß ich nicht verstand, woher er kommt – was sollte diese Verletzung am Bein?

Helena: Er war im Bosnienkrieg.

Dann mußt du dem Publikum darüber aber einen Brief schreiben. Und mein Eindruck war, daß Gratiano ein Dorfdepp ist. Gratiano ist eine sehr simple Figur. In der langen Auseinandersetzung mit Shylock, zu dem er sagt, du bist ein Bluthund usw., war er mir zu kompliziert und zu langweilig. An dem Punkt, an dem die Szene im Text plötzlich aggressiv, schnell und vordergründig wird, wurde sie hier kompliziert und ausgedehnt. So etwas kann manchmal sehr gut sein, wenn alle mitmachen und es gewollt ist, aber hier ist es einfach passiert und hat die Spannung zerstört. Eigentlich will kein Mensch wirklich wissen, was Gratiano denkt, deshalb hat Shakespeare ihm ein paar sehr wirkungsvolle Sätze gegeben, die sehr schnell gesprochen werden. Gratiano ist *die* Figur, die sich wirklich ans Publikum wendet, mehr noch, als es dein Schauspieler getan hat. Aber laßt uns nochmal zurückgehen.

Ich habe schon an anderer Stelle gesagt: Die Vorspiele[45], diese schlotternden Szenen-Anfänge, die ihr immer erfindet, sind nur ein Zeichen von Schwäche. Das Vorspiel könnt ihr weglassen, es ist doch viel spannender, wenn der Vorhang aufgeht und gleich ein richtiger Satz kommt. Hier ist es aber so: Es kommt jemand, dann kommt noch jemand ... weckt mich bitte, wenn es weitergeht. Ich bin gegen Vorspiele, wo sie nicht gebraucht werden, es sind Ausreden und Auswege. Die Szene entwickelt sich viel spannender, wenn die Atmosphäre in ihrem Verlauf hergestellt wird, so wie es aufregender ist, wenn jemand eine Empfindung in einem Satz transportiert und nicht vor oder nach dem Satz.

Man muß sich beim Tempo dieser Szene daran erinnern, wie die vorherige Szene endet. Jessica und Lorenzo sind in Belmont, ganz tief verwickelt in ihrer Liebesgeschichte, und es wäre wunderbar, wenn Jessica ihren letzten Satz: »Gut, du sollst zu kauen kriegen« sagt und sofort der erste Satz der nächsten Szene kommt: »Nun, ist Antonio da?« Das ist wie ein Schnitt beim Film, und Shakespeare hat das schon lange vor Entstehung des Films gekonnt. Mit diesem Tempo müßte es beginnen. Die beiden Liebenden schlurfen mit ihrem letzten Satz ab, und – zack! – plötzlich steht der Doge da und fragt nach Antonio. Denkt an die Shakespeare-Bühne, da traten Jessica und Lorenzo vielleicht nach rechts ab, von hinten oder

---

45 Vgl. Absatz über Spannung S. 121 ff.

vielleicht sogar von oben auf der Galerie erschien der Doge, und fast gleichzeitig trat Antonio auf und sagte: Hier bin ich. Das ist doch aufregend wie bei Hitchcock, alle denken: Antonio? Wo sind wir jetzt? Ach ja, der Prozeß!

Sehr gut fand ich den Auftritt von Shylock und wie der Auftritt gebaut war, das war richtiges Theater. (Erstaunlich, es gibt Momente, in denen man denkt, nur Theater kann das.) Als ich die Szene das erste Mal sah, war Antonio nackt, und Shylock ging um ihn herum, um ihn zu betrachten, und ich dachte: Ach, wie schön! Das ist die ganze Situation zwischen den beiden.

Jetzt ist er nicht mehr nackt, und das ist auch besser so, aber es ist natürlich etwas verlorengegangen, vom dem ich nicht weiß, wie man es zurückholen kann. Durch das Kreuz, daß Antonio umhängen hat, ist zwar noch etwas von dem »Christus-Einfall« geblieben, ich würde aber trotzdem an diesem Gedanken weiterarbeiten und versuchen, den Einfall mal ganz anders einzubauen. Denn er ist der Ursprung dieser ganzen Szene.

Die Besetzung war so gut und richtig, daß nichts wirklich schiefgehen konnte, und es ist ja nichts schiefgegangen. Shylock könnte sogar ein bißchen mehr mit den Händen reden. Es ist eine schlechte jüdische Eigenschaft. Ich rede nicht soviel mit meinen Händen, aber Juden neigen dazu, so wie die Italiener auch. Es gibt diesen Moment, wenn Shylock das Geld angeboten wird. Was geht dir da als Darsteller des Shylock durch den Kopf?

Ulli: Da denke ich, jetzt lege ich sie noch mal rein. Jetzt verarsche ich sie noch ein bißchen, ich tue so, als gehe ich darauf ein.

Ich fände es spannender, wenn man zeigen würde, daß Shylock tatsächlich versucht ist, das Geld zu nehmen. Stell dir vor, *du* wärst in der Situation, und man bietet dir plötzlich das Doppelte, eine halbe Million. Wir wissen, daß Shylock ein raffinierter, ironischer Kerl ist, aber wir wissen nicht genau, ob er sich wirklich für Geld interessiert. Ich denke, daß Shylock eine sehr kaputte Beziehung zu Geld hat, er wünscht sich seine Tochter tot, teilweise weil sie sein Geld wegschmeißt, teilweise weil sie den Ring seiner Frau versetzt – er wird von Shakespeare als »Geldjude« vorgeführt. Es werden ihm sechstausend Dukaten angeboten, das Doppelte von dem, was ihm zusteht, und er lehnt ab, weil er meint, Wichtigeres zu tun zu haben. Aber ich möchte trotzdem sehen, wie er sich denkt: Scheiße, jetzt bieten die mir sechstausend Dukaten an ... Es wäre spannender, wenn man sieht, daß er sich tatsächlich für Geld interessiert, dadurch riskiert man, daß er hier nicht nur sympathisch ist.

Eine ähnliche Kritik habe ich an der Portia, die ich ansonsten wunderbar fand. Als ihre Strategie aufgeht und sie gewinnt: Triumphiert sie, oder bleibt sie cool? Du bist cool geblieben und hast dir nichts anmerken lassen. Ich fände es schön, wenn sie sich wie ein kleines Mädchen freut: So, jetzt habe ich den Mistkerl, habe ich das nicht gut gemacht, fabelhaft! Das macht sie nicht sympathischer, aber menschlicher und interessanter. Man denkt, sie ist wirklich klug.

Stefanie: Ich habe darüber nachgedacht und mich dann dagegen entschieden, weil ich erst die angenehmere Version machen wollte.

Ja, aber die riskanten Dinge machen letztendlich mehr Spaß. Man sollte immer gleich ausprobieren, was einem durch den Kopf geht, denn es führt zu etwas anderem. Wenn die Portia hier impulsiv gespielt wird, beeinflußt das die ganze Rolle. Genauso impulsiv ist sie ja in der Kästchen-Szene ihrer langen Rede, wenn sie Bassanio plötzlich gesteht: Hier stehe ich, ein unschuldiges Mädchen, und schenke mich dir. Sie findet die Welt wunderbar, sie hat auch gegen den Vater gewonnen, sie ist ein Glückskind, sie gewinnt immer. Das geht einem auf den Wecker, man will sie verprügeln, weil sie immer gewinnt, es ist ärgerlich, ihr geht es zu gut, die Reichen werden immer reicher – solche Gedanken muß man zulassen. Man mag die Frau, aber sie hat eben auch Seiten, die man nicht so mag. Sie ist gut erzogen, hochintelligent, in die richtige Schule gegangen – wäre das nicht der Fall und der Vater nicht stinkreich, wäre alles anders und könnte sie das, was sie macht, gar nicht riskieren. Trotzdem ist sie eine faszinierende Person. Wie mutig sie ist! Stell dir vor, du marschierst jetzt in den Reichstag, um Herrn Kohl zu sagen, was für ein Arschloch er ist, und ihn zu fragen: – Wie war denn das mit diesen Bankkonten? Das würdest du so einfach nicht machen.

Stefanie: Nee.

Nein, eben, aber Portia macht es, und das ist aufregend.

Man muß in die Szene so hineinhören, wie sie Shakespeare spannungsmäßig angelegt hat. Wenn Salerio sagt, es warte ein Rechtsgelehrter draußen, ist die Spannung auf dem Höhepunkt, aber dadurch, daß bei Helena noch ein Geplänkel auf der Bühne stattfindet, wird die Spannung abgebaut. Wenn Salerio sagt: »Euer Gnaden, es wartet ein Bote mit den Briefen vom Doktor, er kommt aus Padua«, ist *das* der Moment. Alles schaut dorthin, und dieser Moment muß vorbereitet und nicht durch irgendeinen Quatsch zerstört werden.

Ich fand nicht gut, daß Nerissa Bellarios Brief vorliest, statt ihn zu überreichen, Shakespeare läßt ihn vom Dogen verlesen. Der Witz ist doch: Portia – und mit ihr Nerissa – kommt verkleidet als Mann in eine Gesellschaft von Männern. Wir wissen, daß sie eine Frau ist, und die dort auf der Bühne wissen es nicht. Der Brief wird ernst verlesen. Wenn da ein Mädchen steht und ihn uns ernst vorliest, finde ich das die falsche Stimmung. Da wünschte ich mir, daß eine ulkige Frau hereinkäme und diese stinklangweiligen, ernsthaften Männer ein bißchen aufmischte.

Helena: Ich fand es gerade gut, in dem Moment diese Männerstimmung oder -runde zu brechen, wenn Nerissa diesen Auftritt hat. Ich wußte nicht, daß sie heute den Brief die ganze Zeit vor ihre Augen hält, so daß man sie nicht sieht –

Aber warum willst du sie schon brechen, bevor Shakespeare sie bricht? Shakespeare wartet, bis Portia auftritt, dadurch bricht sie für mich wirklich. Nerissa ist ein Vorspiel. Also warum muß man es besser wissen als er?

In der Diskussion zwischen Shylock und Portia – wenn Shylock beginnt, den Braten zu riechen und ahnt, daß etwas auf ihn zukommt – hätte ich gerne stärker seine Angst und Unsicherheit gespürt. Die Leute um ihn herum werden zu immer größeren Feinden, und die Aggression dieser Szene hast du gespielt, aber nicht den stärker werdenden Druck auf Shylock und seine zunehmende Angst. Einen wunderbaren Moment fand ich, als Shylock nach vorne ging und sich ans Publikum wendet, während Portia über das Gesetz der Stadt spricht, wem ist das eingefallen?

Helena: Das ist Ludwig eingefallen.

Dann kann ich nur sagen, daß das gut inszeniert ist. Wenn einem Schauspieler in dem Moment so etwas einfällt, bedeutet das eine gute Probenarbeit.

Was hat es mit dem Bügel auf sich? Bleibt er, oder wird er durch eine wirkliche Waage ersetzt?

Helena: Er ist nur der Ersatz, aber eigentlich finde ich es schön, wenn es beim Bügel bliebe.

Das ist interessant, denn wir haben ja begriffen, daß es eine Waage ist, wenn Shylock sagt, er habe eine Waage mitgebracht. Ich glaube zwar, daß der Bügel in einer Aufführung irritierend sein kann, trotzdem ist er für mich weitaus überzeugender als jede Waage. Meine Phantasie macht das sofort mit: Dieser Bügel hat zwei Flügel und wird zu einer Waage, natürlich! Aber das einzubauen ist nicht ganz einfach. Ich möchte euch ein Beispiel geben: In meiner Aufführung »Das Wunder von Mailand«, einem Märchen, fliegen in der Schlußszene alle weg. Ich hatte mit meinem Bühnenbildner geplant, daß wir sie tatsächlich alle wegfliegen lassen, was auf einer großen Bühne ja möglich ist. Die endlosen Diskussionen über Flugmaschinen und technische Möglichkeiten wurden mir irgendwann jedoch zu blöd, und ich sagte den Schauspielern, sie sollten doch mal so tun, als ob sie flögen. Mich überzeugte das, ich sah sie fliegen, aber mein Bühnenbildner war nicht einverstanden. Minks meinte, sie müßten richtig fliegen, sonst wirke es wie eine bloße Spielerei. Ich sagte, die ganze Szene sei doch ein Spiel, man müsse es nur überzeugend genug machen, damit die Zuschauer es glaubten. Am Ende machten wir es so, und ich glaube, das Publikum hat es akzeptiert. Ähnlich ist es mit dem Bügel. Einen solchen Einfall, der im Spiel entsteht, darf man nie wegtun, man muß sich an ihm festhalten und immer weiter mit ihm herumprobieren. In meiner Aufführung brachte Gert Voss übrigens seine eigene Küchenwaage mit, die Szene erzielte jedesmal einen großen Lacher, weil sie so ordinär wirkte. Ich glaube, daß die Zuschauer alles glauben, was auf der Bühne passiert, wenn es nur mit der richtigen Phantasie und Intensität geschieht. Das ist wie bei Kindern: Wenn jemand in einem

Wintermantel richtig brüllt, werden sie ihn als Löwen akzeptieren. Erwachsene auch.

In der Beziehung zwischen Antonio und Bassanio passiert mir nicht genug. Die Spannung zwischen den beiden, ihr Verhältnis zueinander, die Erpressung, die Liebeserpressung, das Geld und das schlechte Gewissen, all das würde ich bei den nächsten Proben stärker ausarbeiten. Antonios Haltung ermöglicht ja unterschiedlichste Varianten und macht das Verhältnis, diese Nebengeschichte im Stück, so aufregend und interessant. Ähnlich ging es mir mit Shylock. Was er machte, wirkte sehr gekonnt, sehr gut, aber es war mir zu geschmackvoll, zu nett. Ich würde ihn jetzt zu allerlei Exzessen und wilden Dingen zwingen: Tanzen, Schreien, Weinen. Später würde ich wahrscheinlich alles wieder wegnehmen, erst einmal müßte man aber herausfinden, was in der Rolle steckt. Bei allen drei Figuren müßte noch viel passieren.

Ludwig: Darf ich was sagen? Gestern und vorgestern haben wir es so probiert, mit Schlägereien und viel Schreien ...

Und jetzt hat Helena es für die »Premiere« in Ordnung gebracht? Das ist ja in Ordnung, das finde ich gut, aber paßt auf, daß ihr es nicht zu schnell glättet. Deswegen ist es nicht sehr tief gegangen, nicht bei euch und nicht bei uns.

Antonios Einfall, ein Messer aufzuschnappen, das ihm zugeworfen wird, fand ich gut. Wenn ich der Regisseur wäre, hätte ich mir das gemerkt und die gesamte Szene zunächst auf diesen Moment konzentriert und ihn weitergeführt, vielleicht fängt Antonio das Messer, vielleicht schneidet er sich die Hand auf oder ähnliches, mit dem Messer könnte allerhand Aufregendes passieren.

Ich fand es schade, daß Portia in dem Moment, in dem sie sagt: »Nehmen Sie sich Ihr Pfand«, zu Antonio und Shylock herübergeht. Irgendwie ist sie die Richterin, und wenn sie herüberkommt und gewissermaßen privat wird, wird ihre Stellung geschwächt.

Abgesehen davon habe ich das Verwechslungsspiel, das Goldoni-artige Spiel, daß Portia eine Frau ist und will, daß niemand es merkt, vermißt. Diese Nummer, die man in der Szene spielen kann und spielen sollte, macht sie plötzlich zu einer Komödie, einer recht ernsthaften Komödie, aber dadurch ist sie besonders komisch. Du hast dich insgesamt zu sehr zurückgenommen, deine Triumphgefühle und das Komödiantische zu wenig gezeigt. Bei der ersten Probe kamst du herein und wirktest ängstlich und schautest so, als wolltest du sagen: Um Himmels willen, wo bin ich denn hier! Das war wunderbar, weil man dachte: O Gott, das geht schief, gleich kommt jemand und fragt, warum sie Hosen anhat und was sie hier sucht. Und dann zieht sie die Sache so klug durch.

Susanne: Ja, das war die Frage, die wir uns während der Probe immer wieder stellten: Soll ich Portia selbstbewußter darstellen? Schließlich wird sie in eine Männerwelt reingeworfen und ist zwischenzeitlich ja auch ziemlich unsicher ...

Ja, mal ist sie sicher, mal unsicher, und das alles will man genau sehen. Ich fand aber die Konzentration aller, bis zur kleinsten Rolle, wirklich sehr gut. Alle waren voll drin. Was sagt ihr selber dazu?

Torsten: Wir sind gestern nach neun Stunden Proben an einen ganz entspannten Punkt gekommen, an dem wir ins Gespräch kamen und gemeinsam versucht haben, zu beschreiben, was wir bei der Arbeit auf der Bühne vermissen. Ich hatte das Gefühl, daß wir jetzt eine Basis hatten und das Vertrauen zwischen Regisseurin und der Bühne vorhanden war.

Es hindert euch niemand daran, euch zu treffen und die Szene weiter zu proben.

Helena: Ich habe gedacht, daß man diese Gespräche schon viel früher hätte führen und die Szene länger hätte lesen sollen. Daß also die Herangehensweise, erst mal zu schauen, wie's läuft, nicht unbedingt die richtige ist.

Warum? Von dem, was ich gesehen habe, würde ich sagen, daß euer Weg richtig war. Ihr bräuchtet jetzt noch sechs Wochen, und die Szene wäre interessant.

Ulli: Was mich eher verwirrt hat, war, daß Helenas »letzte Order« auf den Proben war, es so zu spielen, als fände der Prozeß heute im Jahr 2000 vor dem Hintergrund der jüdisch-deutschen Geschichte statt.

Daniel: Wie heute das Verhältnis zu einem Juden wäre, der das Fleisch von einem Freund haben will.

Das habt ihr jetzt versucht? Komischerweise hat mich die Frage, wann es spielt, gar nicht beschäftigt. Die Szene hatte mit Shakespeare zu tun, das habt ihr herausgearbeitet. Alle Möglichkeiten waren offen. Ich habe mich in diesem Stadium nicht gefragt, ob das Stück im Jahre 1500, 1900 oder 2000 spielt, und das Problem mit dem Juden hat mich gar nicht interessiert. Nur bei Gratiano, der schwierigsten Rolle, muß man eine Entscheidung treffen. Keiner will sie so spielen, wie ich meine, daß man sie spielen müßte, nämlich als rabiaten Antisemiten.

Helena: Das hatten wir mal probiert ...

Einen gräßlichen Kerl, der ankommt. Gratiano, der Populist – Haider wäre die perfekte Besetzung.

Matthes: Himmler.

Nein, nicht Himmler, Gratiano ist ein Sonnyboy, sie sind eine Gruppe von Playboys: Gratiano, Bassanio, Lorenzo. Wie sie Jessica kidnappen – das machen keine Skins. Skins kommen aus einer anderen Schicht. Diese hier sind reiche Jungs. Sie brauchen das Geld nicht, das sie klauen, auch nicht die Juwelen, es ist ein Jux.

Claus: Ich fand, daß Shylock durch die Bühnenaufteilung ein bißchen verhungert ist. Alle anderen haben sich den gesamten Raum genommen. Ich hatte das Gefühl, daß der Kampf ihn Kraft kostet, und er das Ich-bestehe-auf-meinem-Recht, zu dem er sich entschieden hat, nicht bewußt durchzieht, es auch gar nicht kann. Wenn der Doge eigentlich desinteressiert scheint, dann kämpft Shylock so für sich –

Du beschreibst die Szene ja sehr gut, Shylock bleibt allein und kämpft vor sich hin, der Doge und die Stadt Venedig interessieren ihn nicht sehr, denkt man, bis zu dem Moment, wo er plötzlich uns als Stadt identifiziert und sagt: Ihr Arschlöcher! Da weiß man, was er meint. Ich verstehe ganz genau, was du sagst, und ich finde, man müßte in der Weiterarbeit an diesem Punkt verhindern, daß Shylock mit *einem* Vorhaben identifiziert wird. Genau das, was du gern hättest, würde ich mit aller Kraft, die ich als Regisseur habe, verhindern wollen, weil das Aufregende an der Szene ist, daß er gar nichts vorhat, daß er einfach nicht weiß, was er will. Shylock hat etwas vor – was hat er vor? Sag doch, was er vorhat. Das Geld zu kriegen?

Claus: Nein, ich glaube auch, daß er nicht weiß, wie die Szene endet, aber er hat sich auf diesen Machtkampf eingelassen. Wie zwei brillante Schachspieler, die voneinander wissen, daß sie brillant sind, daß sie gute Züge beherrschen, aber keiner weiß den Zug vom nächsten, und jeder reagiert auf den Zug, den der andere macht.

Ich verstehe genau, was du sagst, aber ich glaube, du stellst dir noch eine Entwicklung vor, die durchschaubar ist, daß er z. B. kommt, um die Christen zu ärgern – ich glaube, daß er viel impulsiver ist. Shylock ist noch impulsiver als Portia, denn sie hat sich etwas vorgenommen, trotzdem glaube ich, daß der Einfall, die Rede über die Gnade, ein momentaner Einfall war – Portia kam nicht nach Venedig, um allen etwas über Gnade zu erzählen. Sie kam, um Antonio zu retten, hatte aber keine Ahnung, wie sie es machen wollte – jeder Schritt ist ein neuer Schritt.

Claus: Ich meine folgendes: Shylock weiß genau, daß er in ein Raubtierhaus geht, und er hat nun mal das Recht, diesen Wisch, auf seiner Seite. Er kommt nicht als Angsthase. Genauso weiß der Doge, daß Shylock das Verfahren nicht einberufen hat, um nach einer Minute zu sagen: Ich lasse Gnade walten; daß also alle die Situation, wie sie am Anfang ist, gut einschätzen können und daß Shylock von der Wendung, die der Prozeß dann nimmt, überrascht ist –

Man kann natürlich den Anfangs- und Ausgangspunkt naiver inszenieren und es später kompliziert werden lassen, wenn man davon ausgeht, daß alle erst einmal auf einfache Weise sagen, was sie meinen. Dann glaubt der Doge sogar, daß die Möglichkeit der Gnade auf Shylocks Seite besteht, weil er, der Doge, die Eitelkeit des Machthabenden besitzt, weil er wie

Kohl denkt: Die Welt wird uns doch nicht vorwerfen, was wir da gemacht haben, vierzig Millionen, ist doch nichts, Kinders, was ich euch alles geschenkt habe … und bei den Vorwürfen ist er wirklich verletzt und erstaunt, er versteht nicht, daß man ihm etwas vorwerfen kann. Ich glaube, wenn der Doge sagt: Ich gehe davon aus, daß du gnädig bist, dann meint er nicht, daß Shylock ein netter Mensch ist, sondern soviel Schiß vor ihm hat, daß er sich anständig benimmt und nachgibt. Es geht darum, wie einfach oder komplex die Figur des Shylock ist, und auf welche Art sie komplex ist. Aus dem Grund finde ich es auch besser und richtiger, wenn er wirklich zuckt, wenn ihm das Geld angeboten wird.

Geraldine: Was ich interessant und gleichzeitig schwierig bei Shakespeare finde, ist, daß es lange Textpassagen gibt, in denen die anderen Figuren nichts zu sagen haben. Was machen diese Figuren währenddessen, was passiert bei denen? Mich stört es, wenn sie das Geschehen durch Mimik oder Gestik kommentieren, aber wie mache ich es, daß die Spannung bei ihnen trotzdem aufrechterhalten bleibt?

Wenn ich mich jetzt umschaue, während du sprichst, sehe ich die verschiedensten Reaktionen auf den Gesichtern der Leute hier. Findest du, daß man diese Reaktionen auf der Bühne nicht zeigen dürfte? Sie kommentieren doch jetzt auch nicht, sondern hören zu, und das spiegelt sich in ihrer Gestik oder Mimik wider.

Helena: Aber ich kann die Schauspieler doch nicht einfach auf die Bühne stellen und sagen, sie sollen bitte die ganze Zeit nur zuhören und sonst gar nichts machen, das ist doch bescheuert!

Darf ich das Problem einmal ein bißchen anders formulieren? Die Schauspieler haben ja ein gewisses Verhältnis und eine bestimmte Spannung zueinander, wenn sie arbeiten, und dieses Verhältnis wird immer komplizierter, je länger sie zusammen arbeiten. Sie schauen sich z. B. anders an, als sie es jetzt tun, und ich denke, was du verlangst und in Frage stellst, ist, was sich daraus entwickeln könnte. Es ist sicherlich sehr schwer herzustellen und zu erhalten – wenn ich jetzt sagte: Jetzt bitte schau du mal traurig, wäre das Quatsch! Letztendlich geht es um die Frage, ob man das Verhältnis stilisiert oder es psychologisch zwischen den Schauspielern entwickelt. Wichtig ist, die Spiellust der Schauspieler untereinander weiterlaufen zu lassen, auch wenn sie auf der Bühne nur zuschauen.

Man kann davon ausgehen, daß zu Shakespeares Zeit sehr stilisiert gespielt wurde. Man interessierte sich nicht für die Psychologie eines Schauspielers und wußte auch nicht, was Naturalismus war. Man sprach den Text sehr schnell. Ein Stück wie »Hamlet« dauerte weniger als drei Stunden. Ein Schauspieler sprach seinen Text, und schon kam der nächste. Ich glaube, daß die Schauspieler, die nicht dran waren, nichts machten, sie standen da und warteten, bis sie dran waren – ein Weg, der interessant ist, denn er führt zu einem anderen Problem, auf das man immer wieder bei Shakespeare stößt: Es gibt in seinen Stücken zentrale Personen und eine Reihe von Randfiguren, die fast gar nicht geschrieben, fast austauschbar sind. Eigentlich müßte man sie so lassen, wie sie geschrieben sind, nämlich gar nicht, nur ist das fast unmöglich zu spielen, außerdem will es niemand spielen. Das ist das schwierigste: lauter graue Menschen zu inszenieren, wo einen der Mittelpunkt interessiert. Es ist mir noch nie gelungen, den »Rest« einfach so zu lassen, wie er geschrieben ist – vorgenommen habe ich es mir oft –, denn plötzlich fällt mir auf, daß da einer steht und zuschaut und dabei so komisch guckt, und schon interessiert mich das, und ich hake nach oder mische mich ein.

Der berühmte englische Schauspieler Donald Wolfit, ein großer Shakespeare-Darsteller, hatte eine Truppe von unbegabten Stichwortgebern im Halbkreis um sich stehen, während er »König Lear« oder »Othello« spielte. Seine Frau war übrigens auch darunter. Sein »Lear« war für mich der überwältigendste »Lear«, den ich je gesehen habe, und die schemenhaften Schauspieler drum herum interessierten mich nicht, störten mich aber auch nicht. Niemand, der diesen »Lear« gesehen hat, wird ihn je vergessen. Er bleibt bis heute, fünfzig Jahre danach, die größte Darstellung dieser Rolle. Und wenn die anderen Schauspieler sich eingemischt hätten (Wolfit war natürlich auch sein eigener Regisseur), wäre es absurd gewesen.

Ludwig [Shylock]: Neben den ganzen theoretischen Erwägungen würde mich noch interessieren, was denn zu sehen war. Daß man aus der Szene ganz viel rausholen kann, ist unbestritten, was ist denn rübergekommen?

Weißt du, ein geschlossenes Bild kann man von der Szene, die man drei Tage probiert hat, noch nicht haben, dazu steckt sie in einem zu frühen Stadium. Ich will es auch nach drei Tagen nicht haben, weil ich davon ausgehe, daß die Szene sich noch in vierzig andere Richtungen entwickeln kann. Deutlich wurde aber, daß die Regisseurin sehr offen zu dem Material stand, schon eine grundsätzliche Haltung gefunden und bestimmte Dinge bereits geformt hat.

Die Prozeßszene, von Valentin inszeniert

Susanne [Schauspielerin]: Was mir an der Arbeit von Valentin auffällt, ist, daß Shylock sehr traurig ist. Er scheint von Anfang an ein Verlierer zu sein, und ich habe mich gefragt, was ihn eigentlich dazu treibt, diesen Prozeß anzustrengen.

Ja, Shylock wurde hier ganz anders dargestellt, er war ein komischer alter Jude, ein armes Schwein, den man irgendwo geschnappt hat, der sich wie ein Tierchen verteidigt. Ich habe anfangs nicht viel verstanden. Nikolaus, der den Shylock spielt, spricht entsetzlich. Die Szene war an der Grenze des Unverständlichen, was teilweise auch daran liegt, daß ihr in einem kleinen Zimmer probiert habt und jetzt auf der großen Bühne steht – Portia redete zu schnell, und Antonio murmelte vor sich hin, niemand rückte richtig raus mit der Sprache. Ich glaube, der Regisseur hat euch nicht richtig entkrampft, ich würde das gerne einmal drei Wochen später sehen, wenn er euch aus diesem Krampf rausgeholt hat und ihr etwas offener spielt. Aber es war interessant – wie eine Sammlung von Tierchen.

Das Layout war sehr originell. Alles fand in den Ecken und an den Seiten der Bühne statt. Ich habe vor einigen Jahren in Paris Grübers Inszenierung von »Dantons Tod« gesehen. Dort wurde auch nur an den Grenzen der Bühne gespielt. Die Hauptbühne blieb ungenutzt, ganz hinten stand Danton und hielt eine Rede, und irgendwo rechts unterhielt sich Robespierre mit jemandem. Das hat einen zunächst sehr genervt, es war eine große Bühne, und alles war sehr weit weg, aber nach einer Weile bekam es eine ungeheure Faszination, weil alles gewissermaßen in der Totalen stattfand. Valentins Szene hatte eine ähnliche Spannung, eine, die nicht unbedingt mit dem Stück zu tun hatte, sondern sich durch die komische Leere der Bühne ergab. In der Mitte, erhöht, saß die Dogin [in Valentins Version spielte eine Frau den Dogen], sie fing dort zu sprechen an, aber dann – leider! – kam sie herunter und wurde an die Seite gestellt, eine riesige Gemeinheit. Ich fragte mich, warum der Regisseur sie nicht so an den Tisch gestellt hat, daß man sie wenigstens im Profil hätte sehen können. Dadurch hätte sie wenigstens theoretisch die Szene dominiert, doch so verschwand sie in der Ecke, verdeckt von den anderen Schauspielern, man wußte gar nicht mehr, ob sie da war oder nicht. Es wäre schön gewesen, wenn Nerissa auf die Dogin, die im Profil dastünde, zugekommen wäre, um ihr den Brief zu übergeben. So hätte man die Totale erhalten.

Auch wenn es vielleicht unfair ist, ich würde gerne einmal die zwei unterschiedlichen Darstellungen des Shylock vergleichen: Der erste Shylock zog die Rolle an sich und zeigte, wie er wäre, wenn er Shylock wäre. Der zweite Shylock dagegen hat sich zu der Rolle hingewuselt. In der ersten Probe war der Haß noch klarer und deutlicher, und jetzt ist dieses alte Judenmännchen aus ihm geworden, was ich sehr schön und rührend fand. Beide Wege sind möglich. Interessant fände ich, die zwei Portias einmal auszutauschen. Die Portia der ersten Fassung hatte eine gewisse Einfachheit, sie erinnerte mich ein bißchen an frühe jiddische Filme oder an alte, übriggebliebene Leute, wenn sie erzählen. Wenn man dieses unschuldige, etwas ängstliche Mädchen aus der ersten Fassung mit dem Shylock aus der zweiten Fassung zusammenbrächte, dann hätten wir zwei, die sich ähnlich sind. Das würde wie »Hänsel und Gretel im Prozeß« werden und wäre sicherlich spannend.

Ich fand schade, daß die Richterin keine Richterin mehr war. Sie war mir zu stilisiert. Ich hätte sie mit dem Satz: Nun, ist Antonio da? hereinkommen lassen, dann hätte sie sich etwas Wasser eingießen und in einem geschäftigen Ton sagen können: Du tust mir leid. Du stößt auf einen Gegner aus

Stein, einen Unmenschen ..., dann setzt sie sich usw. Dann hätte man eine Person gehabt, jetzt war es eher eine Theorie, die schön für eine griechische Tragödie wäre.

Gratiano fand ich prima, er hätte noch schärfer sein können, nicht nur lustig. Er ist ein kleiner Zerstörer, besonders gegenüber einem alten, stinkenden Juden – da müßte man noch böser sein. Gut hat mir gefallen, wie Shylock sich das Tuch ausbreitet und sein Messer vorbereitet.

Valentin: Das ist ein Einfall der Dogin.

Schön! Wie gesagt, es spricht für eine gute Arbeitsweise untereinander, wenn auch den anderen etwas Gutes einfällt. Daran würde ich als Regisseur jetzt weiterarbeiten. Wenn man die Rolle des Shylock so weiterverfolgte, würde man wahrscheinlich sehr schnell an eine Grenze stoßen. Ich weiß nicht, warum das so ist, aber ich glaube, daß er noch eine andere Dimension haben müßte.

Die erste Probe, die ich von euch gesehen habe, wirkte ein bißchen wie »Westsidestory«, sehr schön. Es war das erste Mal, daß ich diese Jungs so gesehen habe, wie ich sie mir vorstelle und wie sie sich Shakespeare wahrscheinlich auch vorgestellt hat, nämlich als eine Gruppe dreier venezianischer Playboys.

Beatrice: Ich habe eine Frage an die Regie. Ich verstehe die Anordnung der Personen auf der Bühne nicht ganz: eine Partei ganz links, die christliche Partei, und der einsame Kämpfer rechts und in der Mitte Antonio als Schlachtvieh. Bei Shylock finde ich es gut, daß er rechts alleine steht, aber wieso Antonio in der Mitte ist, verstehe ich nicht.

Valentin: Wir haben bei der letzten Probe festgestellt, daß die Aufmerksamkeit von Antonio völlig weggeht, und haben ihn deshalb in die Mitte gestellt, wie in einem Glaskäfig, er wird darauf vorbereitet, daß ihm sofort Fleisch aus dem Herzen geschnitten wird. Es ist ein Probenansatz. Was passiert, wenn Antonio in der Mitte alle Aufmerksamkeit auf sich versammelt?

Beatrice: Nur habe ich kein einziges Mal auf ihn geschaut, alles ist in großer Entfernung von ihm geschehen, deshalb habe ich ihn nie gesehen.

Da bin ich nicht deiner Meinung. Was Valentin damit erreichen wollte, nämlich daß man Antonio immer anschaut, hat er erreicht. Man kann nicht woandershin gucken, Antonio sitzt ja direkt in der Mitte. Ich hatte den Eindruck, hier sitzt ein Opferlamm, und obwohl er wenig zu sagen hat, kam Antonio in seinem Käfig sehr gut rüber. Er sitzt ja auf der Anklagebank, schließlich hat er die Schulden und nicht Shylock.

Richard: Ich fand den Käfig auch sehr gut, er erinnerte mich an italienische Mafiaprozesse. In der Szene blieb es dann aber bei dieser ersten Assoziation.

Ich dachte auch sofort an die Mafiaprozesse, und ich finde, eine Anspielung genügt. Das ist doch schon sehr erfolgreich, hätte Valentin das weitergetrieben, wäre es nicht so gut geworden. Valentin hat es schließlich nicht so inszeniert, als ob es sich um einen Mafiaprozeß handelte. Normalerweise würde man in der Szene den Dogen in die Mitte setzen, deshalb finde ich diese Anordnung eigentlich sehr kurios. Sie hat mir Spaß gemacht, weil ich sie nicht erwartet habe. Nun macht die Tatsache, daß ich es nicht erwartet hatte, die Anordnung noch lange nicht gut. Wenn aber die Dynamik, die normalerweise dadurch entsteht, daß der Doge in der Mitte sitzt, erhalten bleibt, obwohl man Antonio in seinem Käfig in die Mitte gestellt hat, dann bekommen die anderen Dinge eine große Wichtigkeit. Man spürt ja, daß der Doge eigentlich in der Mitte steht. Ich habe mich auch gefragt, warum die Dogin nicht einmal eine richtige Frau gespielt hat, warum sie sich nicht auf den Witz eingelassen hat, daß mit der Portia eine weitere Frau als ein Mann gekleidet hereinkommt, daß da zwischen ihnen ... sie hinguckt und denkt: Moment mal, diese Lippen ...?

Dogin: Das habe ich schon gespielt ...

Ich habe es aber nicht gesehen. Ich würde doch etwas anbieten, wenn man den Dogen als Frau besetzt. Damit macht man etwas.

Dogin: Schon klar, aber wann?

Habe ich es inszeniert? Die Kiste hat mir übrigens gut gefallen, sie wirkte so billig und gemein. Das war, als hätte jemand gesagt: Setz dich auf die Kiste, da gehörst du nämlich hin!, nicht in einen prächtigen Raum, sondern auf eine schäbige Kiste.

Die Prozeßszene, von Claus inszeniert

Du hast zugesehen, daß du fertig wirst, daran sieht man, daß du schon Theater gemacht hast.

Claus: Sagen wir mal, ich habe versucht, den Schauspielern heute ein Stück Sicherheit zu geben. Für mich ist es noch nicht fertig.

Das finde ich richtig, ich fand auch das Tempo und wie alles gebaut war, richtig. Was mir gefehlt hat, war, daß mich nichts berührte, mir war alles egal. Ob Shylock tot umfällt, war mir egal, und Antonio war mir auch gleichgültig. Die Stimmung hat mich eher an ein Jugendtheater erinnert, bei dem alles klar und deutlich für junge Leute dargestellt wird. Das ist kein Vorwurf. Du hast kluge Dinge gemacht, kompensiert, wo du dachtest, es funktioniert nicht, und alles sozusagen von gestern auf heute sehr gut gelöst. Aber ich hoffe, daß du nicht so geschickt wirst, kein Risiko mehr einzugehen. Die Figuren enthalten kein Risiko mehr, sie haben alle genau das gemacht, was sie können, mehr hast du nicht verlangt. Aber das Resultat ist, daß man rausgeht, es interessant fand, und nicht im geringsten davon berührt ist.

Man braucht das Risiko, man muß manchmal Dinge in eine Gegend fallen lassen, in der nicht alles so deutlich ist, in der man nicht alles festhalten kann. Es kann sein, daß es am Ende nicht so funktioniert, wie man es sich vorgestellt hat, weil es eben riskant ist. Du hast alles weggelassen außer dem, was die Schauspieler können, und es hat funktioniert. Ich sage das ohne Ironie, ich finde deine Arbeit sehr gut und ganz richtig, hoffe aber, daß du nicht einer von diesen Regisseuren wirst, die nur solche Inszenierungen abliefern.

Claus: Ich bin ja auch der Meinung, daß das Ganze emotional eine viel größere Tiefe haben sollte. Ich wünsche sie mir auch. Es sind vorher viele Dinge passiert, die heute auf der Bühne nicht passierten. Es war nicht so abgesichert, wie du meinst, und ich glaube nicht, daß du Angst haben mußt, daß es mir nicht um Gefühl geht.

Ich habe keine Angst, daß es dir nicht um Gefühl geht, das ist es nicht. Es ist eine Frage des Risikos, es fällt einem ein, daß noch tausend Dinge möglich sind, und diese Dinge muß man in einem frühen Probenstadium ausprobieren. Wenn es bei mir nach drei Wochen so aussehen würde wie bei dir und ich hätte insgesamt sechs Wochen Zeit, wüßte ich nicht, was ich in den letzten drei Wochen noch machen sollte. Wenn man eine Sache einmal zusammengelötet hat, ist es sehr schwierig, sie wieder auseinanderzubekommen und einen Freiraum für Neues zu schaffen.

Auch das Tempo ist ein bißchen modisch. Die Schauspieler reden in einem fort, der Doge läuft aufgeregt herein, und man fragt sich, was er eigentlich für ein Problem hat, warum er so aufgeregt ist. Hat er zu Hause ein Problem? Hätte sich Kohl bei jeder Kleinigkeit so aufgeregt, wäre er nicht lang am Leben geblieben. Es ist ein Überfall am Anfang, und der ist auch o. k., denn so muß man dem Dogen zuhören, aber er ist nicht o. k., wenn du wirklich Zeit hast, auch noch andere Dinge auszuprobieren.

Die Haltung von Bassanio, so halb-gemein, fand ich sehr gut. An Antonio hat mich ein wenig gestört, daß er so fröhlich ist.

Claus: Ja, daß er so lustig ist, bewegt sich auf einem schmalen Grat. Unser Wunsch war es, daß er sich nicht mehr so klein macht vor Shylock, daß er offensiver wird.

Man denkt aber, wenn Antonio so lustig ist, kann es ja nicht so gefährlich sein. Den Gratiano fand ich gestern besser, da stand er nur auf, wenn er Shylock beschimpft, und die anderen hielten ihn fest. Heute die Superklamotte mit dem Stuhl, mit dem er auf Shylock losgehen will, war zuviel. Es dauert zu lang, bis sich das Publikum von seinem Lachkrampf beruhigt. Portia, mit der ich so große Probleme hatte, war wie verwandelt. Shylock war mir zu straight, er muß komplizierter sein. So simpel möchte ich diese Figur nicht sehen. Und auch nicht das Stück. Ich kann mir zwar vorstellen, daß man den Shylock direkt und sehr simpel spielt, aber hier war das zu bieder. Er kann, finde ich, alles sein, aber bieder eigentlich nicht.

Und warum stirbt bisher in allen Fassungen die Nerissa? Ich verstehe es nicht: Niemand spielt diese Rolle, und niemand will sie spielen, kein Regisseur bemüht sich um sie. Sie ist doch wunderbar, die Kleine, die immer zuguckt und Portia sagt, was los ist. Das Spiel zwischen beiden hat von euch bis jetzt noch keinen interessiert.

Die Prozeßszene, von Andreas inszeniert

Bis zu Gratianos »O Jude! Ein gerechter Richter, ein gelehrter Richter!« hat mich nichts wirklich in der Szene gestört, aber wenn Gratiano seine ersten Sätze stottert und nicht richtig spielt, muß man ihn entweder erschlagen oder die Sätze streichen. Es hat zehn Minuten gedauert, bis Portia wieder retten konnte, was Gratiano anrichtete. Diese Klamotte hat mit dem schönen Shylock dieser Version nichts zu tun. Mit so einem unsinnigen, sinnlosen Stotterer verarscht man das Publikum. Es gibt sicher Situationen, z. B. im »Wallenstein«, wo man es gut fände und sagen würde, endlich zerstört jemand das Stück – hier ist es eine Katastrophe. Da seid ihr beide geschmacklos, der Regisseur und der Schauspieler, ich würde es nicht sagen, wenn ich die Szene im ganzen nicht gut fände.

Bassanio hat mit Shylock eine ganz wunderbare Szene gespielt – wenn er ihm das Geld anbietet, dachte ich: Da ist jemand im Zoo, begegnet zum ersten Mal einem Tiger und meint, gleich beißt er. Das wirkliche Verhältnis zwischen

Antonio und Bassanio habe ich auch hier nicht gesehen. Ihr habt es alle nicht »geschnappt«. Vielleicht wissen eure Regisseure nicht genau, wie sie es euch beibringen, weil es ja unterschwellig gehalten ist, auch in anderen Szenen des Stücks mit- oder weiterläuft und erst in der Prozeßszene zu einem Höhepunkt kommt, ein Verhältnis, in dem Antonio für Bassanio stirbt. Wie kriegt man das hin? Nicht, indem man irgend etwas *macht*, doch so, z. B. daß Bassanio, wenn er Antonio anguckt, alles nur menschenmögliche schlechte Gewissen hat – und wenn man behauptet, daß er Antonio liebt –, und laßt uns davon ausgehen, daß er ihn auch wirklich liebt und nicht nur die Portia, daß Bassanio Antonio nicht nur benutzt, was ja auch sein kann – man kann den Bassanio so spielen, daß er nur daran denkt, wie er aus Antonio Mäuse herausholen kann –, dann hat sich in der Szene eine unheimliche Spannung aufgebaut, wie gesagt, nicht durch das, was man macht, sondern vielleicht durch einen Blick – wie Bassanio Antonio sieht und spürt, daß ihn nichts froh macht. Damit fängt das Stück ja an: »Wirklich, ich weiß nicht, warum ich so traurig bin« – Wirklich, er ist immer so traurig, er kriegt es nicht hin, auch im letzten Akt – alle sind glücklich, nur Antonio wandert hilflos herum, weint mit einem Auge, lächelt mit dem anderen – freundlich wie ein einsamer Mensch. An die Geschichte dieses Einsamen und dessen Verhältnis zu Bassanio kann man in drei Tagen nicht herankommen, das ist klar, nur wenn das in dieser Szene fehlt, fehlt etwas ganz Wichtiges, dann fehlen die Schrecken der Liebe.

Ich fand auch die Portia mit dem Shylock sehr gut. Du [an Portia gerichtet] machst das ohne große Anstrengung, die Rolle liegt dir. Wenn ich jetzt mit dir arbeiten würde, ließe ich vieles Äußerliche erst mal weg, um zu sehen, was übrigbleibt. Ich würde Portia überhaupt nichts machen lassen und trotzdem diese Haltung, mit der sie spielt, im Text suchen und ihr dann wieder die Freiheit geben. Ich fand den Einfall, sie eine halbe Stunde mit dem Messer sitzen zu lassen, nicht gut. Am Anfang denkt man noch: Aha, der Regisseur will dieses Bild haben, aber sie sitzt ein bißchen zu lange mit dem Messer, so daß es zur reinen Stilisierung wird. Dann denkt man, man habe etwas verpaßt. Sie sagt diese schrecklichen Dinge zu Shylock, der sie vielleicht am liebsten umbringen möchte, und sie hält nur das Messer in der Hand. Vielleicht kommt jemand auf die Bühne und trägt sie in dieser Position heraus, dann wird es ein Monty-Python-Verschnitt. Das sind echte Regiefehler, und die mußt du als Regisseur bemerken.

Portia hatte einen sehr schönen Moment, als sie auf den Tropfen Blut kam, sie spielte ihn so schön langsam, sie nahm sich Zeit: »Dieser Schuldschein hier gibt Ihnen keinen Tropfen Blut / Die Worte sind ausdrücklich ›Ein Pfund Fleisch‹«, da lief mir wirklich ein Krisseln über den Rücken. Man hatte Angst vor dieser Portia, und die muß man auch haben. Wenn der Doge das Urteil gesprochen hat, fragt sie: »Sind Sie zufrieden, Jude? Was sagen Sie?« Es ist auch Portias Neugierde, nach allem, was sie gemacht hat, sieht sie das Resultat und will wissen: Wie reagiert der komische Mensch jetzt? Vielleicht müßte ihre Neugierde schon ein bißchen voher angelegt sein, auch die der Touristin, sie ist ja eine Venedig-Touristin, plötzlich in Dinge verwickelt, trifft zum ersten Mal in ihrem Leben den Dogen und ist in einem neuen Raum, unter kuriosen Menschen – das hat von euch bisher auch noch niemand gespielt –, *und* neben ihr steht plötzlich Bassanio, ihr Mann. Wie spielt man das? Man kann es dick auftragen oder subtil machen, es wäre für die beiden Mädchen der Moment, um Kabarett zu machen – plötzlich verstellt Portia ihre Stimme, vielleicht erkennt Bassanio sie dann nicht, sieht sie aber an und denkt: Was ist denn mit dem los, wieso spricht der jetzt so? Man kann sich allerhand Späße ausdenken, aber wesentlich ist, daß Portia neben ihrem Mann steht, der nicht weiß, wer sie ist, und von dem sie hofft, daß er es nicht herausfindet.

Der Doge könnte manierierter sein. Ich hätte mir mehr Phantasie gewünscht, der Doge ist eine Figur, die sich nicht aus der Situation erklären läßt, sie ist eine Erfindung. Jeder hat eine andere Vorstellung von diesem Dogen, und da ist es wichtig, wie man sich entscheidet. Man kann einen langweiligen Beamten aus ihm machen, einen Stotterer oder einen Medici-Fürsten.

Kerstin: Ich fand die Figurenkonstellation Shylock und Antonio sehr spannend. Ich habe die ganze Zeit darüber nachgedacht, wie die beiden wohl aufeinandergetroffen sind, was passiert ist, daß es zu dieser Gerichtsverhandlung kommt. Das fand ich sehr anregend.

Evelyn: Ich habe den Shylock zum ersten Mal richtig blutrünstig erlebt, ich dachte wirklich, der schlachtet den Antonio jetzt ab, und ich hatte viel Spaß daran.

Das ist doch interessant: Hier treffen zwei völlig verschiedene Theatertraditionen aufeinander. So, wie Shylock gespielt wurde, kam er aus dem 19. Jahrhundert, und Antonio war von heute. Ich finde es absolut möglich, zwei sich fremde Figuren – zwei sich fremde Welten – gleichzeitig auf die Bühne zu bringen. Das eine war ein ausgespieltes, melodramatisches und wildes Theater und das andere ein cooles Theater, das aus einer Martin-Scorsese-Welt zu sein schien, und beide Spielweisen gingen wunderbar zusammen. Es ist kein Versuch gemacht worden, das stilistisch zu ebnen, und das war gut, denn es gibt eine zusätzliche Spannung. Um das durchzuhalten, braucht man eine enorme Sicherheit. Hier ging es instinktiv gut, früher oder später würden aber Probleme auftauchen.

Spätestens, wenn Shylock sagt: Ich möchte, daß Blut aus meinem Mund läuft, meine Nase geht bis an die Ohren, habt ihr alle keinen Sinn für Geruch? Ich stinke nach Knoblauch.

Claus: Ich habe auch empfunden, daß, bis Gratiano zum ersten Mal den Mund aufmachte und sagte: »Nicht an deiner Sohle, an deiner Seele schärfst du das Messer, du gemeiner Jude«, die Szene eine Superspannung hatte, und mir war aufgefallen, wie wichtig dieser Moment ist, wenn Gratiano redet, bevor der Doge den Brief verliest. Und daß es ganz wichtig ist, in welche Situation Portia kommt, wenn sie auftritt. Geht die Szene weiter, oder bleibt sie stehen? Shylock bringt ja die Szene voran, während Portia hochgeht, aber irgendwie passiert etwas, daß ich diese Szene nicht mehr verstehe.

Ja, aber was hauptsächlich passiert, ist doch, daß Shylock beginnt, sein Messer zu schärfen, und Gratiano sagt: Mein Gott, der wetzt ja sein Messer. Bis zu diesem Punkt hat wahrscheinlich niemand ernsthaft angenommen, daß Shylock sich das Stück Fleisch wirklich rausschneiden will.

Claus: Ja, ich meine auch, daß sich die Szene an der Stelle zuspitzt, und wir haben ja auch daran gearbeitet, es ist eine ganz wichtige Stelle.

Es ist eigentlich eine sehr einfache Stelle – einfach zu verstehen. Shylock holt sein Messer raus, und Gratiano bekommt einen Wut- oder Angstanfall und beschimpft Shylock. Aber stotternd, wie Gratiano es gemacht hat, geht die gesamte Spannung verloren. Und das schrecklichste ist, das Publikum lacht sich tot, es schlägt sich auf die Schenkel und meint, dieser Schauspieler sei der Hit des Abends. Ich habe das oft erlebt und die verzweifelten anderen Schauspieler gesehen, die schließlich noch etwas sagen mußten. Das muß man mit allen Mitteln bekämpfen. Jetzt haben wir dich genug beschimpft, jetzt möchte ich mal wissen, wie dieser Moment entstanden ist.

Andreas: Ich hatte große Schwierigkeiten mit der Stelle, wir haben bei jeder Probe etwas anderes gesucht, daß er es mal ganz fein, mal ganz bösartig macht ...

Ja, es gab diesen schönen Moment, wo Gratiano Shylock ganz leise beschimpft: »Bete, daß du dich selber aufhängen darfst.«

Andreas: Wir hatten wirklich bei jeder Probe verschiedene Varianten, haben die Stelle aber nie gelöst. Was wir hier gesehen haben, war also auch eine Probenvariante, von der ich weiß, daß sie nicht funktioniert, aber nicht weiß, wie sie funktionieren soll.

Das müßt ihr lernen als Regisseure: Ein Schauspieler muß sich darauf verlassen können, daß du so etwas nicht drinläßt, daß du die Schauspieler nicht baden gehen läßt. Das geht nicht.

Ludwig [der Shylock-Schauspieler]: Ich habe in einer Probe, als Gratiano ganz fein und zurückhaltend spielte, gesagt, daß ich es besser fände, wenn er da richtig pöbelt, weil mich das in Bezug zum Dogen interessierte.

Dann hast du also eine Gegenproduktion inszeniert? Inszenierst du deine Kollegen um dich herum? Wie einige Schauspieler, die ich kenne: Sobald ich draußen bin, inszenieren sie die anderen ganz schnell um sich herum. Ihr dürft nicht diese schlechte Angewohnheit entwickeln, weil der Regisseur dann nicht mehr überschauen kann, was passiert, und man von ihm nichts mehr erwarten kann.

Es ist sehr typisch: Man sitzt gemeinsam in der Kneipe und meint, wir sind ja eine Gruppe, da können wir uns untereinander verständigen. Was übrigens auch schlecht ist: Man probiert auf der Bühne, und Shylock – vielleicht ein Star – unterbricht Portia und sagt: Du, komm doch mal ein Stückchen näher ... oder ähnliches. Es mag richtig sein, daß Shylock sich wünscht, daß sie näher bei ihm stünde, aber in dem Moment, in dem ein Schauspieler das auf der Bühne sagt, ist die Spannung weg, dann kann man nicht mehr Theater machen, denn einer steigt sozusagen aus der Situation aus. Dann ist es besser, wenn der Schauspieler zum Regisseur kommt und mit ihm darüber redet. Es gibt viele Leute, die in dieser Hinsicht anderer Meinung sind. Ich habe in dieser Hinsicht auch Auseinandersetzungen mit Schauspielern, die nicht meiner Meinung sind. Aber ich rate euch, nicht selbst zu unterbrechen. Weil es einfach mehr Spaß macht, wenn ihr ein Spiel spielt, ein Teil dieses Spiels zu bleiben, also nicht zu sagen: Jetzt komm doch mal näher, sondern das Spiel so zu spielen, daß, wenn du willst, daß Portia näher kommt, *so* zu spielen, daß sie näher kommen *muß*. Es ist möglich, sogar viel interessanter, wenn man die Spielregeln einhält.

Die Prozeßszene, von Isabell inszeniert

Geraldine: Gut gefallen hat mir diese Andeutung von Verführung am Anfang der Szene. Zwar wissen die Figuren nicht, daß es sich bei Portia um eine Frau handelt, aber es scheint einen Verdacht zu geben, und das fand ich gut.

Paul: Als wir die Szene probierten, haben wir öfters überlegt, wie weit man sich auf die Situation einläßt, daß jemand umgebracht wird, welche Konsequenzen es für den Schauspie-

ler hat, denn ab einem bestimmten Punkt gibt der Text die Ernsthaftigkeit nicht mehr her, es passieren viel zu viele lustige, paradoxe, komische Dinge. Hier war es ausgewogen. Man war amüsiert, hat aber gleichzeitig an den Ernst der Situation geglaubt. Schön fand ich auch, wie sich Schritt für Schritt diese opernhafte, triumphierende Rede der Portia entwickelt hat und man trotzdem zu einem realistischen Spiel zurückfand. Die Temperatur, mit der sie spielten, stand in bestem Verhältnis zum Text.Von allen Versionen, die ich bisher gesehen habe, fand ich diese Fassung am besten.

Geraldine: Shylock ist böse und zeigt gleichzeitig seinen Schmerz. Das hat mir auch gut gefallen. Man hat den Eindruck, er leidet unter der Situation und findet in seiner Bösartigkeit den einzigen Bezug zu den anderen. Diesen Zwiespalt der Figur, daß er am Ende beinahe weinend geht, habe ich sehr gemocht.

Nikolaus: Ich fand komisch, daß Antonio und Bassanio in der Version fast völlig untergegangen sind. Diese beiden tragischen Figuren fand ich etwas blaß im Vergleich zu dem Raum, den man ihnen in den anderen Lösungen ließ, die wir gesehen haben – seltsamerweise hat mich das nicht besonders gestört.

Beatrice: Mich hat als einzige Figur der Shylock und vielleicht noch die Sekretärin interessiert. Ich finde, euch ging es um nichts. Wenn ich vor einem Messer stünde, würde ich mich nicht so locker bewegen. Ich könnte das mit der Temperatur nicht unterstreichen.

Nikolaus: Das ist genau das, was ich mit dem Text meine: Ab einem bestimmten Punkt führt man den Text ad absurdum, wenn man zu sehr versucht, sich mit der realistischen Form auseinanderzusetzen. Zu sagen: Es geht hier um Leben und

Tod!, dafür ist der Text nicht geeignet. Da ist zuviel Lustiges, als daß man vom Zuschauer verlangen könnte, daß er wirklich Angst bekommt.

Beatrice: Da muß ich dir entschieden widersprechen! Der Text ist ja vielleicht stellenweise lustig, und der Zuschauer kann ja vielleicht lachen, aber ihr dort oben auf der Bühne könnt es nicht.

Andreas: Bei mir entstand ein ähnlicher Eindruck wie bei Beatrice, und zwar durch die vielen kleinen Dinge, die eine scheinbare Wendung nahmen, z. B. daß Portia gehen will, kleine Neuinterpretationen, die mich verwirrt und von der Hauptsache abgebracht haben. Dadurch entstand für mich der Eindruck, daß es nicht um sehr viel geht.

Helena, wie fandest du es denn?

Helena: Ich möchte jetzt nichts sagen.

Gut, dann sagst du nichts. Und du?

Frederike: Mir ging es ähnlich wie Andreas und Beatrice, auch ich fand, daß Shylock die spannendste Figur war, weil versucht wurde, diesen Zwiespalt hinzubekommen. Ich habe aber den Zwiespalt zwischen der Bosheit, daß er das Fleisch haben will und gleichzeitig das Opfer ist, nicht wirklich gesehen. Ich konnte die Figur des Shylock nicht wirklich greifen. Und auch mich haben diese vielen kleinen Spielchen komplett davon abgelenkt, worum es eigentlich geht, nämlich um ein Menschenleben.

Paul: Ich muß sagen, daß ich die Einfälle und Ideen einen guten Weg fand, die Schauspieler noch ein wenig weiter zu treiben. Die Stelle, in der Portia überrascht ist, weil es so schnell ging, da ja Shylock zunächst auf ihr Angebot eingeht, und sie schon abgehen will, Shylock es sich dann anders überlegt und sie weitermachen muß im Sinn von: Scheiße, hat nicht geklappt, also diese Passage hätte man vielleicht noch extremer machen können. Diese kleinen Passagen haben mich nicht abgelenkt.

Ludwig: Für mich war Shylock sehr undurchschaubar. Seine Ziele waren mir überhaupt nicht klar, er hatte etwas ganz Kaltes und sehr Entschlossenes. In den Momenten, in denen er alles chirurgisch genau vorbereitet und mit einer Entschlossenheit darangehen will, sich das Stück Fleisch herauszuschneiden, war ich richtig erschrocken. Diese Undurchschaubarkeit und Kälte hatten etwas Gespenstisches, Bedrohliches, und als Anlage finde ich das sehr spannend. Man könnte es sicher noch ausbauen.

Isabell: Dazu könnte ich mal was sagen. Für uns ist das hier wirklich ein Probe-Ergebnis, wir haben ganz viele verschiedene Dinge ausprobiert, verschiedene Shylocks ausprobiert und jedesmal die Figur in ein neues Licht gebracht. Was wir heute gezeigt haben, waren zum Teil neue Dinge, die ich zuvor noch nie gesehen hatte, die wir auch nicht probiert haben. Aber so ist es dann, wir haben nicht fixiert und gesagt, du darfst das nicht oder jenes nicht. Diese Dinge sind heute zum ersten Mal da, und morgen wären sie vielleicht nicht mehr da. Vieles ist aus diesem Spiel heute entstanden.

Jan: Ich finde, das sieht man auch, und man erkennt auch, daß du eine Situation geschaffen hast für die Schauspieler, die sie ermutigt hat, riskante Dinge zu machen.

Stefan [Shylock]: Mich hat heute sehr gestört, daß sie sich alle so wahnsinnig sicher fühlten, ich hatte das Messer noch in der Hand, aber da grinsten sie schon und machten es sich leicht.

Ludwig: Konsequenter wäre gewesen, sie dann umzubringen. Sie haben ja nichts unternommen. Du hättest sie umbringen können. Sie standen ja nur da und schauten.

Richard: Man sieht aber, daß diese Arbeitsweise sehr reich ist. Es ist keine fertige Szene, natürlich verliert man das Problem ein bißchen aus den Augen, aber wenn man immer etwas Neues probiert und immer mehr sammelt, entstehen eben viele kleine Dinge in den Beziehungen untereinander, die in anderen Versionen weggefallen sind. Ich habe z. B. erstmals gesehen, wie Nerissa und Portia auf ihre Männer, den Dogen und auf die anderen reagieren. Wenn man das jetzt weiter proben würde, würde man irgendwann anfangen auszusortieren, weil die vielen Dinge ablenken. Ich finde, daß die Szene eine schöne Leichtigkeit bekommen hat.

Isabell: Das war auch unser Ansatz. Ich wollte, daß eine Spielfreude entsteht, daß alles möglich ist und man alles ausprobieren kann. An dem Punkt, an dem man sagt, das lenkt zu stark ab, waren wir noch lange nicht. Wir waren noch am Sammeln und Sehen, was interessant ist. Heute auch.

Geraldine: Ich bin ganz mit Richard einverstanden, und es ist klar, daß bei dieser Arbeitsweise die Spannung manchmal runtergeht. Ich glaube, man müßte die Tatsache, daß es um Leben oder Tod geht, bei den Proben wirklich auf die Spitze treiben, dann bekommt man es nachher hin.

Natürlich kann man darüber diskutieren, inwieweit innerhalb einer Komödie etwas ernst ist oder nicht, wie engagiert man spielen sollte oder nicht, aber ich finde, das ist im Moment nicht unser Problem. Ich habe große Probleme mit dem, was ihr gemacht habt. Ich sehe es weder so positiv noch so negativ wie ihr, denn ich kenne die Situation, in die man gerät, sehr gut aus eigener Arbeit. Ich habe euch gegenüber den Vorteil, daß ich die sehr gute Vorprobe gestern gesehen habe, sie hatte mit dem, was wir heute sahen, nichts zu tun. Gestern entstand ein Grad von Konzentration und Wahrheit. Die Details interessierten mich sehr, ich verstand, worum es ging, und fand es einen interessanten Weg. Ich habe im Gegensatz zu den meisten hier viel von Antonio und besonders von Shylock mitbekommen. Heute ist allerdings etwas passiert, was häufig bei Proben geschieht, wenn Publikum anwesend ist. Man darf nie Zuschauer in die Proben lassen. Das hättest du den Schauspielern nicht antun dürfen, Isabell – ich habe nur eitle Schauspieler gesehen.

Isabell: Hätte ich abbrechen müssen?

Natürlich hättest du abbrechen müssen. In dem Moment, als Portia anfing, den Antonio anzumachen und ihre Rolle wie eine Puffmutter zu spielen, hättest du abbrechen müssen. Eine Puffmutter könnte ja eine interessante Lösung sein, aber ich glaube nicht, daß du das wolltest. Du hättest sagen müssen: Tut mir leid, Kinder, aber fangt bitte nochmal an, oder: Laßt uns die Probe verschieben, oder ähnliches. Wenn keine Zuschauer dabei sind, kümmern sich die Schauspieler um ihr Spiel. Sobald aber Leute bei den Proben zusehen, fragen sich die Schauspieler ständig, wie sie wohl aussehen beim Spielen. Und genau das habe ich die ganze Zeit gesehen. Gestern war Shylock aufregend, heute war er ganz schlecht. Die Puffmutter war eine Katastrophe, jeder Satz von ihr war neu ausgedacht. Sie reagierte ständig auf irgendwelche Situationen, wie es ihr gerade einfiel, ohne Form und ohne Halt. Es kam die Schauspielerin auf die Bühne und nicht die Figur. Wenn man alleine probiert, kann man viele kuriose Dinge ausprobieren, aber nicht vor Publikum.

Die beiden Aufführungen, die wir vorher sahen, hatten sich gewissermaßen abgesichert gegen Publikum, insbesondere die erste, aber auch die zweite hat es noch hinbekommen. Aber Isabells Version zeigte lauter kleine aneinandergereihte Situatiönchen, dazu ein komisches piepsiges Mädchen, eine Portia, die mich nicht interessierte. Ich verstand nichts mehr. Der Shylock der ersten Fassung, der »wilde Shylock«, der »Kung-Fu-Shylock«, war sehr schön. Gestern hast du die Rolle stärker nach innen genommen, sehr raffiniert, und viele Aspekte, die ich vorher gesehen habe, verarbeitet und benutzt, das war spannend. Heute war alles äußerlich, es wirkte so, als ob du dich erinnern würdest, wie du es zuvor gemacht hast. Da du die vorherige Fassung nicht festgenagelt, sondern locker gelassen hast, konntest du dich nicht erinnern und machtest lauter kleine Kuriositäten, die nichts bedeuteten. Komischerweise war heute der Bassanio, der gestern am wenigsten gemacht hat, der klarste Schauspieler. Vielleicht nicht so interessant, aber wahr. Die Wahrheit einer Figur ist eine komplizierte Angelegenheit: Es handelt sich ja nicht um eine abstrakte Wahrheit, sondern um die Wahrheit jedes einzelnen. Jeder Mensch hat seine eigene Wahrheit, und ich gehe immer davon aus, daß das auch jeder weiß. Wenn ein Schauspieler lügt, weiß oder spürt er es meistens auch. Ich finde, man darf Schauspieler nie dazu verführen, unwahre Dinge zu machen, außer für sich selbst.

Isabell: Ich glaube, der Eindruck kam tatsächlich durch die Vorführsituation zustande.

Ja natürlich! Aber es war deine Verantwortung, du hast das hergestellt und hast gesagt, sie sollen etwas machen, was unmöglich war. Du hättest es voraussehen müssen. Ich muß leider sagen, daß bei mir die dritte oder vierte Aufführung manchmal so aussieht, weil den Schauspielern alles wegläuft, denn sie haben noch keinen wirklichen Einfluß aufeinander – der eine macht das, der zweite das, der dritte erinnert sich an etwas anderes, danach wollen sich alle erinnern, es ist grauenhaft. Um eine Spielsituation herzustellen, hättest du diese Szene x-mal hintereinander laufen lassen müssen. So hätten die Schauspieler sich allmählich beruhigt und den Weg gefunden, wie sie es machen, etwas langweilig vielleicht zuerst, aber ohne die Szene nicht x-mal probiert zu haben, kannst du sie so nicht vorführen. Ich habe eigentlich keine Lust, im Detail über die Rollen zu reden, weil sie gestern ganz anders waren. Ich will nur über diesen Weg zu arbeiten etwas sagen: Ich finde ihn sehr aufregend, sehr spannend – und unmöglich. Also nicht realistisch – in dem Theater, wie wir es kennen. Wenn du acht Schauspieler hast, mit denen du für Monate über Land ziehst, kannst du es machen, denn sie haben sich so lange aufeinander eingespielt, daß sie den »Kaufmann« auch auf chinesisch oder rückwärts spielen können und alle mitmachen, wenn wir den Shylock uralt machen würden, so daß er wie Methusalem aussieht. Aber hier haben wir Zufälle gesehen – es ist nichts schlimmer für einen Schauspieler, als wenn er etwas zufällig macht und es nicht ankommt, dann steht er da und ist völlig erstaunt, glaubte, etwas Starkes gemacht zu haben, statt dessen bekam er Lacher. Wäre ich ein junger Regisseur, würde ich nicht so arbeiten: Wo hast du eine Probenzeit von drei Monaten? Wo ist es so, daß die Schauspieler in einem Theater nicht nach einer Woche protestieren und sagen, jetzt wollen wir mal arbeiten? Die Welt ist nicht so, als daß man das machen kann. Leider, also halte dich ein bißchen zurück. Und hast du die Schauspieler erst einmal blamiert, arbeitest du gar nicht mehr.

Isabell: Gut, wobei es zwei Tage waren, und ich nehme an, wenn ich ...

Um diese Szene so zu machen, wie du es gern möchtest, brauchst du drei Wochen, weil der Grad des Wiederholens bei dir nicht stimmt: Zum Beispiel der Auftritt der Portia bis zu dem »handshake« mit Shylock, der heute nicht stattfand, aber gestern klappte und sehr komisch, witzig und genau richtig war, heute hingegen nur peinlich, superpeinlich. Du kannst in den Moment nicht reingehen und sagen: Liebling, mach es doch nochmal und mache das ein bißchen früher – es geht nicht. Du mußt die Situation so wiederherstellen, daß Portia es aus ihrem Impuls heraus wieder macht, und dann mußt du es vierzigmal probieren, hintereinander, immer wieder, bis die Schauspieler es gar nicht anders machen können. Dann klappt es, und du hast Ruhe und kannst die nächsten Proben starten. Es ist ein wunderbarer Weg zu inszenieren, aber er ist wirklich der schwierigste.

Isabell: Auch was Sie gestern sahen, war eine Improvisation.

Eine Improvisation? Gut. Die geklappt hat. Du warst ganz glücklich, ich auch, und ich dachte: Aha, ja, und so weiter. Nur wie geht es mit dem »und so weiter« weiter? Eine Improvisation, die klappt, ist etwas sehr Schönes, nur wird sie nie wieder klappen. Es muß eine *andere* sein, und du mußt souverän darüber stehen, dann werden die Schauspieler ihren Weg finden. Ich bin so penetrant mit diesem Urteil, weil ich ungern möchte, daß ihr von mir ausgeht, ihr euch sagt: Aha, so macht er es, jetzt mache ich es auch so. Das funktioniert nicht. Ihr werdet es herausfinden. Ich habe viele Jahre gebraucht, ehe ich so etwas einigermaßen riskieren konnte, und ich riskiere es auch nur, wenn ich mit Schauspielern arbeite, die ich seit langem kenne. Es fiele mir nicht ein, so mit Schauspielern zu arbeiten, die ich nicht kenne.

Isabell: Es ist richtig, was Sie sagen. Ich glaube auch, daß ich über das Gespräch mit Ihnen dazu verleitet wurde.

Ja, das befürchte ich auch. Man kann so etwas ausprobieren. Früher habe ich oft bei einer Szene gesagt, ich lasse es mich mal was kosten, diese Szene hier improvisieren wir, immer wieder. Im »Hamlet« mit Angela gibt es übrigens eine Szene, die immer noch improvisiert wird. Mich interessierte, wie Annett Renneberg, die zum ersten Mal auf der Bühne stand, die Ophelia spielt. Das heißt, sie war gar nicht imstande, etwas zu formen, nur imstande zu reagieren. Die große Szene zwischen Hamlet und Ophelia wird jeden Abend neu improvisiert, manchmal schrecklich, manchmal sehr gut. Für Angela bedeutet die Tatsache, daß sie in der Mitte des Stücks eine Szene frei improvisieren kann, sehr viel, denn sie kann loslassen, was sie bis zu diesem Punkt in sich aufgeladen hat. Sie ist ja sehr geschickt, deswegen fängt sie die Szene auch immer wieder auf.

2. Gespräch mit den Studenten über die inszenierten Szenen aus Wedekinds »Frühlings Erwachen«

Die Wedekind-Szenen, von Claus und Beatrice (1. Akt, 3. Szene) sowie von Geraldine inszeniert (1. Akt, 4. Szene und 2. Akt, 1. Szene)

Wie inszeniert man ein Stück wie »Frühlings Erwachen«? Sie sind greifbar nah, diese Kinder in dieser Geschichte. Das Problem von historischer Ferne und Gegenwart ist nicht anders, wenn ich ein Tschechow-Stück inszeniere, nur ist es in »Frühlings Erwachen« offensichtlicher. Begriffe wie »Realismus« oder »modern« helfen da nicht. Bei Tschechow hat sich über viele Jahre eine gewisse Tschechow-Tradition entwickelt, so daß man keine genaue Vorstellung mehr davon hat, wie er wahrscheinlich ursprünglich inszeniert wurde. Bei Wedekind ist interessant zu sehen, inwieweit man das Stück in seiner Zeit läßt und wie weit man es ins Heute überträgt. In eurer Szene spielten die drei Mädchen anfangs Trallala und Ringelreih'n, das hat mich gestört. Wie drei so unterschiedliche Mädchen – Martha, Wendla und Thea – ihre komischen Dinge sagen, interessiert mich viel mehr. Eine sagt, daß sie Matsch im Schuh hat, die andere, daß ihr der Wind um die Wangen saust, und die dritte, daß ihr Herz hämmert. Damit ist der Weg schon ein bißchen vorgezeichnet, drei Mädchen in derselben Schulsituation, es ist Frühling und windig, und alle drei sind etwas erotisiert. Ein großes Problem bei diesem Stück ist sicherlich, inwieweit man es Szene für Szene auseinanderzupfelt, um aus jeder eine wirkungsvolle Geschichte zu machen. Wird diese Szene so gespielt – in dem ganzen großen langen Stück, in dem ja so vieles ganz anders ist –, würde ich sie als Erleichterung empfinden. Inszenierte man aber das ganze Stück so, würde ich mich erschießen wollen.

Claus: Kann ich ...?

Ja, bitte, sprich.

Claus: Ich würde mich auch erschießen, wenn das ganze Stück so wäre. (Lachen)

Das machen wir zusammen. Ja?

Claus: Wir haben mit den drei Mädchen angefangen und sind auf den Proben mit einer Frische konfrontiert worden, die unheimlich Spaß machte. Unser nächstes Anliegen wäre jetzt, zu sehen, was passiert, wenn Erwachsene das spielen, wenn wir also den Text noch einmal ganz ernst nehmen. Aber erst mal hatte ich große Angst, diese Frische zu beschädigen.

Offensichtlich. Aber das Problem ist doch, wie man Vierzehnjährige von Erwachsenen spielen lassen kann. Da glaube ich der Martha aus der vorherigen Version sechsmal mehr als den dreien. Diese hier sind erwachsene Frauen, die kleine Mädchen spielen. Die Martha von gestern dagegen hat mir nichts vorgemacht, sie hat das richtig durchdacht, und ich glaube, auf Dauer ist das überzeugender. Wir haben zu viele schlechte Schulfilme gesehen, es ist alles nicht mehr erträglich, das kennen wir von Heinz Rühmann.

Claus: Da bin ich anderer Meinung, die Frage ist doch bloß, wenn ich die Frische erst einmal leben lasse und dann wegnehme, zahlt sich das aus ...

Ich weiß nicht, was du Frische nennst. Was ist frisch?

Claus: Wir sind sehr auf die Schauspielerinnen eingegangen.

Ich will jetzt nicht übertreiben, aber was ich gesehen habe, war eine allgemeine Frische, eine, die sich das Fernsehen vorstellt. Das ist keine besondere Frische, nicht die »Frühlings Erwachen«-Frische. Es hätte sich bei euch auch um einen Werbefilm für irgendeine Margarine handeln können. Eure Mädchen, wie die da reinkommen. Natürlich kommt – Frische rein.

Claus: Und das würdest du bei den Proben nicht zulassen?

Doch, natürlich würde ich das. Ich würde die Schauspielerinnen nur so anstänkern, daß sie immer deprimierter würden – was heißt »zulassen«: Ich würde ganz schnell einen Punkt finden, von dem aus ich Vorschläge machen kann. Schau mal, wie die kleine Wendla mich gerade anguckt, so einen Blick habe ich in der ganzen Szene nicht gekriegt. Jetzt guckt sie. In der Szene habe ich keines der Mädchen gucken sehen. Jetzt guckt sie schon weg. Aber das ist Leben.

Bettina [Thea]: Wie löst man so ein Problem? Wir haben z. B. am Samstag die Szene so oft mit verschiedenen Ideen durchgemacht, daß uns kaum noch etwas eingefallen ist. Am Montag hatten wir dann genau das Problem: Wir spielen die Mädchen nicht als neun- oder zehnjährige, sondern als ältere Mädchen und versuchen, über den Text die Anliegen der verschiedenen Figuren herauszufinden. Problematisch wurde es, als wir versuchten, die Ergebnisse vom Samstag und vom Montag zusammenzubringen. Irgendwann war es nur noch deprimierend, weil wir im Kopf so schlau waren ...

Der Fehler ist doch schon der, daß ihr versucht, zu früh etwas zusammenzubringen. Ihr habt am Samstag etwas gemacht, das euch nicht genügte. Am Montag habt ihr wieder etwas gemacht, das euch nicht genügte, und in der Probe, die ich sah, habt ihr wieder etwas anderes gemacht. Ich würde in der nächsten Probe z. B. die Rollen tauschen, mal sehen, was passiert, wenn Wendla die Rolle der Martha übernimmt und umgekehrt.

Die Szene ist noch sehr unfertig, das ist auch richtig so, man sieht trotzdem, wie ihr arbeitet und in welche Richtung die Arbeit geht. Ihr seid ja nicht hier, um vorzuführen, sondern um zu arbeiten. Aber was man nicht machen sollte, ist, erst in eine Richtung gehen und dann in eine andere, um sie am Ende zusammenzubringen. Einer Art technischer Vorgabe folgen, die es nicht gibt, ich meine: nicht geben darf.

Claus, du wirst dich mit mir erschießen – jetzt hat er sich schon erschossen, nein, er ist Herr der Situation – du hast eine besondere Begabung, etwas sehr schnell zu organisieren und fertig zu machen. Das ist eine Begabung, die deiner Karriere guttun wird, ob es mich auf die Dauer interessieren würde, weiß ich nicht. Ich habe dieses schnelle Arbeiten nie besonders gekonnt, vielleicht mag ich es deshalb nicht. Bevor ich etwas schnell zusammenkitte, lasse ich an meinen Aufführungen lieber etwas Ungelöstes. Die Szenen, die ich von dir gesehen habe, sind fertig, sehr wirksam und sehr simpel. Es passiert nichts Kompliziertes, und das bedeutet, daß es keinen Raum für etwas Komplexes gibt.

Claus: Peter, da würde ich dir ein bißchen widersprechen und auch die Schauspieler bitten. Ich finde immer erstaunlich, was du sagst, aber was du gesehen hast, war nicht gekittet, war nicht gelöst. Die Schauspieler spielen drauflos, mit Risiko.

Es ist aber nicht unbedingt ein Gütesiegel, daß jemand drauflos spielt.

Claus: Nein, wenn du mich beschreibst, sehe ich einen Regis-
seur, der sagt: So, da gehst du rüber und machst das, das findet
auf den Proben in der Form gar nicht statt.

Dann brich es doch auf. Dann mach es morgen anders. Wenn
du meinst, ehrlich, mich würde es interessieren.

Du, Geraldine, hast das Problem mit den Jungs auf dem
Schulhof, wie man die komischen Kinder-Erwachsenen stilisiert und gleichzeitig realistisch hält, mit den simpelsten und
elegantesten Mitteln gelöst. Deine Szene war die erste hier, die
ich elegant fand und die viel mit Wedekind zu tun hatte. Der
einfache Einfall, daß die Jungs ganz normal angezogen sind
und herumsitzen, ergab den richtigen Grad von Realismus.
Ein wenig mehr, und es wäre zu atmosphärisch, langweilig
und falsch für die Szene gewesen. Sie war deutlich gedacht, sie
kam eindeutig rüber, und auch der Schulhof wurde nicht zum
Klischee. Mich überzeugte, wie die Jungs sprachen, ich dachte
nicht einen Augenblick darüber nach, ob sie nun sechzehn
Jahre oder älter sind. Werden wir versetzt oder nicht? Moritz
Stiefel ist hinter dem Rücken der Lehrer ins Konferenzzimmer
eingedrungen, um heimlich sein Zeugnis zu lesen. Wird er
erwischt? Nein, er kommt zurück. Erleichtert. Die Szene war
leicht und frech und seltsamerweise auch geheimnisvoll. Wie
hast du denn gearbeitet? Ich habe leider deine Proben nicht
gesehen.

Geraldine: Am ersten Tag haben wir Improvisationen darüber
gemacht, was auf einem Schulhof passieren könnte, über Rap-
per und Hiphop und ähnliches. Die Bühne ist aus dieser ersten
Improvisation geblieben, die Kostüme habe ich aber geändert.
Danach haben wir am Text gearbeitet und viele Durchläufe
gemacht. Gestern haben wir, weil ich Angst hatte, die Szene

würde sich totspielen, wieder improvisiert, was sich haupt-
sächlich um das Gymnasium drehte: Wer sind die Lehrer, wie
war der Druck damals? usw. Das Problem war, daß ich das
zunächst im Heute spielen lassen wollte, aber dann merkte,
daß die Schauspieler den Druck von damals nicht wirklich
spürten.

Das Komische ist, daß das Resultat weder heutzutage noch
damals spielt. Am Anfang erinnerte es mich an eine Chéreau-
Inszenierung, an eine bestimmte Art, die hier sehr gut funktionierte. Ich hätte nicht sagen können, wann das spielt.

Geraldine: Irgendwann habe ich gesagt, es ist doch egal,
wann das spielt, Hauptsache, man nimmt die Sache ernst.

Ist ja auch egal, wie ein Einfall zustande kommt. Wenn er
schlecht ist, ist das die Schuld des Regisseurs, wenn er gut ist,
aber auch. Und das war sehr gut.

Ulli: Mich würde interessieren, wie Sie an eine Szene mit
so vielen Leuten auf der Bühne rangehen. Melchior, Otto,
Georg, Robert, Hänschen Rilow, Lämmermeier, immerhin
sechs in der Schulhofszene.

Ich arbeite lieber mit zwei oder drei als mit sechs oder zehn
Schauspielern an einer Szene. Das ist klar, und Ausnahmen
bestätigen die Regel. Für das Arrangement vieler Leute bin ich
nicht sehr begabt. Eine große Menge interessiert mich nicht
wirklich, sie macht mich nervös. Das liegt an meiner Biographie. Weit will ich jetzt aber nicht ausholen. Als ich in Bremen
»Frühlings Erwachen« inszenierte, ließ ich die Szene, nach der
du fragst, von einem Assistenten vorarbeiten. Dieser Assistent
war nicht einfach ein Assistent, Hartmut Gehrke war ein

superguter Assistent. Er analysierte die Szene und stellte sie mir durch. Was er vorbereitet hatte, änderte ich wieder, aber ich fußte darauf. Durch seine Arbeit kam ich auf den Einfall, Bruno Ganz als Melchior die ganze Zeit auf seinem Fahrrad herumkurven zu lassen, vor den anderen Schülern. Ich habe selten Assistenen gefunden, die konnten, was Gehrke konnte, und denen ich zutraute, was er tat. Vielleicht außer ihm noch ein, zwei in all den Jahren. Hartmut hat mir auch die Wäscherinnen-Szene in »Yerma« vorgearbeitet, in der fünf Frauen über die Bühne verteilt waschen, sprechen und spielen. Gegen Ende kommen Yermas düstere Schwägerinnen hinzu. Hartmut hat mit Fleiß – und den brauchte es – die verschiedenen Haltungen der Wäscherinnen zu Yerma, über deren Kinderlosigkeit sie sich unterhalten, studiert, ihre unterschiedlichen Positionen analysiert, hat die Szene durchgestellt, hat das poetische Sprechen des Textes, das Spielen und Singen miteinander koordiniert – eine Heidenarbeit.

Frederike: Ich habe eine Frage zu meinen Proben. Ich habe mit den Schauspielern die Szene mit Hänschen und Ernst [3. Akt, 6. Szene] geprobt, wo sie am Abend im Weinberg sitzen – bei mir aber im Dachstuhl der Schule und wir haben nicht viel darüber gesprochen. Sie hatten die Szene gelesen, und wir haben über die Figuren geredet, das heißt, ich habe mehr sie reden lassen. Dann sind wir einfach in die Szene reingesprungen und haben geprobt, und die ersten zwei, drei Male war es sehr spannend. Als die Schauspieler anfingen, über die Szene zu sprechen, war ich sehr vorsichtig, weil ich das, was auf der Treppe passierte, nicht kaputtmachen wollte. Dann sagte der eine Schauspieler, für ihn sei es der erste Kuß, und spielte es so die ganze Zeit, der andere sagte dagegen, es sei sein letzter Kuß, und spielte es auch so, und es war vielleicht gerade der Unterschied, der das Ganze so spannend machte.

Sobald wir anfingen, darüber zu reden, funktionierte die Szene nie wieder so gut. Was mache ich in so einem Moment?

Es wird einen Grund geben, daß der eine sagt, es sei sein erster Kuß, und der andere, es sei sein letzter. Ich würde sie das erst einmal so weiterspielen lassen. Ich kenne die beiden ja nicht gut, aber als ich das gestern sah, habe ich vorgeschlagen, daß man das Ganze auf eine physische Weise auflöst, so daß sie nicht immer zusammenhocken.

Frederike: Warum?

Weil ich es nicht mehr ergiebig fand. Die Sinnlichkeit der Szene ist in einer Konversation untergegangen. Deinen Einfall, daß Hänschen Rilow und Ernst Röbel dort oben auf dem Dachboden sitzen und sich vorstellen, in einem Weinberg zu sein, fand ich, wie du weißt, sehr gut. Ich würde diese jungen Schauspieler also erst einmal alles machen lassen, was ihnen einfällt, eine Treppe, die sie hinaufklettern etc. – das kann man zu einem späteren Zeitpunkt wieder wegnehmen. Ich würde sofort alles hier unten abbrechen und nur noch dort oben inszenieren. Das ist doch eine tolle Bühne, sie können raufklettern oder runterspringen, man kann sie also physisch miteinander umgehen lassen, so daß das Problem, ob es der erste oder der letzte Kuß ist, keine so große Rolle mehr spielt.

Frederike: Als Sie gestern gegangen sind, haben wir versucht, es auf physische Weise zu machen. Das Resultat war, daß sich alles auf der Treppe geknubbelt hat, sie das Spiel nicht mehr hinbekamen und den Text nicht mehr sprechen konnten.

Das ist doch ein guter Zustand.

*Frederike: Sie wußten aber die Figuren nicht mehr und konn-
ten den Text nicht mehr sprechen.*

Wieso? Waren sie plötzlich verstummt, oder warum konnten
sie den Text nicht mehr?

Frederike: Er ist ihnen nicht mehr eingefallen.

Dann haben sie ihn nicht gelernt.

Frederike: Aber sie konnten ihn vorher.

Dann haben sie ihn trotzdem nicht gelernt.

*Frederike: Die Schauspieler meinten, daß sie durch das Spiel
nicht mehr auf die Bilder und die Ideen kamen.*

Aber die Ideen waren doch schon da. Ich hätte darauf bestan-
den, daß sie es so machten, auch wenn sie nicht mehr auf die
Ideen kamen. Wenn es nicht funktioniert hätte, hätte ich es ein
bißchen verändert, z. B. daß sie die Treppe nicht runter-, sondern raufspringen. Es wäre wahrscheinlich zu einer Auseinandersetzung gekommen, aber ich hätte sie gezwungen, es so zu
machen, denn diese Verkrampftheit kommt nicht von den
Figuren, sondern von den Schauspielern. Was ich sah, hat
nicht gepaßt. Die Reduzierung, die ich bei euch festgestellt
habe, ist ja gut. Ich neige im Moment auch dazu, alles aufs
Minimum zu reduzieren. Ich glaube, je kleiner und minimaler
etwas ist, desto stärker ist die Essenz. Das funktioniert allerdings nur mit Schauspielern, die damit umgehen können.
Wenn man wie bei der Szene zwischen Melchior und Moritz
in Melchiors Studierzimmer [2. Akt, 1. Szene] von Anfang an
die Figuren so reduziert, gibt es keine Möglichkeit mehr für

ihre Entwicklung. Wenn man das als Schauspieler einmal so perfekt gemacht hat, dann ist das *the end of the story*. Was passiert als nächstes? Was machst du am nächsten Tag? Eine andere Szene vielleicht, denn diese ist fertig. Etwas fertig zu machen, weil man meint, es müsse fertig sein, ist nicht gut.

Geraldine: Ich hatte nicht vor, etwas Perfektes zu machen. Ich habe den Schauspielern zwar einen Rahmen vorgegeben, sie dann aber relativ frei gelassen und nichts verlangt. Es stimmt, nach vier Stunden brachen wir die Szene ab, sonst hätte sie sich durch Wiederholung totgespielt. Am nächsten Tag haben wir hauptsächlich Improvisationen gemacht, die mit der Szene nichts zu tun hatten.

Aber die Figur des Moritz war doch sehr reduziert, er hatte eine Position, die sehr eingedämmt war. Er hat sich hingesetzt – nur weil Wedekind vorgibt: »Melchior und Moritz auf dem Kanapee«? Das kann doch nicht sein! Ich könnte mir auch vorstellen, daß er in einer großen Aufregung in die Szene kommt.

Geraldine: Das war aber nicht, weil ich es wollte, sondern er ist von selbst immer ruhiger geworden.

Ja, dann hast du es nicht hingekriegt. Das liegt meines Erachtens daran, daß du die Szene zu schnell in eine endgültige Form gebracht hast. Mittelpunkt und Pointe dieser Szene ist Moritz, es geht um ihn, und Melchior reagiert auf ihn. Man könnte die Szene auch so spielen, daß Moritz vor Freude überschnappt, fast verrückt wird, daß er ein wilder, wahnsinniger Mensch ist. Als ich die Szene zum ersten Mal sah, spielten sie mit Fahrrädern und lauter solchen Dingen – du hattest die Umgebung ja schon festgelegt und eine Stimmmung geschaffen, in der dieses Ungehemmte gar nicht mehr möglich war. Dazu kommt, daß das Problem des Schauspielers, der den Moritz spielt, mangelnde Vitalität ist, vielleicht ist er faul. Ich habe verschiedene Dinge von ihm gesehen, und sie waren alle so. Bei einem Schauspieler mit einem mangelnden Ausdruck kannst du nicht sagen: Drücke dich stärker aus!, das ist nicht der Weg. Man muß ihn mit anderen, konkreten Mitteln in Bewegung setzen, z. B. mit Musik. Die Form, die du der Szene gegeben hast oder von der du sagst, sie hat sich von selbst so ergeben, hast du zugelassen. Die Form ist ja sehr schön, aber innerhalb dieser Form wäre es spannender, wenn der »Outsider« Moritz immer wieder etwas gegen die Form macht. Wenn er sich z. B. albern oder übertrieben aufführt – wie ein Clown oder ein Tier.

Geraldine: Ich habe das Gefühl, um so etwas mit Moritz hinzubekommen, hätte ich mit ihm zuerst eine andere Szene machen müssen, um später zu dieser zurückzukommen.

Warum nicht! Wenn du das ganze Stück inszenierst, machst du eine solche Szene auch nicht gleich fertig. Ich finde es sowieso schlecht, den Schauspielern das Gefühl zu geben, daß etwas fertig sei. Fertig ist es nur bei der Premiere, und vorher ist es eben noch nicht fertig. Der letzte Sprung ist die Premiere, und der ist mehr ein Phantasiesprung als etwas Äußerliches. Jeder Schauspieler, auch der beste, möchte fertig werden, und wenn er die Chance nach der dritten Probe bekommt, nutzt er sie. Das Gefühl des Fertigseins muß man ihm immer wieder zerstören. Das ist natürlich ein Spiel. Manchmal suche ich mir eine kleine Ecke aus einem Stück und mache diese fertig. Ich hätte mir bei »Frühlings Erwachen« vielleicht die kleine Ecke mit Frau Gabor vorgenommen und so genau gearbeitet, daß sie gedacht hätte: Der Zadek ist verrückt geworden, der will jeden Gang, jeden Blick ganz genau ... Wahrscheinlich würde ich alles wieder zerstören, ich mache es teilweise für mich, aber auch für die Schauspieler, damit sie sehen, daß es in dem Chaos, das ich absichtlich herstelle, irgendwann einen Weg gibt, das Ganze zu befestigen. Für Schauspieler, mit denen ich noch nicht gearbeitet habe, ist es sehr wichtig festzustellen, daß die Inszenierung irgendwann eine Form annimmt. Aber die Frage nach dem Fertigsein ist schwierig, auch weil Schauspieler sehr verschieden sind. Es gibt Schauspieler, die ständig fertig, perfekt sein wollen. Nur bedeutet Perfektion für mich vielleicht etwas ganz anderes als für den Schauspieler. Perfektion hat für mich mit einer großen Offenheit zu tun, damit, daß man jeden Moment das Gefühl hat, die Szene könnte auch einen ganz anderen Weg gehen. Das solltest du aber einem Schauspieler nicht erklären – daß es offen bleibt, kannst nur du herstellen. Diese Diskussion hatten wir vor allem bei deiner ersten Arbeit, Claus. Was du jetzt gemacht hast, fand ich anders und schön. Du bist ein Profi und hast die Tendenz, Dinge fertig zu machen. Wenn ich Intendant wäre, wäre ich glücklich, als Regisseur fände ich es aber besser, wenn du nicht immer den Drang hättest, etwas so schnell wie möglich fertig zu bekommen, sondern genügend Selbstvertrauen aufbrächtest, zu sagen: Das wird schon fertig. Das ist ja eigentlich der Witz, man arbeitet und arbeitet, und es wird immer chaotischer. Wenn es nicht fertig wird, ist es eben unfertig. Einer Inszenierung, die künstlich oder oberflächlich gefertigt ist, merkt man das an, sie wirkt hohl.

Die Wedekind-Szene, von Beatrice inszeniert
(2. Akt, 1. Szene)

Es geht in der Szene ja darum, daß Melchior Moritz nicht versteht. Moritz stammt aus einer anderen Welt und erzählt die kuriosesten Dinge, Melchior dagegen ist ein Intellektueller, der meint, er verstünde alles. Genau wie seine Mutter auch glaubt, sie wisse alles, und damit Moritz letztendlich umbringt. Das ist die Geschichte von »Frühlings Erwachen«. Und diesen Vorgang habt ihr in der Szene auch so gemacht, was zwar richtig, aber auch langweilig ist. Mich hat an dem Melchior-Schauspieler gestört, daß er viel zu glatt und oberflächlich wirkte. Ich halte das für einen Besetzungsfehler, die Rolle hätte umgekehrt besetzt werden müssen. Man muß die Schauspieler nicht dem Aussehen nach besetzen, sondern danach, welche Phantasie sie zur Rolle entwickeln. Die Glätte, die bei Moritz stört, würde Melchior sehr gut stehen, er ist der clevere Knabe, der Primus, der intellektuelle Revoluzzer. Moritz ist ein wirrer Phantast. Mir gefiel, daß die Szene viel Ruhe hatte, trotz der Fehlbesetzung, die mich allerdings sehr gestört hat. Die Ruhe, mit der Melchior Moritz nicht zuhörte, war beeindruckend. Er hat nämlich tatsächlich nicht zugehört – die meisten Schauspieler würden spielen, daß sie nicht zuhören. Das, was nicht passiert, ist auf dem Theater – wie im Leben – genauso wichtig wie das, was passiert.

Das erste, was ich suche, wenn ich ins Theater gehe oder Kunst erleben will, ist Ruhe. Diese Ruhe entsteht durch die innere Ruhe des Vorgangs oder der Person auf der Bühne, egal ob es sich um einen Schauspieler, einen Tänzer oder einen Musiker handelt. Sie entsteht durch die Tatsache, daß es sich nicht ständig um eine Folge von Aktionen–Reaktionen dreht – wie in der augenblicklichen Theater-Mode, wo du nur Leute siehst, die Gymnastik machen, herumlaufen und schreien, dann stehen bleiben und wieder im Chor schreien – und das Ganze dreht sich um drei Sätze von Ibsen. Ich suche etwas anderes. Beatrice, ich fand, deine letzte Szene mit den drei Mädchen z. B. hatte Ruhe und Luft dazwischen. In der Szene zwischen Melchior und Moritz, die wir heute gesehen haben, war ein bißchen viel Luft, aber das macht nichts.

Frederike: Ich fand es eher langweilig, aber es war aus zwei Gründen eine spannende Langeweile. Erstens, ich wurde auf die Beziehung zwischen Melchior und Moritz aufmerksam gemacht, und die hat mich interessiert, auch wenn es viele Pausen gab. Zweitens wurde ich in eine Atmosphäre hineingezogen, in der ich wirklich das Jungenzimmer sah, wo es auch mal langweilig zugeht, wo man sich auf die Nerven geht und in das die Mutter kommt und die ganze Situation und damit die Atmosphäre verändert.

Ja, Frederike hat recht, ich halte Langeweile in diesem Stadium auch für etwas Positives. Theater – in Deutschland zumindest – ist momentan in einem Zustand, in dem man ständig versucht, mit lauter Musik, Knall und Handstand Langeweile zu vermeiden – und das ist am langweiligsten. Ich weiß nicht, wann ich auf der Bühne zuletzt Ruhe sah, ich glaube fast, die gibt es nicht mehr. Die Menschen sind doch unruhig genug, schauen die ganze Zeit MTV, es gibt kaum noch Restaurants oder Supermärkte ohne Background-Musik. Was ist eigentlich Langeweile? Langeweile kann auch heißen, daß nichts Deftiges passiert, man auf Dinge aufmerksam wird und Zeit und Ruhe hat, darüber nachzudenken. Das muß ja nicht unangenehm sein.

Isabell: Es kann aber auch passieren, daß man sich dafür nicht interessiert.

Dann stehst du auf und gehst raus. Ich verlasse lieber eine solche Situation, als daß ich in einer bleibe, in der ich ständig angemacht werde. Ich will nicht angemacht werden, ich will selber entscheiden, was mich interessiert und was nicht. Anmache ist ein Zeichen von Schwäche. Laßt euch nie die Ruhe ausreden, es ist schön, wenn man ertragen kann, daß etwas langsam dahinläuft – eine große Qualität.

Die Wedekind-Friedhofsszene, von Helena inszeniert (3. Akt, 7. Szene)

Ich finde, die Figur des »vermummten Herrn« braucht eine Erfindung. Wenn man das Stück heute spielen will, braucht man eine theatralische Erfindung. Wedekind selbst hat den »vermummten Herrn« als einen eleganten Salonherrn gespielt und sicherlich genau gewußt, was er damit erzählen wollte.

Es hat mich etwas gestört, daß Melchior, wenn er sich zwischen dem Herrn und Moritz bewegt, zu kindlich war. Die Entscheidung, die er in diesem Moment trifft, ist eine Entscheidung auf Leben und Tod, und was sich in seinem Kopf abspielt, interessiert sehr. Man geht ja in dem Moment im eigenen Kopf die ganze Geschichte zurück – was Melchior angestellt hat und daß Wendla tot ist, wurde nicht mitgespielt. Es ist in dieser Phase doch ganz wesentlich, Melchior entscheidet sich trotz seiner Schuld für das Leben.

Moritz fand ich sehr brillant, sehr witzig und manchmal sogar scharf. Der Anfang von deiner Arbeit hat mir also gut gefallen, Helena, aber wenn ich an diesem Punkt wäre, würde ich zwei Tage Pause machen und mir überlegen, wie dieser »vermummte Herr« ist. Ich glaube nicht, daß man die Figur in den Proben entwickeln kann, die Dinge, die er sagt, haben nicht wirklich etwas mit Psychologie zu tun. Du mußt also etwas Neues erfinden, es ausprobieren, es eventuell wieder verwerfen und wieder etwas Neues versuchen.

Ich gebe zu, daß ich bei meiner Inszenierung einen leichten Ausweg wählte und ihn als einen älteren, eleganten Herrn habe spielen lassen. Das hat gut funktioniert, war mir aber damals auch nicht genug. Da ich keine bessere Idee hatte, machten wir es so. Man kann nicht immer das Beste herstellen, wenn einem das Beste nicht einfällt, macht man eben das Zweitbeste.

Claus: Noch eine Frage. Es kommt doch vor, daß du oder das Publikum mit einer Inszenierung nicht zufrieden ist. Wie gehst du mit einem Flop um?

Nun, es kommt darauf an. Es gibt ja den Flop, der für mich überhaupt kein Flop ist, weil ich die Inszenierung aufregend finde. »Die Herzogin Malfi«[46] z. B., mit Wildgruber, Jutta Hoffmann, Lause, Gert Voss und Christine Kaufmann, war eine herrliche Inszenierung, aber sie war ein Flop, weil Hamburg das Stück zu genau diesem Zeitpunkt nicht wollte. Die Kritiken waren schlecht, das Haus immer halb leer. In dem Fall hat es mir und den Schauspielern geschadet, weil wir den Grund nicht verstanden. Ich redete mit den Schauspielern und sagte ihnen, ich glaubte, in der Aufführung gäbe es nichts, wofür wir uns schämen müßten und daß wir zu ihr stehen sollten. Trotzdem blieb es eine etwas trostlose Veranstaltung, weil es nunmal so ist: Theater muß Erfolg haben.

Die andere Flop-Version ist eine Aufführung, die ich schlecht finde, die Kritiker aber für gut halten. Das passiert öfter, weil ich relativ selten mit meinen Arbeiten wirklich zufrieden bin. Noch einen Monat Probe mehr, überlege ich dann, und ich hätte dies besser und jenes anders machen können. Aber es ist müßig, und zugleich ist das Leben so, daß man ständig Sehnsucht nach der Perfektion hat. Doch damit werde ich fertig. Ich stehe nach außen immer zu meinen Arbeiten, und ich stehe immer zu meinen Schauspielern.

---

46 John Webster, »Die Herzogin von Malfi«, Deutsches Schauspielhaus, Hamburg 1985.

Anhang

William Shakespeare »Der Kaufmann von Venedig«

Aus: William Shakespeare, *Der Kaufmann von Venedig*. Deutsch von Elisabeth Plessen, Rowohlt Verlag, Reinbek 1988

Vierter Akt, Erste Szene

Der Doge, die Magnifici, Antonio, Bassiano und Gratiano, Salerio und andere treten auf.

Doge: Nun, ist Antonio da?

Antonio: Hier, zu Euer Gnaden Verfügung.

Doge: Du tust mir leid. Du stößt auf einen Gegner
Aus Stein, einen Unmenschen, des Mitleids
Unfähig, jedes Quentchens Gnade bar und leer.

Antonio: Euer Gnaden, hörte ich, hat sich sehr bemüht,
Sein rigoroses Vorgehen einzuschränken,
Doch da er hart bleibt und nach dem Gesetz
Nichts mich vor seinem Haß retten kann,
Setze ich meine Geduld seiner Wut entgegen
Und bin gefaßt, auch seine äußerste
Grausamkeit in Gleichmut zu ertragen.

Doge: Geh einer und rufe den Juden vor das Gericht.

Salerio: Er wartet vor der Tür – er kommt schon, Euer Gnaden.

Shylock tritt auf.

Doge: Macht Platz da und laßt ihn hier vor uns stehen.
Shylock, alle Welt denkt, und ich denke es auch,
Du werdest diese angenommene Niedertracht
Nur bis zur letzten Stunde vor der Tat treiben.
Und man meint ferner, du werdest dann deine
Unerhörte Gnade zeigen, ein Erbarmen, das
Deine unerhörte Grausamkeit jetzt übertrifft.
Und während du jetzt die Strafe forderst,
Die ein Pfund vom Fleisch dieses armen Kaufmanns ist,
Werdest du nicht nur die Verfallstrafe erlassen,

Sondern, gerührt von menschlicher Milde und Liebe,
Einen Teil der Schuld nachlassen
Und mitleidigen Augs die Verluste sehn,
Die sich letzthin so auf seinem Rücken häuften –
Genug, daß auch ein königlicher Kaufmann
Zu Boden geht – und Mitgefühl mit seiner Lage
Ehernem Busen entreißen und rohen Herzen aus Granit,
Halsstarrigen Türken und Tartaren, die zu Pflichten
Feinerer Lebensart niemand erzog:
Wir alle erwarten eine gütige Antwort, Jude!

Shylock: Euer Gnaden weiß, was meine Absicht ist,
Bei unserem heiligen Sabbat habe ich geschworen,
Was mir nach meinem Schuldschein zusteht, will ich haben.
Verweigert Ihr's, so geschehe es auf die Gefahr
Der Gesetze und Freiheit Eurer Stadt!
Ihr werdet mich fragen, warum ich lieber
Eine Portion faules Fleisch als dreitausend Dukaten
Haben will. Darauf antworte ich nicht.
Nennt's meine Laune. Reicht die Antwort?
Wie, wenn mich in meinem Haus eine Ratte plagt
Und es mir gefällt, zehntausend Dukaten auszugeben,
Daß man sie verteibt? Wie, reicht euch die Antwort noch nicht?
Es gibt Menschen, die ein aufgeriss'nes Schweinsmaul
Nicht ertragen. Manche drehen durch, wenn sie
Eine Katze sehen. Und andere können,
Wenn der Dudelsack näselt, ihren Urin nicht halten.
Denn der Trieb, Herr der Leidenschaft,
Lenkt dies nach Laune in bezug auf, was er mag
Oder wovor ihn ekelt. Nun zu Eurer Antwort.
So wie sich kein klarer Grund angeben läßt,
Warum der ein aufgeriss'nes Schweinsmaul nicht sehen kann.
Warum der keine harmlose, nützliche Katze,
Warum der keinen wolligen Dudelsack, sondern zwangsläufig
Die Peinlichkeit auf sich nehmen muß,
Ärger zu erregen, weil er sich selber ärgert:
So kann ich keinen Grund sagen, auch will ich's nicht,
Als tiefeingewurzelten Haß und einen gewissen Wiederwillen,
Den ich gegen Antonio hege. Darum führe ich eine
So kostspielige Klage gegen ihn. Reicht Euch die Antwort?

Bassanio: Das ist keine Antwort, du gefühlloser Mann,
Die deine hemmungslose Grausamkeit entschuldigt.

Shylock: Es tut mir leid, wenn meine Antwort Ihnen nicht paßt!

Bassanio: Tötet denn jeder das, was er nicht liebt?

Shylock: Haßt irgend jemand, was er nicht töten würde?

Bassanio: Nicht jede Kränkung führt sofort zum Haß!

Shylock: So? Würdest du dich von einer Schlange zweimal stechern lassen?

Antonio: Bedenk, ich bitte dich, daß du mit einem Juden diskutierst.
Du könntest dich genausogut ans Meer stellen
Und der Flut befehlen, sich auf normalen Wasserstand zu senken,
Du könntest genausogut den Wolf zur Rede stellen,
Warum er das Schaf um das Lamm blöken ließ,
Du könntest genausogut den Bergfichten verbieten,
Ihre Wipfel zu schütteln und zu rauschen,
Wenn die Himmelsböen sie peitschen.
Du könntest genausogut das Unmögliche tun,
Um dieses – denn was ist härter –
Sein jüdisches Herz zu erweichen! So bitt' ich euch,
Bietet ihm nichts mehr an, bemüht euch nicht weiter,
Sondern gebt mir kurz, bündig und schlicht
Mein Urteil und dem Juden seinen Willen.

Bassanio: Für deine dreitausend sind hier sechs!

Shylock: Würde jeder Dukat von sechstausend Dukaten
In sechs Teile geteilt, und wäre jeder Teil ein Dukat,
Ich nähme sie nicht. Ich wollte mein Pfand.

Doge: Wie kannst du auf Gnade hoffen, wo du keine kennst?

Shylock: Welches Urteil soll ich fürchten, da ich kein Unrecht tu?
Unter euch habt ihr viele gekaufte Sklaven,
Die ihr wie eure Esel, Hunde, Maultiere
So verächtlich und knechtisch behandelt,
Weil ihr sie gekauft habt. Soll ich euch sagen:
Laßt sie frei, verheiratet sie mit eurem Erben?
Warum schwitzen sie unter Lasten? Laßt ihnen
So weiche Betten machen wie euch selbst, kitzelt
Ihre Gaumen mit ebenso ausgesuchten Speisen?

Ihr werdet antworten: Die Sklaven gehören uns.
So antworte ich euch auch: das Pfund Fleisch,
Das ich fordere, ist teuer erkauft,
Es ist meins, und ich will es haben.
Versagt ihr mir's, Schande über euer Recht!
Es ist keine Kraft mehr in den Gesetzen von Venedig;
Ich erwarte Gerechtigkeit – Antwortet: soll ich sie haben?

Doge: Kraft meines Amts kann ich das Gericht entlassen,
Wenn nicht Bellario, ein Rechtsgelehrter,
Den ich bestellt habe, um dies zu entscheiden,
Hier heute eintrifft.

Salerio: Euer Gnaden, es wartet hier draußen
Ein Bote mit Briefen von dem Doktor,
Er kommt aus Padua.

Doge: Bringt uns die Briefe. Ruft den Boten!

Bassanio: Mut, Antonio! Was, doch Mann, Courage!
Der Jude soll mein Fleisch, Blut, alles, meine Knochen haben,
Eh du für mich einen Tropfen Blut verlierst.

Antonio: Ich bin ein kranker Hammel in der Herde,
Reif für den Tod. Die weichesten Früchte fallen
Am frühesten zu Boden. So laßt es mich auch,
Du kannst nichts Besseres tun, Bassanio,
Als leben und für mich meine Grabschrift schreiben.

Nerissa tritt auf, gekleidet wie der Schreiber eines Rechtsanwalts.

Doge: Kommen Sie von Padua, von Bellario?

Nerissa: Von beiden, gnädiger Herr. Bellario grüßt Euer Gnaden.

Sie überreicht einen Brief.

Bassanio: Was, wetzst du so eifrig dein Messer?

Shylock: Die Buße aus dem Bankrotteur zu schneiden.

Gratiano: Nicht an deiner Sohle, an deiner Seele
Schärfst du dein Messer, du gemeiner Jude.
Kein Metall, nein, selbst nicht des Henkers Beil
Ist halb so scharf wie dein schneidender Haß.
Kann keine Bitte dich bewegen?

Shylock: Nein, keine, die dir einfallen könnte.

Gratiano: O, sei verflucht, du unversöhnlicher Hund!
Daß du lebst – zur Schande der Gerechtigkeit.
Du bringst mich fast um meinen Glauben.
Und machst, daß ich mich Pythagoras anschließe,
Der meinte, daß Tierseelen in Menschenkörper wandern.
Dein hündischer Geist beherrschte einen Wolf,
Den man für Menschenschlachterei erhängte,
Und unmittelbar vom Galgen flog deine grimme Seele auf
Und fuhr in dich, als du in deiner
Ruchlosen Mutter lagst. Denn deine Lüste sind
Wölfisch, blutig, hungrig und gefräßig.

Shylock: Solang du das Siegel nicht von meinem Schein
Wegschimpfen kannst, schadest du nur deinen Lungen,
Wenn du so schreist. Nimm deinen Verstand zusammen,
Mein Freund, sonst geht er dir heillos zu Bruch.
Ich erwarte hier Gerechtigkeit.

Doge: Dieser Brief von Bellario empfiehlt
Unserm Gerichtshof einen jungen und gelehrten Doktor.
Wo ist er?

Nerissa: Er wartet draußen
Auf Eure Antwort – ob Ihr ihn zulassen wollt.

Doge: Von Herzen gern. Ein paar von euch,
Geht und begleitet ihn höflich hierher.
Inzwischen verlese ich dem Gericht Bellarios Brief.

(liest)

Euer Gnaden sei mitgeteilt, daß ich bei Empfang Eueres Briefes
sehr krank war, doch hielt sich, gerade als Euer Brief kam, ein junger Rechtsgelehrter aus Rom zu einem freundschaftlichen Besuch
bei mir auf. Sein Name ist Balthazar. Ich setzte ihn in Kenntnis
von dem Streitfall zwischen dem Juden und Antonio, dem Kaufmann. Wir schlugen miteinander viele Bücher nach. Er kennt
meine Meinung, die er nun – ergänzt durch seine eigene Gelehr-
samkeit, die ich nicht genug rühmen kann, auf mein Drängen hin
mitbringt, um Euer durchlauchtiges Verlangen an meiner Statt zu
erfüllen. Ich bitte höflichst darum, ihn nicht, seiner Jugend wegen,
weniger zu schätzen, als er es verdient, denn noch nie habe ich

einen so jungen Körper mit einem so alten Kopf gesehen. Ich
hoffe, Ihr werdet ihn gnädig aufnehmen. Die Probe wird zu seiner
Empfehlung das Beste sagen.

Portia tritt auf, gekleidet wie ein Doktor der Rechte.

Ihr hört, was der gelehrte Bellario schreibt.
Und hier, nehme ich an, kommt der Doktor selbst.
Geben Sie mir die Hand – Kommen Sie vom alten Bellario?

Portia: Ja, Euer Gnaden.

Doge: Ist Ihnen der Streitfall bekannt, mit dem sich gegenwärtig
Das Gericht befaßt?

Portia: Ich bin mit der Materie gut vertraut.
Wer ist der Kaufmann hier? Und wer der Jude?

Doge: Antonio und der alte Shylock, tretet beide vor.

Portia: Ist Ihr Name Shylock?

Shylock: Shylock ist mein Name.

Portia: Ungewöhnlicher Art ist Ihre Klage,
Doch innerhalb der Regeln, so daß das venezianische Gesetz
Nicht anfechten kann, daß Sie sie betreiben.
Er hat Sie in seiner Gewalt, nicht wahr?

Antonio: Ja, das sagt er.

Portia: Erkennen Sie den Schuldschein an?

Antonio: Ja.

Portia: Dann muß der Jude gnädig sein.

Shylock: Warum muß ich? Erklären Sie mir das.

Portia: Gnade läßt sich nicht erzwingen. Das ist ihr Wesen.
So fällt der milde Regen zur Erde nieder. Sie erfreut sich zwiefach:
Sie beglückt den, der gibt und den, der sie empfängt.
Sie ist das Mächtigste an den Mächtigen,
Sie ziert den König auf dem Thron mehr als seine Krone.
Sein Zepter beweist die Stärke zeitlicher Gewalt,
Das Attribut der Ehrfurcht und der Majestät,
In der Scheu und Furcht vor Königen wohnt.
Doch Gnade geht über das Zepter der Gewalt hinaus,

Sie thront in den Herzen der Könige,
Sie ist das Attribut Gottes selbst.
Irdische Gewalt ist dann der göttlichen am nächsten,
Wenn Gnade Gerechtigkeit mildert, darum, Jude,
Wiewohl Sie auf Gerechtigkeit Anspruch haben,
Bedenken Sie dies, daß auf dem Rechtsweg von uns keiner
Die Seligkeit erblickte. Wir beten doch um Gnade,
Und eben das Gebet lehrt uns alle,
Selbst barmherzig zu sein. Ich habe soviel gesagt,
Um Ihre Forderung nach Gerechtigkeit
Zu mildern, bestehen Sie trotzdem darauf,
So muß das strenge Gericht Venedigs
Das Urteil gegen diesen Kaufmann sprechen.

Shylock: Meine Taten auf mein Haupt! Ich fordere das Gesetz,
Die Strafe und das Pfand für meinen Schuldschein.

Portia: Kann er denn das Geld nicht zurückzahlen?

Bassanio: Doch, hier vor Gericht biete ich's ihm an.
Ja, den doppelten Betrag. Wenn das nicht genügt,
Verbürg' ich mich, ihn zehnfach zu bezahlen.
Unter Verpfändung meiner Hände, meines Kopfes, meines Herzens,
Wenn das nicht genügt, wird hier offenbar
Die Wahrheit durch Gemeinheit unterdrückt. Und ich flehe Sie
                                                            an,
Reißen Sie einmal kraft Ihres Amts das Gesetz an sich,
Um ein großes Recht zu tun, tun Sie ein kleines Unrecht
Und halten diesen grausamen Teufel von seinem Willen ab.

Portia: Es darf nicht sein. Keine Macht in Venedig
Kann ein bestehendes Gesetz verändern.
Es würde sofort als Präzedenzfall aufgefaßt
Und zahllose Rechtsverstöße – nach gleichem Muster –
Stürzten dann auf den Staat ein. Es kann nicht sein.

Shylock: Ein Daniel kam zu richten! Ja, ein Daniel!
O, weiser junger Richter, wie ich Sie bewunder!

Portia: Ich bitte Sie, zeigen Sie mir den Schuldschein.

Shylock: Hier ist er, hochverehrter Richter, hier ist er.

Portia: Shylock, man bietet Ihnen dreifach Ihr Geld.

Shylock: Ein Eid, ein Eid, ich habe einen Eid im Himmel,
Soll ich einen Meineid auf meine Seele laden?
Nein, nicht um Venedig.

Portia: Der Schuldschein ist verfallen,
Und dem Recht nach gehört dem Juden ein Pfund Fleisch,
Das er zunächst des Kaufmanns Herzen wegschneiden darf.
Seien Sie barmherzig, nehmen Sie dreimal Ihr Geld,
Bitte, lassen Sie mich den Schein zerreißen.

Shylock: Wenn er bezahlt ist, dem Inhalt gemäß.
Es scheint, Sie sind ein würdiger Richter,
Sie kennen das Gesetz, Ihre Auslegung
War stichhaltig. Ich fordere Sie auf, bei dem Gesetz,
Dem Sie eine hochverdiente Stütze sind,
Kommen Sie zum Urteil. Bei meiner Seele schwöre ich,
Daß keines Menschen Zunge Macht hat,
Mich zu ändern. Ich bestehe auf meinem Schein.

Antonio: Von ganzem Herzen bitte ich das Gericht,
Das Urteil zu sprechen.

Portia: Nun, es lautet so,
Sie müssen Ihre Brust für sein Messer vorbereiten.

Shylock: O edler Richter! O feiner junger Mann!

Portia: Denn Absicht und Zweck des Gesetzes stimmen
Völlig mit der Strafe überein, wie sie hier
Auf dem Schein als fällig ausgewiesen ist.

Shylock: Das ist sehr wahr. O weiser und aufrechter Richter,
Wieviel älter sind Sie, als Sie aussehen!

Portia: Entblößen Sie Ihre Brust.

Shylock: Ja, die Brust.
So sagt der Schuldschein, nicht wahr, edler Richter?
›Zunächst dem Herzen‹, das sind exakt die Worte.

Portia: So ist es. Ist eine Waage da,
Um das Fleisch zu wiegen?

Shylock: Ich habe eine bei mir.

Portia: Nimm einen Arzt, Shylock, auf deine Kosten,
Der ihn verbindet, sonst blutet er zu Tode.

Shylock: Steht das so in dem Schein?

Portia: Ausdrücklich nicht, aber was macht das?
Gut wär's, täten Sie's aus Nächstenliebe.

Shylock: Ich kann es nicht finden. Es steht nicht in dem Schein.

Portia: Kaufmann, haben Sie noch etwas zu sagen?

Antonio: Nur wenig. Ich bin gerüstet und bereit.
Gib mir die Hand, Bassanio, leb wohl.
Traure nicht, daß es mir deinetwegen so ergeht,
Denn darin erweist sich das Schicksal freundlicher,
Als es dies gewöhnlich tut. Sonst läßt es
Den Unglücklichen, der seinen Wohlstand überlebt,
Mit hohlen Augen und runzliger Stirn
Ein Alter in Armut sehn. Von der langwierigen Qual
Eines solchen Elends schneidet es mich ab.
Empfiehl mich deiner ehrenwerten Frau,
Erzähle ihr den Hergang von Antonios Ende,
Sag, wie sehr ich dich liebte, sprich Gutes von mir
Nach meinem Tod. Und ist erzählt, was zu erzählen war,
Soll sie entscheiden, ob Bassanio nicht einst
Einen Freund besaß. Bereue nicht, daß du jetzt
Den Freund verlierst, auch er bereut nicht,
Daß er deine Schuld bezahlt, denn wenn der Jude
Tief genug schneidet, zahl ich sie mit ganzem Herzen.

Bassanio: Antonio, ich bin mit einer Frau verheiratet,
Die ich so sehr liebe wie das Leben selbst,
Doch das Leben, meine Frau und die ganze Welt
Schätze ich nicht höher als dein Leben.
Alles gäbe ich hin, ja opferte alles
Hier dem Teufel, um dich zu retten.

Portia: Ihre Frau würde sich schön dafür bedanken,
Wäre sie hier und hörte das Angebot.

Gratiano: Ich habe eine Frau, die ich – ich schwör's liebe.
Ich wollt', sie wär' im Himmel, dann könnte sie
Irgendeine Macht dort anflehn,
Diese Judensau umzustimmen.

Nerissa: Gut, daß Sie das hinter ihrem Rücken wünschen,
Der Hausfrieden könnte sonst gestört werden.

Shylock (beiseite):
Das sind die christlichen Ehemänner! Ich habe
Eine Tochter –
Wäre doch einer vom Stamm des Barrabas
Ihr Mann geworden, statt ein Christ!
Wir verschwenden Zeit. Bitte, fahren Sie mit dem Spruch fort.

Portia: Ein Pfund von eben dieses Kaufmanns Fleisch ist Ihrs,
Das Gericht spricht es Ihnen zu, und das Gesetz gibt es Ihnen.

Shylock: Höchst gerechter Richter!

Portia: Und Sie müssen dieses Fleisch aus seiner Brust schneiden,
Das Gesetz erlaubt es, und das Gericht spricht's Ihnen zu.

Shylock: Höchst gelehrter Richter! Ein Urteil, los, sind Sie bereit?

Portia: Warten Sie einen Augenblick, da ist noch eines:
Dieser Schuldschein hier gibt Ihnen keinen Tropfen Blut,
Die Worte sind ausdrücklich »ein Pfund Fleisch«,
Doch wenn Sie beim Schneiden auch nur einen Tropfen
Christenblut vergießen, so verfallen Ihre Ländereien
Und Güter (nach dem Gesetz Venedigs)
Dem Staat Venedig.

Gratiano: O, der gerechte Richter!
Höre, Jude, o, der gelehrte Richter!

Shylock: Das ist das Gesetz?

Portia: Sie sollen es mit eignen Augen lesen.
Denn da Sie auf Recht gepocht haben, so seien Sie versichert,
Ihnen soll Recht werden, mehr als Sie verlangen.

Shylock: Dann nehme ich das Angebot an – bezahlt
Den Schein dreifach und laßt den Christen laufen.

Bassanio: Hier ist das Geld.

Portia: Moment!
Dem Juden werde volles Recht, nicht so schnell!
Er soll die Buße haben, weiter nichts.

Gratiano: O, Jude! Ein gerechter Richter, ein gelehrter Richter!

Portia: Darum machen Sie sich bereit, das Fleisch herauszuschneiden,
Vergießen Sie kein Blut, schneiden Sie auch nicht weniger
Nicht mehr als genau ein Pfund Fleisch,
Sei's auch nur soviel, daß es um ein Zwanzigstel
Eines einzigen armseligen Gramms
Leichter oder schwerer wiegt, ja, wenn die Schale
Sich nur um die Breite eines Haares neigt,
Sterben Sie, und Ihr Besitz verfällt dem Staat.

Gratiano: Ein zweiter Daniel, ein Daniel, Jude! –
Jetzt, Gottloser, hab' ich dich aufs Kreuz gelegt.

Portia: Warum zögert der Jude? Nehmen Sie Ihr verfallenes Pfand.

Shylock: Gebt mir mein Darlehen, und laßt mich gehen.

Bassanio: Ich halte es für Sie bereit, hier ist es.

Portia: Er hat es ausgeschlagen, hier vor Gericht,
Er soll nur Recht auf sein Pfand bekommen.

Gratiano: Ein Daniel, sag ich nur, ein zweiter Daniel! –
Ich danke dir, Jude, du hast mich das Wort gelehrt.

Shylock: Soll ich nicht wenigstens mein Darlehen bekommen?

Portia: Gar nichts sollen Sie bekommen, nur Ihr Pfand,
Und das nehmen Sie sich, auf Ihre Gefahr hin, Jude.

Shylock: Nun, so soll's der Teufel ihm vergelten.
Ich will nicht länger Rede stehn.

Portia: Warten Sie, Jude.
Das Gesetz hat noch weiteren Anspruch an Sie.
Es steht geschrieben in den Gesetzen von Venedig,
Wenn einem Fremden nachgewiesen wird,
Daß er, direkt oder indirekt,
Irgendeinem Bürger nach dem Leben trachtet,
Dann die Partei, gegen die er konspiriert,
Die Hälfte seines Besitzes einziehen soll,
Die andre Hälfte an den geheimen Staatsschatz fällt.
Und des Beklagten Leben hängt allein
Von des Dogen Gnade ab, gegen alle andern Stimmen.
Dies ist die Lage, sage ich, in der Sie sind,

Denn deutlich geht aus Ihren Handlungen hervor,
Daß indirekt und auch direkt Sie dem Beklagten
Nach dem Leben trachteten. So trifft Sie nun,
Was ich zuvor erwähnt habe.
Nieder also und bitten Sie den Dogen um Gnade.

Gratiano: Bitte, daß du dich selbst aufhängen darfst,
Doch weil dein Besitz dem Staat anheimfällt,
Bleibt dir nicht einmal das Geld für einen Strick,
Dann muß man dich auf Staatskosten hängen.

Doge: Damit Sie sehen, wie anders wir denken,
Schenke ich Ihnen Ihr Leben, eh Sie darum bitten.
Ihr halbes Vermögen gehört Antonio,
Die andre Hälfte fällt dem Staat anheim,
Doch kann Demut dies in ein Bußgeld verwandeln.

Portia: Ja, was den Staat, nicht, was Antonio betrifft.

Shylock: Nein, nehmt mein Leben und alles! Schenkt mir das nicht.
Ihr nehmt mein Haus, wenn ihr die Stütze nehmt,
Die mein Haus trägt. Ihr nehmt mein Leben,
Wenn ihr die Mittel nehmt, durch die ich lebe.

Portia: Welche Gnade können Sie ihm erweisen, Antonio?

Gratiano: Einen Strick gratis, nichts sonst, um Gottes willen!

Antonio: Beliebt es meinem Herrn, dem Dogen, und dem Gericht,
Ein Bußgeld für die Hälfte seiner Habe zu gewähren,
Bin ich's zufrieden, wenn er mir die andre Hälfte
Zur Nutzung überläßt und ich sie
Nach seinem Tod dem Mann erstatte,
Der neulich seine Tochter stahl.
Zwei Dinge noch vorausgesetzt: er werde
Für diese Gunst gleich Christ; zum andern
Stelle er hier vor Gericht von allem, was er
Im Falle seines Todes hinterläßt, eine Schenkung
Aus an seinen Sohn Lorenzo und seine Tochter.

Doge: Das soll er tun, ich widerrufe sonst
Die hier eben ausgesprochene Begnadigung.

Portia: Sind Sie zufrieden, Jude? Was sagen Sie?

Shylock: Ich bin zufrieden.

Portia: Schreiber, setzen Sie die Schenkungsurkunde auf.

Shylock: Ich bitte Euch, erlaubt mir wegzugehn.
           Mir ist nicht wohl, schickt mir die Urkunde nach,
           Und ich unterschreibe sie.

Doge: So gehen Sie, aber tun Sie es.

Gratiano: Bei der Taufe gibt man dir zwei Paten, –
           Wäre ich dein Richter, kriegtest du noch zehn dazu,
           Dich an den Galgen, nicht zum Taufbecken zu bringen.

Shylock geht ab.

Doge: Signor, ich lade Sie zu mir zum Essen ein.

Portia: Ich bitte Euer Gnaden ergeben um Entschuldigung.
           Ich muß heut abend noch nach Padua,
           Das heißt, gleich aufzubrechen.

Doge: Es tut mir leid, daß Ihre Zeit es nicht erlaubt.
           Antonio, zeigen Sie sich diesem Herrn erkenntlich,
           Sie sind ihm sehr verpflichtet, glaube ich.

Der Doge und sein Gefolge gehen ab.

Bassanio: Sehr verehrter Signor, ich und mein Freund wurden
           Heute dank Ihrer Weisheit von schweren
           Strafen losgesprochen. Mit dreitausend Dukaten,
           Dem Geld des Juden, wollen wir gern
           Ihre freundliche Müh' erwidern.

Antonio: Und bleiben außerdem Ihnen in Liebe
           Und Gefälligkeit auf immer verpflichtet.

Portia: Man ist gut bezahlt, wenn man zufrieden ist,
           Und da ich Sie gerettet habe, bin ich zufrieden
           Und halte mich daher für gut bezahlt:
           Ich habe niemals an mehr Lohn gedacht.
           Ich bitte Sie, kennen Sie mich, wenn wir uns wiedertreffen.
           Ich wünsche Ihnen alles Gute und empfehle mich damit.

Bassanio: Lieber Signor, ich kann Sie nicht so gehen lassen, –
           Nehmen Sie ein Andenken von uns an, aus Hochachtung,

| | Nicht als Honorar. Gewähren Sie mir zwei Dinge, |
| | Ich bitte Sie: weisen Sie mich nicht ab und vergeben Sie mir. |

Portia: Sie setzen mir ganz schön zu, da geb' ich nach.
Geben Sie mir Ihre Handschuhe, Ihnen zu Gefallen
Will ich sie tragen, und Ihnen zuliebe
Nehme ich noch diesen Ring dazu. Ziehen Sie nicht
Die Hand zurück, mehr nehme ich nicht,
Und wenn Sie mich lieben, schlagen Sie mir's nicht ab!

Bassanio: Dieser Ring, Signor? Ach, der ist nichts wert,
Ich müßte mich schämen, ihn Ihnen zu geben!

Portia: Ich will nichts weiter haben als den Ring,
Und ich glaube, jetzt habe ich Lust auf ihn!

Bassanio: An ihm hängt mehr als nur sein Wert.
Den teuersten Ring in ganz Venedig geb' ich Ihnen,
Durch öffentlichen Aufruf lass' ich ihn suchen,
Nur diesen erlauben Sie mir bitte zu behalten.

Portia: Ich sehe, Signor, mit Angeboten sind Sie freigiebig.
Erst lehren Sie mich betteln, und jetzt, scheint mir,
Lehren Sie mich, wie man Bettlern antwortet.

Bassanio: Lieber Signor, diesen Ring gab mir meine Frau,
Und als sie ihn mir ansteckte, mußt' ich ihr schwören,
Ihn weder zu verkaufen noch zu verschenken noch zu verlieren.

Portia: Diese Ausrede kenne ich gut:
Um Geschenke zu sparen.
Wenn Ihre Frau nicht verrückt ist
Und wüßte, wie sehr ich den Ring verdient habe,
Würde Sie Ihnen nicht ewig böse sein,
Weil Sie ihn mir gaben. Nun, Friede mit Euch!

Portia und Nerissa gehen ab.

Antonio: Lieber Freund Bassanio, laß ihn den Ring haben.
Halte seine Verdienste, dazu meine Liebe
Gegen das Gebot deiner Frau.

Bassanio: Los, Gratiano, lauf und hol ihn ein,
Gib ihm den Ring und bring ihn, wenn du kannst,
Zu Antonios Haus. Geh, beeile dich.

Und du und ich, wir gehen gleich zu dir,
Und früh am Morgen wollen wir beide
Nach Belmont fliegen, komm, Antonio.

Sie gehen ab.

Frank Wedekind, »Frühlings Erwachen«
Aus: Frank Wedekind, *Werke*, Winkler Verlag, München 1994

Erster Akt, Dritte Szene

Thea, Wendla und Martha kommen Arm in Arm die Straße herauf.

Martha: Wie einem das Wasser ins Schuhwerk dringt!

Wendla: Wie einem der Wind um die Wangen saust!

Thea: Wie einem das Herz hämmert!

Wendla: Gehn wir zur Brücke hinaus! Ilse sagte, der Fluß führe Sträucher und Bäume. Die Jungens haben ein Floß auf dem Wasser. Melchi Gabor soll gestern abend beinah ertrunken sein.

Thea: O der kann schwimmen!

Martha: Das will ich meinen, Kind!

Wendla: Wenn der nicht hätte schwimmen können, wäre er wohl sicher ertrunken!

Thea: Dein Zopf geht auf, Martha; dein Zopf geht auf!

Martha: Puh – laß ihn aufgehn! Er ärgert mich so Tag und Nacht. Kurze Haare tragen wie du darf ich nicht, das Haar offen tragen wie Wendla darf ihn nicht, Ponyhaare tragen darf ich nicht, und zu Hause muß ich mir gar die Frisur machen alles der Tanten wegen!

Wendla: Ich bringe morgen eine Schere mit in die Religionsstunde. Während du »Wohl dem, der nicht wandelt« rezitierst, werde ich ihn abschneiden.

Martha: Um Gottes willen, Wendla! Papa schlägt mich krumm, und Mama sperrt mich drei Nächte ins Kohlenloch.

Wendla: Womit schlägt er dich, Martha?

Martha:	Manchmal ist es mir, es müßte ihnen doch etwas abgehen, wenn sie keinen so schlecht gearteten Balg hätten wie ich.
Thea:	Aber Mädchen!
Martha:	Hast du dir nicht auch ein himmelblaues Band durch die Hemdpasse ziehen dürfen?
Thea:	Rosa Atlas! Mamma behauptet, Rosa stehe mir bei meinen pechschwarzen Augen.
Martha:	Mir stand Blau reizend! – Mama riß mich am Zopf zum Bett hinaus. So – fiel ich mit den Händen vorauf auf die Diele. – Mama betet nämlich Abend für Abend mit uns ...
Wendla:	Ich an deiner Stelle wäre ihnen längst in die Welt hinausgelaufen.
Martha:	... Da habe man's, worauf ich ausgehe! – Da habe man's ja! – Aber sie wolle schon sehn – o sie wolle noch sehen! – Meiner Mutter wenigstens solle ich einmal keine Vorwürfe machen können ...
Thea:	Hu – Hu –
Martha:	Kannst du dir denken, Thea, was Mama damit meinte?
Thea:	Ich nicht. – Du, Wendla?
Wendla:	Ich hätte sie einfach gefragt.
Martha:	Ich lag auf der Erde und schrie und heulte. Da kommt Papa. Ritsch – das Hemd herunter. Ich zur Türe hinaus. Da habe man's! Ich wolle nun wohl so auf die Straße hinunter ...
Wendla:	Das ist doch gar nicht wahr, Martha.
Martha:	Ich fror. Ich schloß auf. Ich habe die ganze Nacht im Sack schlafen müssen.
Thea:	Ich könnte meiner Lebtag in keinem Sack schlafen!
Wendla:	Ich möchte ganz gern mal für dich in deinem Sack schlafen.
Martha:	Wenn man nur nicht geschlagen wird.
Thea:	Aber man erstickt doch darin!
Martha:	Der Kopf bleibt frei. Unter dem Kinn wird er zugebunden.

Thea:	Und dann schlagen sie dich?
Martha:	Nein. Nur wenn etwas Besonderes vorliegt.
Wendla:	Womit schlägt man dich, Martha?
Martha:	Ach was – mit allerhand. – Hält es deine Mutter auch für unanständig, im Bett ein Stück Brot zu essen?
Wendla:	Nein, nein.
Martha:	Ich glaube immer, sie haben doch ihre Freude – wenn sie auch nichts davon sagen. – Wenn ich einmal Kinder habe, ich lasse sie aufwachsen wie das Unkraut in unserem Blumengarten. Um das kümmert sich niemand, und es steht so hoch, so dicht – während die Rosen in ihren Beeten an ihren Stöcken mit jedem Sommer kümmerlicher blühn.
Thea:	Wenn ich Kinder habe, kleid' ich sie ganz in Rosa, Rosahüte, Rosakleidchen, Rosaschuhe. Nur die Strümpfe – die Strümpfe schwarz wie die Nacht! Wenn ich dann spazierengehe, laß ich sie vor mir hermarschieren. – Und du, Wendla?
Wendla:	Wißt ihr denn, ob ihr welche bekommt?
Thea:	Warum sollten wir keine bekommen?
Martha:	Tante Euphemia hat allerdings auch keine.
Thea:	Gänschen! – weil sie nicht verheiratet ist.
Wendla:	Tante Bauer war dreimal verheiratet und hat nicht ein einziges.
Martha:	Wenn du welche bekommst, Wendla, was möchtest du lieber, Knaben oder Mädchen?
Wendla:	Jungens! Jungens!
Thea:	Ich auch Jungens!
Martha:	Ich auch. Lieber zwanzig Jungens als drei Mädchen.
Thea:	Mädchen sind langweilig!
Martha:	Wenn ich nicht schon ein Mädchen geworden wäre, ich würde es heute gewiß nicht mehr.
Wendla:	Das ist, glaube ich, Geschmackssache, Martha! Ich freue mich jeden Tag, daß ich ein Mädchen bin. Glaub mir, ich wollte mit kei-

	nem Königssohn tauschen. – Darum möchte ich aber doch nur Buben!
Thea:	Das ist doch Unsinn, lauter Unsinn, Wendla!
Wendla:	Aber ich bitte dich, Kind, es muß doch tausendmal erhebender sein, von einem Manne geliebt zu werden als von einem Mädchen!
Thea:	Du wirst doch nicht behaupten wollen, Forstreferendar Pfälle liebe Melitta mehr als sie ihn!
Wendla:	Das will ich wohl, Thea! – Pfälle ist stolz. Pfälle ist stolz darauf, daß er Forstreferendar ist – denn Pfälle hat nichts. Melitta ist selig, weil sie zehntausendmal mehr bekommt, als sie ist.
Martha:	Bist du nicht stolz auf dich, Wendla?
Wendla:	Das wäre doch einfältig.
Martha:	Wie wollt' ich stolz sein an deiner Stelle!
Thea:	Sieh doch nur, wie sie die Füße setzt – wie sie geradeaus schaut – wie sie sich hält, Martha! – Wenn das nicht Stolz ist!
Wendla:	Wozu nur? Ich bin so glücklich, ein Mädchen zu sein; wenn ich kein Mädchen wär, brächt' ich mich um, um das nächste Mal …

Melchior geht vorüber und grüßt.

Thea:	Er hat einen wundervollen Kopf.
Martha:	So denke ich mir den jungen Alexander, als er zu Aristoteles in die Schule ging.
Thea:	Du lieber Gott, die griechische Geschichte! Ich weiß nur noch, wie Sokrates in der Tonne lag, als ihm Alexander den Eselsschatten verkaufte.
Wendla:	Er soll der Drittbeste in seiner Klasse sein.
Thea:	Professor Knochenbruch sagt, wenn er wollte, könnte er Primus sein.
Martha:	Er hat eine schöne Stirn, aber sein Freund hat einen seelenvolleren Blick.
Thea:	Moritz Stiefel? – Ist das eine Schlafmütze!

Martha: Ich habe mich immer ganz gut mit ihm unterhalten.

Thea: Er blamiert einen, wo man ihn trifft. Auf dem Kinderball bei
            Rilows bot er mir Pralinés an. Denk dir Wendla, die waren weich
            und warm. Ist das nicht ...? – Er sagte, er habe sie zu lang in der
            Hosentasche gehabt.

Wendla: Denke dir, Melchi Gabor sagte mir damals, er glaube an nichts –
            nicht an Gott, nicht an ein Jenseits – an gar nichts mehr in dieser
            Welt.

Erster Akt, Vierte Szene

Parkanlagen vor dem Gymnasium. – Melchior, Otto, Georg, Robert, Hänschen Rilow, Lämmermeier

Melchior: Kann mir einer von euch sagen, wo Moritz Stiefel steckt?

Georg: Dem kann's schlecht gehn! O, dem kann's schlecht gehn!

Otto: Der treibt's so lange, bis er noch mal ganz gehörig 'reinfliegt!

Lämmermeier: Weiß der Kuckuck, ich möchte in diesem Moment nicht in
            seiner Haut stecken!

Robert: Eine Frechheit! – Eine Unverschämtheit!

Melchior: Wa – wa – was wißt ihr denn!

Georg: Was wir wissen? – Na, ich sage dir ...!

Lämmermeier: Ich möchte nichts gesagt haben!

Otto: Ich auch nicht – weiß Gott nicht!

Melchior: Wenn ihr jetzt nicht sofort ...

Robert: Kurz und gut, Moritz Stiefel ist ins *Konferenzzimmer* gedrungen.

Melchior: Ins Konferenzzimmer ...?

Otto: Ins Konferenzzimmer – Gleich nach Schluß der Lateinstunde.

Georg: Er war der Letzte; er blieb absichtlich zurück.

Lämmermeier: Als ich um die Korridorecke bog, sah ich ihn die Tür öffnen.

Melchior: Hol dich der ...!

Georg: Vermutlich hatte das Rektorat den Schlüssel nicht abgezogen.

Robert: Oder Moritz Stiefel führt einen Dietrich.

Otto: Ihm wäre das zuzutrauen.

Lämmermeier: Wenn's gut geht, bekommt er einen Sonntagnachmittag.

Robert: Nebst einer Bemerkung ins Zeugnis!

Otto: Wenn er bei dieser Zensur nicht ohnehin an die Luft fliegt.

Hänschen Rilow: Da ist er!

Melchior: Blaß wie ein Handtuch.

Moritz kommt in äußerster Aufregung.

Lämmermeier: Moritz, Moritz, was du getan hast!

Moritz: – – Nichts – – nichts – –

Robert: Du fieberst!

Moritz: – Vor Glück – vor Seligkeit – vor Herzensjubel –

Otto: Du bist erwischt worden?!

Moritz: Ich bin promoviert! – Melchior, ich bin promoviert: – O jetzt kann die Welt untergehen! – Ich bin promoviert! – Wer hätte geglaubt, daß ich promoviert werde! – Ich faß es noch nicht! Zwanzigmal hab' ich's gelesen! Ich kann's nicht glauben – du großer Gott, es blieb! Es blieb! *Ich bin promoviert! – Lächelnd.* Ich weiß nicht – so sonderbar ist mir – der Boden dreht sich ... Melchior, Melchior, wüßtest du, was ich durchgemacht!

Hänschen Rilow: Ich gratuliere, Moritz. – Sei nur froh, daß du so weggekommen!

Moritz: Du weißt nicht, Hänschen, du ahnst nicht, was auf dem Spiel stand. Seit drei Wochen schleiche ich an der Tür vorbei wie am Höllenschlund. Da sehe ich heute, sie ist angelehnt. Ich glaube, wenn man mir eine Million geboten hätte – nichts, o nichts hätte mich zu halten vermocht! – Ich stehe mitten im Zimmer – ich schlag das Protokoll auf – blättere – finde – – und während all der Zeit ... Mir schaudert –

254

Melchior: – während all der Zeit?

Moritz: Während all der Zeit steht die Tür hinter mir sperrangelweit offen. Wie ich heraus … wie ich die Treppe heruntergekommen, weiß ich nicht.

Hänschen Rilow: – Wird Ernst Röbel auch promoviert?

Moritz: O gewiß, Hänschen, gewiß! – Ernst Röbel wird gleichfalls promoviert.

Robert: Dann mußt du schon nicht richtig gelesen haben. Die Eselsbank abgerechnet zählen wir mit dir und Fröbel zusammen einundsechzig, während oben das Klassenzimmer mehr als sechzig nicht fassen kann.

Moritz: Ich habe vollkommen richtig gelesen. Ernst Röbel wird so gut versetzt wie ich – beide allerdings nur provisorisch. Während des ersten Quartals soll es sich dann herausstellen, wer dem andern Platz zu machen hat. – Armer Röbel! – Weiß der Himmel, mir ist um mich nicht mehr bange. Dazu habe ich diesmal zu tief hinuntergeblickt.

Otto: Ich wette fünf Mark, daß du Platz machst.

Moritz: Du hast ja nichts. Ich will dich nicht ausrauben. – Herrgott, werd' ich büffeln von heute an! – Jetzt kann ich's ja sagen – mögt ihr daran glauben oder nicht – jetzt ist ja alles gleichgültig – ich – ich weiß, wie wahr es ist: Wenn ich nicht promoviert worden wäre, hätte ich mich erschossen.

Robert: Prahlhans!

Georg: Der Hasenfuß!

Otto: Dich hätte ich schießen sehen mögen!

Lämmermeier: Eine Maulschelle drauf!

Melchior *gibt ihm eine* – Komm, Moritz. Gehn wir zum Försterhaus!

Georg: Glaubst du vielleicht an den Schnack?

Melchior: Schert dich das? – Laß sie schwatzen, Moritz! Fort, nur fort, zur Stadt hinaus!

Die Professoren Hungergurt und Knochenbruch gehen vorüber.

Knochenbruch: Mir unbegreiflich, verehrter Herr Kollega, wie sich der beste meiner Schüler gerade zum allerschlechtesten so hingezogen fühlen kann.

Hungergurt: Mir auch, verehrter Herr Kollega.

Zweiter Akt, Erste Szene

Abend auf Melchiors Studierzimmer. Das Fenster steht offen, die Lampe brennt auf dem Tisch. – Melchior und Moritz auf dem Kanapee.

Moritz: Jetzt bin ich wieder ganz munter, nur etwas aufgeregt. – Aber in der Griechischstunde habe ich doch geschlafen wie der besoffene Polyphem. Nimmt mich wunder, daß mich der alte Zungenschlag nicht in die Ohren gezwickt. – Heut früh wäre ich um ein Haar noch zu spät gekommen. – Mein erster Gedanke beim Erwachen waren die Verba auf ri. – Himmel-Herrgott-Teufel-Donnerwetter, während des Frühstücks und den Weg entlang habe ich konjugiert, daß mir grün vor den Augen wurde. – Kurz nach drei muß ich abgeschnappt sein. Die Feder hat mir noch einen Klecks ins Buch gemacht. Die Lampe qualmte, als Mathilde mich weckte, in den Fliederbüschen unter dem Fenster zwitscherten die Amseln so lebensfroh – mir ward gleich wieder unsagbar melancholisch zumute. Ich band mir den Kragen um und fuhr mit der Bürste durchs Haar. – – Aber man fühlt sich, wenn man seiner Natur etwas abgerungen!

Melchior: Darf ich dir eine Zigarette drehen?

Moritz: Danke, ich rauche nicht. – Wenn es nur so weitergeht! Ich will arbeiten und arbeiten, bis mir die Augen zum Kopf herausplatzen. – Ernst Röbel hat seit den Ferien schon sechsmal nichts gekonnt; dreimal im Griechischen, zweimal bei Knochenbruch; das letztemal in der Literaturgeschichte. Ich war erst fünfmal in der bedauernswerten Lage; und von heute ab kommt es überhaupt nicht mehr vor! – Röbel erschießt sich nicht. Röbel hat keine Eltern, die ihm ihr Alles opfern. Er kann, wann er will, Söldner, Cowboy oder Matrose werden. Wenn ich durchfalle, rührt meinen Vater der Schlag, und Mama kommt ins Irrenhaus. So was erlebt man nicht! – Vor dem Examen habe ich zu Gott gefleht, er möge mich schwindsüchtig werden lassen, auf daß der Kelch ungenossen vorübergehe. Er ging vorüber – wenngleich mir auch heute noch seine Aureole aus der Ferne entgegenleuchtet, daß ich Tag und Nacht den Blick nicht zu heben wage. – Aber nun ich die Stange erfaßt, werde ich mich auch hinaufschwingen. Dafür bürgt mir die unabänderliche Konsequenz, daß ich nicht stürze, ohne das Genick zu brechen.

Melchior: Das Leben ist von einer ungeahnten Gemeinheit. Ich hätte nicht übel Lust, mich in die Zweige zu hängen. – Wo Mama mit dem Tee nur bleibt!

Moritz: Dein Tee wird mir guttun, Melchior! Ich zittre nämlich. Ich fühle mich so eigentümlich vergeistert. Betaste mich bitte mal. Ich sehe – ich höre – ich fühle viel deutlicher – und doch alles so traumhaft – oh, so stimmungsvoll. – Wie sich dort im Mondschein der Garten dehnt, so still, so tief, als ging er ins Unendliche. – Unter den Büschen treten umflorte Gestalten hervor, huschen in atemloser Geschäftigkeit über die Lichtungen und verschwinden im Halbdunkel. Mir scheint, unter dem Kastanienbaum soll eine Ratsversammlung gehalten werden. – Wollen wir nicht hinunter, Melchior?

Melchior: Warten wir, bis wir Tee getrunken.

Moritz: – Die Blätter flüstern so emsig. – Es ist, als hörte ich Großmutter selig die Geschichte von der »Königin ohne Kopf« erzählen. – Das war eine wunderschöne Königin, schön wie die Sonne, schöner als alle Mädchen im Land. Nur war sie leider ohne Kopf auf die Welt gekommen. Sie konnte nicht essen, nicht trinken, konnte nicht sehen, nicht lachen und auch nicht küssen. Sie vermochte sich mit ihrem Hofstaat nur durch ihre kleine weiche Hand zu verständigen. Mit den zierlichen Füßen strampelte sie Kriegserklärungen und Todesurteile. Da wurde sie eines Tages von einem König besiegt, der zufällig zwei Köpfe hatte, die sich das ganze Jahr in den Haaren lagen und dabei so aufgeregt disputierten, daß keiner den anderen zu Wort kommen ließ. Der Oberhofzauberer nahm nun den kleineren der beiden und setzte ihn der Königin auf. Und siehe, er stand ihr vortrefflich. Darauf heiratete der König die Königin, und die beiden lagen sich nun nicht mehr in den Haaren, sondern küßten einander auf Stirn, auf Wangen und Mund und lebten noch lange Jahre glücklich und in Freuden ... Verwünschter Unsinn! Seit den Ferien kommt mir die kopflose

Königin nicht aus dem Kopf. Wenn ich ein schönes Mädchen sehe, sehe ich es ohne Kopf – und erscheine mir dann selber als kopflose Königin ... Möglich, daß mir noch mal einer aufgesetzt wird.

Frau Gabor kommt mit dem dampfenden Tee, den sie vor Moritz und Melchior auf den Tisch setzt.

Frau Gabor: Hier, Kinder, laßt es euch munden. Guten Abend, Herr Stiefel, wie geht es Ihnen?

Moritz: Danke, Frau Gabor. – Ich belausche den Reigen dort unten.

Frau Gabor: Sie sehen aber gar nicht gut aus. – Fühlen Sie sich nicht wohl?

Moritz: Es hat nichts zu sagen. Ich bin die letzten Abende etwas spät zu Bett gekommen.

Melchior: Denke dir, er hat die ganze Nacht durchgearbeitet.

Frau Gabor: Sie sollten so etwas nicht tun, Herr Stiefel. Sie sollten sich schonen. Bedenken Sie Ihre Gesundheit. Die Schule ersetzt Ihnen die Gesundheit nicht. – Fleißig spazierengehn in der frischen Luf! Das ist in Ihren Jahren mehr wert als ein korrektes Mittelhochdeutsch.

Moritz: Ich werde fleißig spazierengehn. Sie haben recht. Man kann auch während des Spazierengehns fleißig sein. Daß ich noch selbst nicht auf den Gedanken gekommen! – Die schriftlichen Arbeiten müßte ich immerhin zu Hause machen.

Melchior: Das Schriftliche machst du bei mir; so wird es uns beiden leichter. – Du weißt ja, Mama, daß Max von Trenk am Nervenfieber darniederlag! – Heute mittag kommt Hänschen Rilow von Trenks Totenbett zu Rektor Sonnenstich, um anzuzeigen, daß Trenk soeben in seiner Gegenwart gestorben sei. – »So?« sagt Sonnenstich. »Hast du von letzter Woche her nicht noch zwei Stunden nachzusitzen? – Hier ist der Zettel an den Pedell. Mach, daß die Sache endlich ins reine kommt! Die ganze Klasse soll an der Beerdigung teilnehmen.« – Hänschen war wie gelähmt.

Frau Gabor: Was hast du da für ein Buch, Melchior?

Melchior: »Faust«.

Frau Gabor: Hast du es schon gelesen?

Melchior: Noch nicht zu Ende.

Moritz: Wir sind gerade in der Walpurgisnacht.

Frau Gabor: Ich hätte an deiner Stelle noch ein, zwei Jahre damit gewartet.

Melchior: Ich kenne kein Buch, in dem ich so viel Schönes gefunden. Warum hätte ich es nicht lesen sollen?

Frau Gabor: – Weil du es nicht verstehst.

Melchior: Das kannst du nicht wissen, Mama. Ich fühle sehr wohl, daß ich das Werk in seiner ganzen Erhabenheit zu erfassen noch nicht imstande bin ...

Moritz: Wir lesen immer zu zweit; das erleichtert das Verständnis außerordentlich!

Frau Gabor: Du bist alt genug, Melchior, um wissen zu können, was dir zuträglich und was dir schädlich ist. Tu, was du vor dir verantworten kannst. Ich werde die erste sein, die es dankbar anerkennt, wenn du mir niemals Grund gibst, dir etwas vorenthalten zu müssen. – Ich wollte dich nur darauf aufmerksam machen, daß auch das Beste nachteilig wirken kann, wenn man noch nicht die Reife besitzt, um es richtig aufzunehmen. – Ich werde mein Vertrauen immer lieber in dich als in irgend beliebige erzieherische Maßregeln setzen. – – Wenn ihr noch etwas braucht, Kinder, dann kommt herüber, Melchior, und rufe mich. Ich bin in meinem Schlafzimmer.

Ab.

Moritz: Deine Mutter meinte die Geschichte mit Gretchen.

Melchior: Haben wir uns auch nur einen Moment dabei aufgehalten!

Moritz: Faust selber kann sich nicht kaltblütiger darüber hinweggesetzt haben!

Melchior: Das Kunstwerk gipfelt doch schließlich nicht in dieser Schändlichkeit! – Faust könnte dem Mädchen die Heirat versprochen, könnte es daraufhin verlassen haben, er wäre in meinen Augen um kein Haar weniger strafbar. Gretchen könnte ja meinethalben an gebrochem Herzen sterben. – Sieht man, wie jeder darauf immer gleich krampfhaft die Blicke richtet, man möchte glauben, die ganze Welt drehe sich um P ... und V ...!

Moritz: Wenn ich aufrichtig sein soll, so habe ich nämlich tatsächlich das Gefühl, seit ich deinen Aufsatz gelesen. – In den ersten Feiertagen fiel er mir vor die Füße. Ich hatte den Plötz in der Hand. – Ich verriegelte die Tür und durchflog die flimmernden Zeilen, wie eine aufgeschreckte Eule einen brennenden Wald durchfliegt – ich glaube, ich habe das meiste mit geschlossenen Augen gelesen. Wie eine Reihe dunkler Erinnerungen klangen mir deine Auseinandersetzungen ins Ohr, wie ein Lied, das einer als Kind einst fröhlich vor sich hingesummt und das ihm, wie er eben im Sterben liegt, herzerschütternd aus dem Mund eines andern entgegentönt. – Am heftigsten zog mich in Mitleidenschaft, was du vom Mädchen schreibst. Ich werde die Eindrücke nicht mehr los. Glaub mir, Melchior, Unrecht leiden zu müssen ist süßer denn Unrecht tun! Unverschuldet ein so süßes Unrecht über sich ergehen lassen zu müssen, scheint mir der Inbegriff aller irdischen Seligkeit.

Melchior: Ich will meine Seligkeit nicht als Almosen!

Moritz: Aber warum denn nicht?

Melchior: Ich *will* nichts, was ich mir nicht habe erkämpfen müssen!

Moritz: Ist dann das noch Genuß, Melchior? – Das Mädchen, Melchior, genießt wie die seligen Götter. Das Mädchen wehrt sich dank seiner Veranlagung. Es hält sich bis zum letzten Augenblick von Bitternis frei, um mit einem Male alle Himmel über sich hereinbrechen zu sehen. Das Mädchen fürchtet die Hölle noch in dem Moment, da es ein erblühendes Paradies wahrnimmt. Sein Empfinden ist so frisch wie der Quell, der dem Fels entspringt. Das Mädchen ergreift einen Pokal, über den noch kein irdischer Hauch geweht, einen Nektarkelch, dessen Inhalt es, wie er flammt und flackert, hinunterschlingt ... Die Befriedigung, die der Mann dabei findet, denke ich mir schal und abgestanden.

Melchior: Denke sie dir, wie du magst, aber behalte sie für dich. – Ich denke sie mir nicht gern ...

Dritter Akt, Sechste Szene

Winzer und Winzerinnen im Weinberg. – Im Westen sinkt die Sonne hinter die Berggipfel. Helles Glockengeläute vom Tal herauf. – Hänschen Rilow und Ernst Röbel im höchstgelegenen Rebstück sich unter den überhängenden Felsen im welkenden Gras wälzend.

Ernst: Ich hab mich überarbeitet.

Hänschen: Laß uns nicht traurig sein! Schade um die Minuten.

Ernst: Man sieht sie hängen und kann nicht mehr – und morgen sind sie gekeltert.

Hänschen: Ermüdung ist mir so unerträglich, wie mir's der Hunger ist.

Ernst: Ach, ich kann nicht mehr.

Hänschen: Diese leuchtende Muskateller noch!

Ernst: Ich bringe die Elastizität nicht mehr auf.

Hänschen: Wenn ich die Ranke beuge, baumelt sie uns von Mund zu Mund. Keiner braucht sich zu rühren. Wir beißen die Beeren ab und lassen den Kamm zum Stock zurückschnellen.

Ernst: Kaum entschließt man sich, und siehe, so dämmert auch schon die dahingeschwundene Kraft wieder auf.

Hänschen: Dazu das flammende Firmament – und die Abendglocken – ich verspreche mir wenig mehr von der Zukunft.

Ernst: Ich sehe mich manchmal schon als hochwürdiger Pfarrer – ein gemütvolles Mütterchen, eine reichhaltige Bibliothek und Ämter und Würden in allen Kreisen. Sechs Tage hat man, um nachzudenken, und am siebenten tut man den Mund auf. Beim Spazierengehen reichen einem Schüler und Schülerinnen die Hand, und wenn man nach Hause kommt, dampft der Kaffee, der Topfkuchen wird aufgetragen, und durch die Gartentür bringen die Mädchen die Äpfel herein. – Kannst du dir etwas Schöneres denken?

Hänschen: Ich denke mir halbgeschlossene Wimpern, halbgeöffnete Lippen und türkische Draperien. – Ich glaube nicht an das Pathos. Sieh, unsere Alten zeigen uns lange Gesichter, um ihre Dummheiten zu bemänteln. Untereinander nennen sie sich Schafsköpfe wie wir. Ich kenne das. – Wenn ich Millionär bin, werde ich dem lieben Gott ein Denkmal setzen. – Denk dir die Zukunft als Milchsette mit Zucker und Zimt. Der eine wirft sie um und heult, der andere rührt alles durcheinander und schwitzt. Warum nicht abschöpfen? – Oder glaubst du nicht, daß es sich lernen ließe?

Ernst: Schöpfen wir ab!

Hänschen: Was bleibt, fressen die Hühner. – Ich habe meinen Kopf nun schon aus so mancher Schlinge gezogen ...

Ernst: Schöpfen wir ab, Hänschen! – Warum lachst du?

Hänschen: Fängst du schon wieder an?

Ernst: Einer muß ja doch anfangen.

Hänschen: Wenn wir in dreißig Jahren an einen Abend wie heute zurückdenken, scheint er uns vielleicht unsagbar schön!

Ernst: Und wie macht sich jetzt alles so ganz von selbst!

Hänschen: Warum also nicht!

Ernst: Warum also nicht!

Ernst: Ist man zufällig allein – dann weint man vielleicht gar.

Hänschen: Laß uns nicht traurig sein! – *Er küßt ihn auf den Mund.*

Ernst *küßt ihn.* Ich ging von Hause fort mit dem Gedanken, dich nur eben zu sprechen und wieder umzukehren.

Hänschen: Ich erwartete dich. – Die Tugend kleidet nicht schlecht, aber es gehören imposante Figuren hinein.

Ernst: Uns schlottert sie noch um die Glieder. – Ich wäre nicht ruhig geworden, wenn ich dich nicht getroffen hätte. – Ich liebe dich, Hänschen, wie ich nie eine Seele geliebt habe ...

Hänschen: Laß uns nicht traurig sein! – Wenn wir in dreißig Jahren zurückdenken, spotten wir ja vielleicht! – Und jetzt ist alles so schön! Die Berge glühen; die Trauben hängen uns in den Mund, und der Abendwind streicht an den Felsen hin wie ein spielendes Schmeichelkätzchen ...

Dritter Akt, Siebente Szene

Helle Novembernacht. An Busch und Bäumen raschelt das dürre Laub. Zerrissene Wolken jagen unter dem Mond hin. – Melchior klettert über die Kirchhofmauer.

Melchior *auf der Innenseite herabspringend:* Hierher folgt mir die Meute nicht. – Derweil sie Bordelle absuchen, kann ich aufatmen und mir sagen, wie weit ich bin ... Der Rock in Fetzen, die Taschen leer – vor dem Harmlosesten bin ich nicht sicher. – Tagsüber muß ich im Wald weiterzukommen suchen ...

Ein Kreuz habe ich niedergestampft. – Die Blümchen wären heut' noch erfroren! – Ringsum ist die Erde kahl ... Im Totenreich! – Aus der Dachluke zu klettern, war so schwer nicht wie dieser Weg! – Darauf nur war ich nicht gefaßt gewesen ...

Ich hänge über dem Abgrund – alles versunken, verschwunden – O wär' ich dort geblieben!

Warum sie um meinetwillen! – Warum nicht der Verschuldete! – Unfaßbare Vorsehung! – Ich hätte Steine geklopft und gehungert ...!

Was hält mich noch aufrecht? – Verbrechen folgt auf Verbrechen. Ich bin dem Morast überantwortet. Nicht so viel Kraft mehr, um abzuschließen ... Ich war nicht schlecht! – Ich war nicht schlecht! – Ich war nicht schlecht ...

So neiderfüllt ist noch kein Sterblicher über Gräber gewandelt. – Pah – ich brächte ja den Mut nicht auf! – Oh, wenn mich Wahnsinn umfinge – in dieser Nacht noch!

Ich muß drüben unter den letzten suchen! – Der Wind pfeift auf jedem Stein aus einer anderen Tonart – eine beklemmende Symphonie! – Die morschen Kränze reißen entzwei und baumeln an ihren langen Fäden stückweise um die Marmorkreuze – ein Wald von Vogelscheuchen! – Vogelscheuchen auf allen Gräbern, eine greulicher als die andere – haushohe, vor denen die Teufel Reißaus nehmen. – Die goldenen Lettern blinken so kalt ... Die Trauerweide ächzt auf und fährt mit Riesenfingern über die Inschrift ... Ein betendes Engelskind – Eine Tafel –

Eine Wolke wirft ihren Schatten herab. – Wie das hastet und heult! – Wie ein Heereszug jagt es im Osten empor. – Kein Stern am Himmel –

Immergrün um das Gärtlein! – Immergrün? – – Mädchen ...

Hier ruht in Gott
WENDLA BERGMANN
geboren am 5. Mai 1878
gestorben an der Bleichsucht
den 27. Oktober 1892
Selig die, die reinen Herzens sind ...

Und ich bin ihr Mörder. – Ich bin ihr Mörder! – Mir bleibt die Verzweiflung. – Ich darf hier nicht weinen. – Fort von hier! – Fort –

Moritz Stiefel *seinen Kopf unter dem Arm, stapft über die Gräber her:*
Einen Augenblick, Melchior! Die Gelegenheit wiederholt sich so bald nicht. Du ahnst nicht, was mit Ort und Stunde zusammenhängt ...

Melchior: Wo kommst du her?!

Moritz: Von drüben – von der Mauer her. Du hast mein Kreuz umgeworfen. Ich liege an der Mauer. – Gib mir die Hand, Melchior ...

Melchior: Du bist *nicht* Moritz Stiefel!

Moritz: Gib mir die Hand. Ich bin überzeugt, du wirst mir Dank wissen. So leicht wird's dir nicht mehr! Es ist ein seltsam glückliches Zusammentreffen. – Ich bin extra heraufgekommen ...

Melchior: Schläfst du denn nicht?

Moritz: Nicht, was ihr Schlafen nennt. – Wir sitzen auf Kirchtürmen, auf hohen Dachgiebeln – wo immer wir wollen ...

Melchior: Ruhelos?

Moritz: Vergnügungshalber. – Wir streifen um Maibäume, um einsame Waldkapellen. Über Volksversammlungen schweben wir hin, über Unglücksstätten, Gärten, Festplätze. – In den Wohnhäusern kauern wir am Kamin und hinter den Bettvorhängen. – Gib mir die Hand. – Wir verkehren nicht untereinander, aber wir sehen und hören alles, was in der Welt vor sich geht. Wir wissen, daß alles Dummheit ist, was die Menschen tun und erstreben, und lachen darüber.

Melchior: Was hilft das?

Moritz: Was braucht es zu helfen? – Wir sind für nichts mehr erreichbar, nicht für Gutes noch für Schlechtes. Wir stehen hoch, hoch über dem Irdischen – jeder für sich allein. Wir verkehren nicht miteinander, weil uns das zu langweilig ist. Keiner von uns hegt noch etwas, das ihm abhanden kommen könnte. Über Jammer oder Jubel sind wir gleich unermeßlich erhaben. Wir sind mit uns zufrieden, und das ist alles! – Die Lebenden verachten wir unsagbar, kaum daß wir sie bemitleiden. Sie erheitern uns mit ihrem Getue, weil sie als Lebende tatsächlich nicht zu bemitleiden sind.

Wir lächeln bei ihren Tragödien – jeder für sich – und stellen unsere Betrachtungen an. – Gib mir die Hand! Wenn du mir die Hand gibst, fällst du um vor Lachen über dem Empfinden, mit dem du mir die Hand gibst …

Melchior: Ekelt dich das nicht an?

Moritz: Dazu stehen wir zu hoch. Wir lächeln! – An meinem Begräbnis war ich unter den Leidtragenden. Ich habe mich recht gut unterhalten. Das ist Erhabenheit, Melchior! Ich habe geheult wie keiner, und schlich zur Mauer, um mir vor Lachen den Bauch zu halten. Unsere unnahbare Erhabenheit ist tatsächlich der einzige Gesichtspunkt, unter dem der Quark sich verdauen läßt … Auch über mich will man gelacht haben, eh ich mich aufschwang!

Melchior: Mich lüstet's nicht, über mich zu lachen.

Moritz: … Die Lebenden sind als solche wahrlich nicht zu bemitleiden! – Ich gestehe, ich hätte es auch nie gedacht. Und jetzt ist es mir unfaßbar, wie man so naiv sein kann. Jetzt durchschaue ich den Trug so klar, daß auch nicht ein Wölkchen bleibt. – Wie magst du nur zaudern, Melchior! Gib mir die Hand! Im Halsumdrehen stehst du himmelhoch über dir. – Dein Leben ist Unterlassungssünde …

Melchior: – Könnt ihr vergessen?

Moritz: Wir können alles. Gib mir die Hand! Wir können die Jugend bedauern, wie sie ihre Bangigkeit für Idealismus hält, und das Alter, wie ihm vor stoischer Überlegenheit das Herz brechen will. Wir sehen den Kaiser vor Gassenhauern und den Lazzaroni vor den jüngsten Posaunen beben. Wir ignorieren die Maske des Komödianten und sehen den Dichter im Dunkeln die Maske vornehmen. Wir erblicken den Zufriedenen in seiner Bettelhaftigkeit, im Mühseligen und Beladenen den Kapitalisten. Wir beobachten Verliebte und sehen sie voreinander erröten, ahnend, daß sie betrogene Betrüger sind. Eltern sehen wir Kinder in die Welt setzen, um ihnen zurufen zu können: Wie glücklich ihr seid, solche Eltern zu haben! Und sehen die Kinder hingehen und desgleichen tun. Wir können die Unschuld in ihren einsamen Liebesnöten, die Fünfgroschendirne über der Lektüre Schillers belauschen … Gott und den Teufel sehen wir sich voreinander blamieren und hegen in uns das durch nichts zu erschütternde Bewußtsein, daß beide betrunken sind … Eine Ruhe, eine Zufriedenheit, Melchior! – Du brauchst mir nur den kleinen Finger zu reichen. – Schneeweiß kannst du werden, eh sich der Augenblick wieder so günstig zeigt!

Melchior: – Wenn ich einschlage, Moritz, so geschieht es aus Selbstverachtung. – Ich sehe mich geächtet. Was mir Mut verlieh, liegt im Grabe. Edler Regungen vermag ich mich nicht mehr für würdig zu halten – und erblicke nichts, nichts, das sich mir auf meinem Niedergang noch entgegenstellen sollte. – Ich bin die verabscheuungswürdigste Kreatur des Weltalls.

Moritz: Was zauderst du ...?

Ein vermummter Herr tritt auf.

Der vermummte Herr *zu Melchior:* Du bebst ja vor Hunger. Du bist gar nicht befähigt, zu urteilen. – *Zu Moritz:* Gehen Sie.

Melchior: Wer sind Sie?

Der vermummte Herr: Das wird sich weisen. – *Zu Moritz:* Verschwinden Sie! – Was haben Sie hier zu tun! – Warum haben Sie denn den Kopf nicht auf?

Moritz: Ich habe mich erschossen!

Der vermummte Herr: Dann bleiben Sie doch, wo Sie hingehören. Dann sind Sie ja vorbei. Belästigen Sie uns nicht mit Ihrem Grabgestank. Unbegreiflich – Sehen Sie doch nur Ihre Finger an. Pfui Teufel noch mal! Das zerbröckelt schon.

Moritz: Schicken Sie mich bitte nicht fort ...

Melchior: Wer sind Sie, mein Herr??

Moritz: Schicken Sie mich nicht fort! Ich bitte Sie. Lassen Sie mich hier noch ein Weilchen teilnehmen; ich will Ihnen in nichts entgegensein. – – Es ist unten so schaurig.

Der vermummte Herr: Warum prahlen Sie denn dann mit *Erhabenheit?!* – Sie wissen doch, daß das Humbug ist – saure Trauben! Warum *lügen* Sie geflissentlich, Sie – Hirngespinst! – Wenn Ihnen eine so schätzenswerte Wohltat damit geschieht, so bleiben Sie meinetwegen. Aber hüten Sie sich vor Windbeuteleien, lieber Freund – und lassen Sie mir bitte Ihre Leichenhand aus dem Spiel!

Melchior: Sagen Sie mir endlich, wer Sie sind, oder nicht?!

Der vermummte Herr: Nein. – Ich mache dir den Vorschlag, dich mir anzuvertrauen. Ich würde fürs erste für dein Fortkommen sorgen.

Melchior: Sind Sie – mein Vater?!

Der vermummte Herr: Würdest du deinen Herrn Vater nicht an der Stimme erkennen?

Melchior: Nein.

Der vermummte Herr: – Dein Herr Vater sucht Trost zur Stunde in den kräftigen Armen deiner Mutter. – Ich erschließe dir die Welt. Deine momentane Fassungslosigkeit entspringt deiner miserablen Lage. Mit einem warmen Abendessen im Leib spottest du ihrer.

Melchior *für sich*: Es kann nur *einer* der Teufel sein! – *laut* Nach dem, was ich verschuldet, kann mir ein warmes Abendessen meine Ruhe nicht wiedergeben!

Der vermummte Herr: Es kommt auf das Abendessen an! – So viel kann ich dir sagen, daß die Kleine vorzüglich geboren hätte. Sie war musterhaft gebaut. Sie ist lediglich den Abortivmitteln der Mutter Schmidtin erlegen. – – Ich führe dich unter Menschen. Ich gebe dir Gelegenheit, deinen Horizont in der fabelhaftesten Weise zu erweitern. Ich mache dich ausnahmslos mit allem bekannt, was die Welt Interessantes bietet.

Melchior: Wer sind Sie? Wer sind Sie? – Ich kann mich einem Menschen nicht anvertrauen, den ich nicht kenne.

Der vermummte Herr: Du lernst mich nicht kennen, ohne dich mir anzuvertrauen.

Melchior: Glauben Sie?

Der vermummte Herr: Tatsache! – Übrigens bleibt dir ja keine Wahl.

Melchior: Ich kann jeden Moment meinem Freunde hier die Hand reichen.

Der vermummte Herr: Dein Freund ist ein Scharlatan. Es lächelt keiner, der noch einen Pfennig in bar besitzt. Der erhabene Humorist ist das erbärmlichste, bedauernswerteste Geschöpf der Schöpfung!

Melchior: Sei der Humorist, was er sei; Sie sagen mir, wer Sie sind, oder ich reiche dem Humoristen die Hand!

Der vermummte Herr: – Nun?!

Moritz: Er hat recht, Melchior. Ich habe bramarbasiert. Laß dich von ihm traktieren und nütz ihn aus. Mag er noch so vermummt sein – er ist es wenigstens!

Melchior: Glauben Sie an Gott?

Der vermummte Herr: Je nach Umständen.

Melchior: Wollen Sie mir sagen, wer das Pulver erfunden hat?

Der vermummte Herr: Berthold Schwarz – alias Konstantin Anklitzen – um 1330 Franziskanermönch zu Freiburg im Breisgau.

Moritz: Was gäbe ich darum, wenn er es hätte bleiben lassen!

Der vermummte Herr: Sie würden sich eben erhängt haben!

Melchior: Wie denken Sie über Moral?

Der vermummte Herr: Kerl – bin ich dein Schulknabe?!

Melchior: Weiß ich, was Sie sind!!

Moritz: Bitte, streitet nicht. Was kommt dabei heraus! – Wozu sitzen wir, zwei Lebendige und ein Toter, nachts um zwei auf dem Kirchhof beisammen, wenn wir streiten wollen wie Saufbrüder! – Es soll mir ein Vergnügen sein, der Verhandlung mit beiwohnen zu dürfen. – Wenn ihr streiten wollt, nehme ich meinen Kopf unter den Arm und gehe.

Melchior: Du bist immer noch derselbe Angstmeier!

Der vermummte Herr: Das Gespenst hat nicht unrecht. Man soll seine Würde nicht außer acht lassen. – Unter Moral verstehe ich das reelle Produkt zweier imaginärer Größen. Die imaginären Größen sind *Sollen* und *Wollen*. Das Produkt heißt Moral und läßt sich in seiner Realität nicht leugnen.

Moritz: Hätten Sie mir das doch vorher gesagt! – Meine Moral hat mich in den Tod gejagt. Um meiner lieben Eltern willen griff ich zum Mordgewehr. »Ehre Vater und Mutter, auf das du lange lebest.« An mir hat sich die Schrift phänomenal blamiert.

Der vermummte Herr: Geben Sie sich keinen Illusionen hin, lieber Freund! Ihre lieben Eltern wären so wenig daran gestorben wie

Sie. Rigoros beurteilt würden Sie ja lediglich aus gesundheitlichem Bedürfnis getobt und gewettert haben.

Melchior: Das mag soweit ganz richtig sein. – Ich kann Ihnen aber mit Bestimmtheit sagen, mein Herr, daß, wenn ich Moritz vorhin ohne weiteres die Hand gereicht hätte, einzig und allein meine Moral die Schuld trüge.

Der vermummte Herr: Dafür bist du eben *nicht* Moritz!

Moritz: Ich glaube doch nicht, daß der Unterschied so wesentlich ist – zum mindesten nicht so zwingend, daß Sie nicht auch mir zufällig hätten begegnen dürfen, verehrter *Unbekannter*, als ich damals, das Pistol in der Tasche, durch die Erlenpflanzungen trabte.

Der vermummte Herr: Erinnern Sie sich denn meiner nicht? Sie standen doch wahrlich auch im letzten Augenblick noch zwischen Tod und Leben. – Übrigens ist hier meines Erachtens doch wohl nicht ganz der Ort, eine so tiefgreifende Debatte in die Länge zu ziehen.

Moritz: Gewiß, es wird kühl, meine Herren! – Man hat mir zwar meinen Sonntagsanzug angezogen, aber ich trage weder Hemd noch Unterhosen.

Melchior: Leb wohl, lieber Moritz. Wo dieser Mensch mich hinführt, weiß ich nicht. Aber er ist ein Mensch ...

Moritz: Laß michs nicht entgelten, Melchior, daß ich dich umzubringen suchte! Es war alte Anhänglichkeit. – Zeitlebens wollte ich nur klagen und jammern dürfen, wenn ich dich nun noch einmal hinausbegleiten könnte!

Der vermummte Herr: Schließlich hat jeder seinen Teil – *Sie* das beruhigende Bewußtsein, *nichts* zu haben – *du* den enervierenden Zweifel an *allem*. – Leben Sie wohl.

Melchior: Leb wohl, Moritz! Nimm meinen herzlichen Dank dafür, daß du mir noch erschienen. Wie manchen frohen ungetrübten Tag wir nicht miteinander verlebt haben in den vierzehn Jahren! Ich verspreche dir, Moritz, mag nun werden was will, mag ich in den kommenden Jahren zehnmal ein anderer werden, mag es aufwärts oder abwärts mit mir gehn, *dich* werde ich nie vergessen ...

Moritz: Dank, dank, Geliebter.

Melchior: ... und wenn ich einmal ein alter Mann in grauen Haaren bin, dann stehst gerade du mir vielleicht wieder näher als alle Mitlebenden.

Moritz: Ich danke dir. – Glück auf den Weg, meine Herren! – Lassen Sie sich nicht länger aufhalten.

Der vermummte Herr: Komm, Kind! – *Er legt seinen Arm in denjenigen Melchiors und entfernt sich mit ihm über die Gräber hin.*

Moritz *allein*: – Da sitze ich nun mit meinem Kopf im Arm. – – Der Mond verhüllt sein Gesicht, entschleiert sich wieder und sieht um kein Haar gescheiter aus. – – So kehre ich denn zu meinem Plätzchen zurück, richte mein Kreuz auf, das mir der Tollkopf so rücksichtslos niedergestampft, und wenn alles in Ordnung, leg' ich mich wieder auf den Rücken, wärme mich an der Verwesung und lächle ...

Peter Zadek
My Way

Eine Autobiographie

Die Memoiren von Deutschlands bekanntestem Theater-
regisseur – die Geschichte eines Theaterlebens voller
Turbulenzen und Abenteuer, voller Triumphe und
Skandale. Ein unersetzliches historisches Dokument und
zugleich ein großes Lesevergnügen.

www.kiwi-koeln.de

VERLAG
KIEPENHEUER
& WITSCH